Helmut Caspar

Marmor, Stein und Bronze
Berliner Denkmalgeschichten

Helmut Caspar

Marmor, Stein und Bronze

Berliner Denkmalgeschichten

Berlin Edition

Bibliografische Information der Deutschen Bibliothek
Die Deutsche Bibliothek verzeichnet diese Publikation in der
Deutschen Nationalbiografie; detaillierte bibliografische Daten sind
im Internet über http://dnb.ddb.de abrufbar.

Abbildungsnachweis: Archiv Helmut Caspar (S. 24, 25), Helmut
Caspar (alle übrigen Abbildungen).

Copyright © 2003 by Berlin Edition
in der Quintessenz Verlags GmbH

Umschlaggestaltung: Ines Blümel unter Verwendung eines Fotos von
Helmut Caspar
Layout: Christian Haase
Lektorat: Bernhard Thieme
Druck- und Bindearbeiten: Ebner & Spiegel, Ulm

ISBN 3-8148-0125-3

Inhalt

I. Von Albrecht dem Bären bis Heinrich Zille

Vor hundert Jahren war Berlin vollgestellt mit Denkmälern aller Art. In Sandstein und Marmor gehauen oder in Bronze gegossen, schauten von hohen Sockeln stehend – seltener reitend – Kurfürsten, Könige und Kaiser auf ihre Untertanen herab. Dazu Generale, Gelehrte und Künstler – mal in gebieterischer, mal in dozierender Pose, mal stehend, mal sitzend. An verschiedenen Stellen schmückten allegorische Figuren, Personifikationen von Kraft und Frömmigkeit sowie Heilige die kaiserliche Hauptstadt, und auch Tierfiguren aller Art befriedigten das Schmuckbedürfnis ihrer Einwohner.

Akribisch hat man in der Zeit Kaiser Wilhelms II., der sich durch zahllose Denkmalstiftungen hervortat und streng auch deren Ausführung überwachte, nachgezählt, was unter freiem Himmel auf Berliner Straßen, Plätzen und Brücken, in Gärten und Parks die Blicke auf sich zog. „Nach dem Stand vom 1. Juli 1905, sechs Uhr morgens, gibt es in der Reichshauptstadt 165 Einzeldenkmäler in Stein oder Erz, 232 Denkmäler überhaupt, darunter 716 dargestellte Personen, 128 Tiere", heißt es in dem Buch „Berlin und die Berliner" von 1905. „Im Tiergarten allein ... wurden vom März 1898 bis März 1905 enthüllt: 14 Tiergruppen, darstellend 36 Tierindividuen, und 48 Denkmäler von Personen. Die Siegesallee zählt 114 Köpfe".

Natürlich wusste damals jedes Kind, was die Siegesallee war, jene monströse Ansammlung marmorner Herrscherstandbilder im Tiergarten, mit denen sich der Stifter, Wilhelm II., als großer Kunstfreund in Szene setzen wollte. Heute können nur die Älteren noch etwas mit der „Puppenallee" anfangen, wie der Volksmund sagte, denn von der Ahnengalerie der Hohenzollern und ihrer

Vorgänger auf dem brandenburgischen Thron haben lediglich Reste die Zeiten überdauert. In dem zum Lapidarium umfunktionierten Pumpwerk am Halleschen Ufer warten die um ihre Nasen und Hände gebrachten Herrscher auf Errettung aus dem Dornröschenschlaf. Dass sie in einem Raum stehen, verlängert ihr Leben, aber das ist auch schon alles. Wären die Herrscherfiguren Werke ehrfürchtig bestaunter Künstler und durch ein langes Alter geadelt, fände man sicher Möglichkeiten, sie angemessen zu präsentieren. So aber sind sie eher abdenn aufgestellt, zumindest jedoch vor den Unbilden der Witterung geschützt.

Wilhelms Kilometer-Leistung

Da es sich bei der Siegesallee zumeist „nur" um Arbeiten von Bildhauern handelt, die bei der Kunstgeschichte nicht hoch im Kurs stehen und außerdem fürstliche Personen verherrlichen, zu denen wir keine Beziehung haben und die zudem aus einer Epoche stammen, der wir ausgesprochen kritisch gegenüberstehen, dem Wilhelminismus, halten sich die Mühen um Bestandserhaltung in Grenzen. Bis heute hat sich die Verachtung für die „Puppenallee" gehalten, die den Architekturkritiker Werner Hegemann 1930 zu einem vernichtenden Vergleich anregte. „Andrerseits braucht das große Marmor-Panoptikum der Sieges-Allee nicht so scharf verurteilt zu werden, wie es gewöhnlich geschieht. Seine Kritiker machen den Fehler, es mit den schönen Reihen römischer Kaiserbüsten zu vergleichen, wie manche alten Gärten und auch der Charlottenburger Schlosspark sie noch aufweisen. Gewiss hat es einen anderen Reiz, sich zwischen den bescheidenen Büsten von Weltherrschern zu ergehen, als es mit einem Kilometer von überlebensgroßen und teilweise schlechten Statuen meist belangloser Duodezfürsten nebst Gefolge zu tun zu haben. Aber das Urteil über diese Kilometer-Leistung Wilhelm II. kann sogleich milder werden, wenn man den falschen Vergleich mit den römischen Kaiserbüsten unserer Barockgärten ersetzt durch den viel richtigeren Vergleich aus der ägyptischen Kunst: die kilometerlangen Widder-Alleen der Pharaonen des ägyptischen Hochbarock waren zwar künstlerisch wertvoller als die Berliner Hohenzollern-Allee, aber beiden ist der Gedanke gemeinsam, nicht durch die Alleinherrschaft des ausgezeichneten Einzelwesens, sondern durch massenhaftes Auftreten gleichartiger Individuen, also in einem heute wieder beliebten Sinne durch ‚Masse Mensch' oder ‚Masse Widder' wirken zu wollen."

Wir gehen heute im Allgemeinen milder mit den baulichen und künstlerischen Hinterlassenschaften der Kaiserzeit um, und es sei angemerkt, dass Stücke aus der Siegesallee sogar schon den Weg in Ausstellungen gefunden haben, etwa in die Dokumentation der Stiftung Preußischer Kulturbesitz „Ethos und Pathos – Die Berliner Bildhauerschule 1786–1914", die 1990 im Hamburger Bahnhof gezeigt wurde. Die Ausstellung war eine Art Ehrenrettung für verkannte und vergessene Kunstwerke. Sie zeigte erstmals in dieser Breite, was vor allem im 19. Jahrhundert, dem der Denkmäler, entstanden ist, und machte die großen Verluste deutlich, die Berlin auf diesem Gebiet hinnehmen musste.

Die jammervolle Verfassung vieler Denkmäler unter dem Berliner Himmel führte in den späten 1970er Jahren dazu, dass einige besonders wertvolle Objekte vom damaligen West-Berliner Denkmalamt in das genannte Depot am Halleschen Ufer geschafft wurden. Dies führt uns zu der Frage, was von den „künstlerisch und geschichtlich bedeutsamen Denkmälern zur Erinnerung an Regenten, an Helden des Schwertes und des Geistes und an historisch denkwürdige Ereignisse" geblieben ist, von denen die Bücher in der Kaiserzeit schwärmten. Wer ist da eigentlich dargestellt, wer waren die Künstler, wer die Auftraggeber? Und was bedeutet künstlerisch und geschichtlich bedeutsam? Sind die heutigen Standorte noch jene, auf denen die Plastiken ursprünglich standen? Welche Denkmäler kamen hinzu, welche Erinnerungsstätten an die Opfer der Kriege, des Holocausts und des Völkermords wurden errichtet? Wo gedenkt man der Blutzeugen der kommunistischen Gewaltherrschaft in der DDR und der Toten an der Berliner Mauer?

Mahnen, belehren, erziehen

Das vorliegende Buch versteht sich als eine Art Wegweiser und ist keineswegs eine kunsthistorische Analyse der in Frage stehenden Objekte. Geordnet nach geografischen Standpunkten – und somit auch für einen Stadtbummel geeignet –, bietet es landes-, stadt- und kunstgeschichtliche Informationen zur Berliner Denkmal-Landschaft sowie Hinweise auf Personen und Ereignisse, die uns, in Bronze, Stahl und Stein geformt, überall in der Stadt begegnen. Denn wie oft steht man vor einer Skulptur oder Installation und weiß nicht, woran sie erinnert, wer oder was dargestellt ist, wer die Bildhauer, wer die Architekten und Auftraggeber waren. Vollständigkeit, die jede Freiplastik, jeden Gedenkstein erfasst, wurde nicht angestrebt. Auch die vielen dekorativen Figuren und Reliefs (wie zum Beispiel auf dem Olympiagelände) aus Stein oder Bronze auf, an und vor öffentlichen Gebäuden und Kirchen wurden nicht einbezogen, ebenso nicht mit Figuren geschmückte Brunnen, obwohl sie manchmal Denkmalcharakter besitzen. Verzichtet wurde auf die Beschreibung der „Steinernen

Chronik", die sich um das Rote Rathaus zieht. Ausgeklammert sind bis auf wenige Ausnahmen auch Denkmäler auf Friedhöfen.

Bei der Auswahl orientierten wir uns an einer Definition von Peter Bloch, dem früheren Direktor der Skulpturensammlung der Staatlichen Museen zu Berlin (West), der das Denkmal ein für die Öffentlichkeit errichtetes Werk nennt, „das an vorbildliche Personen und Ereignisse erinnert und daraus einen Anspruch seiner Urheber und einen Appell an die Gesellschaft ableiten soll". Das von Bloch betonte Vorbildliche und Schätzenswerte wäre zu hinterfragen, denn nicht alles, was früher einmal als hervorragend und nachahmenswert gelobt wurde, muss es auch heute, unter anderen gesellschaftlichen und politischen Bedingungen, noch sein. Außerdem wäre die Definition durch den Punkt zu ergänzen, dass ein Denkmal auch mahnende, belehrende und erziehende Funktion haben kann und nicht nur an vorbildliche Personen und Ereignisse erinnert, sondern auch an schreckliche Geschehnisse.

Erwähnt sei, dass der Begriff „Denkmal" viel umfassender ist, als wir ihn hier verwenden. Er beinhaltet Wohnhäuser, Kirchen, Rathäuser, Schlösser mit ihren Ausstattungen, aber auch Fabriken, Brücken, Brunnen, technische Anlagen, Gärten, archäologische Fundstellen und eben auch Standbilder sowie Mahn- und Gedenkstätten. Denkmal ist vieles, und nicht alles steht unter Denkmalschutz, der sich um eine breite Palette von Hinterlassenschaften zu kümmern hat, um einzelne Bauwerke ebenso wie um historisch gewachsene, heterogene Baubereiche oder ganze Stadtviertel, „die bisweilen als besondere Straßen-, Platz- und Ortsbilder einschließlich der damit verbundenen Frei- und Wasserflächen in Erscheinung treten", wie es in der Berliner Denkmalliste von 1997 heißt.

In unserem erzählenden Rundgang sind verschiedene Gedenkstätten einbezogen, die an die dunkelsten Kapitel deutscher Geschichte erinnern – Mahnmale für die jüdischen Mitbürger, die in der Nazizeit deportiert und ermordet wurden. Erwähnt sei, dass im Hof des ehemaligen Stasi-Untersuchungsgefängnisses an der Genslerstraße in Hohenschönhausen nur ein großer Findling steht, auf dem eine Tafel an die Ungeheuerlichkeiten erinnert, die sich hier nach dem Zweiten Weltkrieg zunächst unter der Regie des sowjetischen Geheimdienstes und dann der DDR-Staatssicherheit abgespielt haben. Ein künstlerisch gestaltetes Denkmal, das der vielen Opfer gedenkt, existiert nicht; allerdings ist die Gedenkstätte in dem ehemaligen Gefängnis für sich genommen ein würdiger, leider viel zu wenig bekannter Erinnerungsort. Das Gleiche gilt auch für den Ort der Täter, der im ehemaligen Stasi-Hauptquartier an der Ruschestraße in Lichtenberg besichtigt werden kann.

Gestern noch auf hohen Rossen …

Viele Denkmäler und Freiplastiken sind auf Nimmerwiedersehen verschwunden. Nur alte Fotos und Beschreibungen erzählen noch von ihnen. Im Zweiten Weltkrieg wurde die Berliner Denkmal-Landschaft durch Bombenangriffe und Abrisse stark gelichtet. Der Spruch „Gestern noch auf hohen Rossen, heute in die Brust geschossen" lässt sich auf die bei der Weihe mit großen Lobsprüchen bedachten, später jedoch vielfach verachteten und als unnütz betrachteten Memorials durchaus anwenden. Zwar hat man nach Kriegsbeginn 1939 herausragende Standbilder, etwa das Reiterdenkmal Friedrichs des Großen Unter den Linden, die Generalsfiguren beiderseits und gegenüber der Neuen Wache, die Humboldt-

Denkmäler und manch anderes Monument durch Beton- oder Steingehäuse vor Bomben und Granaten geschützt, und es sind auch einige Plastiken abgebaut und ausgelagert worden – wie das Reiterdenkmal des Großen Kurfürsten Friedrich Wilhelm, das Standbild Friedrich Schillers und die Schlossbrückenfiguren –, was sie überleben ließ.

Da man die Quadriga auf dem Brandenburger Tor nicht entfernen konnte und wollte, hat man 1942 Abformungen hergestellt, die 1956 gute Dienste bei der Rekonstruktion des Bildwerks leisteten.

Andere Monumente allerdings, so die Reiterstandbilder König Friedrich Wilhelms III. im Lustgarten, des 99-Tage-kaisers Friedrich III. vor dem nach ihm benannten Museum, dem heutigen Bodemuseum, und das National-denkmal Wilhelms I. auf der Schlossfreiheit, aber auch die bronzene Berolina von Emil Hundrieser auf dem Alexanderplatz, die sich als Personifikation der Stadt Berlin großer Beliebtheit erfreute, sowie die Begleitfiguren des Luther-Denkmals auf dem Neuen Markt wurden im und nach dem Zweiten Weltkrieg eingeschmolzen. Einmal um Buntmetall für die Kriegsindustrie beziehungsweise den Wiederaufbau zu gewinnen, zum anderen weil diese Denkmäler nicht mehr in die politische Landschaft passten. Knapp der Vernichtung entgingen die nach 1945 von den alliierten Siegermächten als militaristische Machwerke eingestufte Siegessäule und die Herrscherfiguren der Siegesallee. Manch anderes Monument überstand eher durch Zufall die künstlerisch-politische Flurbereinigung beiderseits der Sektorengrenze.

Nach der politischen Wende des Jahres 1989/90 ging es im Ostteil der Stadt dem Lenin-Denkmal auf dem Lenin-platz, dem heutigen Platz der Vereinten Nationen, und anderen als Kulisse von Aufmärschen und Kundgebungen verwendeten Bildwerken an den Kragen.

Vom Kaiser-Wilhelm-Nationaldenkmal blieben nur Sockelreste erhalten. Allein die Löwen zu Füßen des Monarchen können im Tierpark Friedrichsfelde besichtigt werden (Aufnahme um 1900).

War 1961 das auf der Stalinallee, der heutigen Karl-Marx-Allee, aufgestellte Stalin-Denkmal nach der Verdammung des Diktators in aller Heimlichkeit entfernt und eingeschmolzen worden (wobei die Bronze für den Guss von Tierplastiken im Tierpark Friedrichsfelde verwendet wurde), so geschah die Demontage des riesigen Lenin-Denkmals aus rotem Granit im Winter 1991 unter gänzlich veränderten Bedingungen und vor aller Augen. Das Werk des sowjetischen Bildhauers Nikolai Tomski, 1970 zum hundertsten Geburtstag des sowjetischen Staatsgründers und Parteiführers vor einer imposanten Hochhauskulisse aufgestellt, verschwand im Köpenicker Forst. Dagegen ging die Zeit über das Thälmann- und das Marx-Engels-Denkmal sowie manch andere Memorials gelassen hinweg. Erhalt und Pflege der sowjetischen, jetzt russischen Ehrenmale wird durch den deutsch-russischen Nachbar-

Auch die bronzenen Assistenzfiguren des Lutherdenkmals auf dem Neuen Markt nicht weit von der Marienkirche wurden ein Opfer des Schmelztiegels (Aufnahme um 1900).

schaftsvertrag garantiert. Sicherheitshalber aber kamen ein martialisches Kampfgruppendenkmal von Gerhard Rommel an der Oderbruchstraße sowie verschiedene Büsten von Arbeiterführern und Staatsmännern, die in der DDR kultisch verehrt wurden, in die Depots des Deutschen Historischen Museums beziehungsweise des Landesdenkmalamtes.

Nach der Wende wurden Gedenktafeln mit allzu aufdringlichen Lobsprüchen auf führende DDR-Politiker, aber auch zur Erinnerung an Widerstandskämpfer gegen die NS-Diktatur entfernt. Sie füllen die Museumskeller, sofern man sie sicherstellen konnte. Jetzt wurde auch das im Westteil bereits erfolgreiche Gedenktafel-Programm auf den Ostteil übertragen. Mit blauer Schrift auf weißem Grund wird man auf den Porzellanschildern über historische Begebenheiten und Personen der Zeitgeschichte informiert, die in den jeweiligen Gebäuden gelebt und gearbeitet haben.

Marmorkurfürst im Wasserbecken

Seit der Antike waren nur gekrönte Häupter würdig, auf öffentlichen Plätzen durch Figuren geehrt zu werden. Mit Herrscherdenkmälern unter freiem Himmel begann man in Berlin unmittelbar nach dem Dreißigjährigen Krieg. 1652 wurde in einem Wasserbecken auf dem Lustgarten ein von François Dieussart geschaffenes Marmorstandbild des später so genannten Großen Kurfürsten Friedrich Wilhelm aufgestellt. Damit huldigte die Kurfürstin Luise Henriette von Oranien als Auftraggeberin ihrem Gemahl und eröffnete zugleich die Serie von barocken Herrschermonumenten, der sich ab der zweiten Hälfte des 18. Jahrhunderts auch ungekrönte Personen hinzugesellten.

Bei dem Marmorkurfürsten von 1652 ist bereits ausgebildet, was auch spätere Denkmäler dieser Art auszeichnet – Porträtähnlichkeit und energischer Gesichtsausdruck, Standbein und Spielbein, Rüstung, Feldbinde und Marschallstab, Helm und Kurhut. Später hat sich Friedrich III., der Sohn und Nachfolger des Großen Kurfürsten, von Daniel Grupello in ähnlich repräsentativer Weise darstellen lassen, ergänzt durch einen Purpurmantel, der dem etwas verwachsenen Kurfürsten, ab 1701 König Friedrich I. „in" Preußen, hoheitsvolle Konturen verlieh. Beide Denkmäler standen, in ihrem Wert kaum erkannt, mal im Charlottenburger Schlossgarten neben antiken Kaiserbüsten, mal im Berliner Schloss und im benachbarten Dom. Sie fanden vor einiger Zeit ihre endgültige Aufstellung im Oranienburger Schloss, das von den beiden Hohenzollern gebaut beziehungsweise luxuriös ausgestaltet wurde.

Friedrich Wilhelm und Friedrich I. ließen von Bartholomäus Eggers zwölf überlebensgroße Marmorstandbilder brandenburgischer Kurfürsten zur Aufstellung im Berliner Schloss fertigen, zu denen sich noch Julius Caesar und Kaiser Constantin, Karl der Große und Rudolf von Habsburg gesellten. Auch diese Skulpturen, die die Hohenzollern in eine Linie mit großen Persönlichkeiten der Antike und des Mittelalters stellen und damit historische Kontinuität und Machtansprüche unterstreichen, sind erhalten und können im Potsdamer Neuen Palais besichtigt werden. 1694 berief der kunstbeflissene und prestigebewusste Kurfürst Friedrich III. Andreas Schlüter zu seinem Hofbildhauer und beauftragte ihn 1698 mit dem Umbau des Renaissance-Schlosses in einen Barockpalast.

Schlüter schuf das Bronzestandbild Friedrichs III. für den Innenhof des Zeughauses, doch als der Dargestellte König wurde, war es unaktuell und nicht mehr interessant. Zwischenzeitlich auf dem Molkenmarkt aufgestellt, den man daraufhin kurze Zeit Königsplatz nannte, wurde der römisch kostümierte Monarch 1801 in Königsberg aufgestellt und ging im Zweiten Weltkrieg verloren. Ein Nachguss steht im Charlottenburger Schlossgarten zusammen mit einer Kopie des Schadow'schen Standbilds Friedrich des Großen.

Das von Johann Jacobi 1700 gegossene und 1703 aufgestellte Reiterstandbild des Großen Kurfürsten stand ursprünglich auf der Königs-, später Rathausbrücke in der Nähe vom Stadtschloss, 1951 bekam es einen neuen Platz im Innenhof des Charlottenburger Schlosses. Andreas Schlüter orientierte sich bei diesem monumentalen Denkmal an bedeutenden Reiterstandbildern: Marc Aurel in Rom, Cosimo I. in Florenz (von Giovanni da Bologna), Colleoni in Venedig (von Verocchio), Ludwig XIV. in Paris (von François Girardon). Dabei entwickelte er sie zugleich weiter. Bezüge zwischen den an ihre Sockel geketteten Gefangenen und den von Leonardo da Vinci für das Mailänder Sforza-Monument geschaffenen Sklaven sind unverkennbar.

Friedrich der Große ließ für verdienstvolle Militärs „Bildsäulen" errichten, wie man damals sagte. Mit ihrer Aufstellung auf dem Wilhelmplatz erfuhren erstmals auch ungekrönte Personen von besonderem Verdienst um Krone und Staat eine öffentliche Ehrung. Dies geschah zunächst in antikisierender Kostümierung. Erst im ausgehenden 18. und verstärkt im 19. Jahrhundert ging man zu zeitgenössischer Tracht über. Johann Gottfried Schadow, dessen populärstes Werk die Quadriga auf dem Brandenburger Tor ist, bereitete dieser Entwicklung den Boden. Er steckte Friedrich den Großen sowie dessen Generale Zieten und Leopold von Anhalt-Dessau in zeitgenössische Uniformen. Der Verzicht auf Toga und Sandalen war ungewöhnlich und gab Anlass zu mancher Kritik.

Im so genannten Kostümstreit vertrat Schadow die Meinung: „In den neueren Zeiten fanden die Künstler gewöhnlich den jedesmaligen Anzug der Nation entweder zu gemein oder zu wenig malerisch. Sie glaubten, ihre Helden in einer Art Vergötterung zeigen zu müssen. Sie wählten folglich den römischen Anzug, der ihnen überdies in allen Theilen mehr Freiheit erlaubte … Diese Figuren in römischer Tracht scheinen nichts mehr mit uns zu thun zu haben, und es gehört immer wieder eine Art von innerer Überredung dazu, um sie für das anzusehen, was sie darstellen sollen ..."

Schadow, sein jüngerer Kollege Christian Daniel Rauch und andere Bildhauer hielten sich nicht immer an die Maxime, durch zeitgenössische Kostümierung Verständlichkeit und Volksnähe herbeizuführen, und so konnte es nach den Befreiungskriegen 1813 bis 1815 vorkommen, dass beim neogotisch dekorierten Kreuzbergdenkmal die königliche Familie und preußische Generale als Genien gewonnener Schlachten in römischen Kostümen und zu allem Überfluss mit Flügeln verherrlicht wurden.

Bevor Friedrich der Große 1851 als Reiter auf der zur Via triumphalis ausgebauten Prachtstraße Unter den Linden aufgestellt wurde, behaupteten bereits preußische Generale den Platz – Blücher, Scharnhorst und Bülow. Später kamen Yorck von Wartenburg und Gneisenau hinzu, allesamt Werke von Christian Daniel Rauch, der Schadow als die Nummer 1 in der Berliner Bildhauerei abgelöst hatte. Die Feldherrenstandbilder aus Marmor und Bronze waren schneller geschaffen als der Große König auf dem figurenbestückten Sockel. Denn da es sich um *das* Staatsdenkmal der preußischen Monarchie handelte, ließ man sich viel Zeit bei der Debatte um Gestaltungsfragen. Die Mühe lohnte sich, Berlin blieben großspurige Entwürfe bis hin zu einer „trajanischen Säule" mit dem Standbild des 1786 verstorbenen Friedrich II. obenauf erspart. Das Reiterdenkmal des großen Königs wurde dadurch zum Prototyp, an dem sich weitere Monumente dieser Art mit reich figuriertem Sockelschmuck orientierten. Nur gekrönte Häupter genossen das Privileg, hoch zu Ross verherrlicht zu werden. Andere Persönlichkeiten hatten gefälligst zu stehen oder zu sitzen, auch wenn sie noch so verdient waren.

Am Rande sei erwähnt, dass man gelegentlich im 19. Jahrhundert die Weihe bedeutender Denkmäler durch Medaillen gefeiert hat. Das Friedrich-Monument, aber auch drei Generalsfiguren Unter den Linden, die Siegessäule, das Kreuzberg-Denkmal und andere Monumente wurden dieser besonderen Ehrung teilhaftig. Verschiedene mit Köpfen sowie Ansichten der jeweiligen Monumente geschmückte Medaillen wurden in Gold- und Silberausführung bei den Denkmalsenthüllungen an Könige und Künstler verteilt. Für die Finanzierung des Eisenturms auf dem Kreuzberg hat man Medaillen als eine Art Spendenquittung verwendet. Etwas vom Erlös kam auch den Invaliden der Befreiungskriege zugute.

Einige öffentliche Bauten sind mit repräsentativen Inschriften geschmückt. Auch sie besitzen Denkmaleigenschaft, bestehen aus Zitaten aus der Bibel, Hinweisen auf königliche Stifter und Jahreszahlen. An der Hedwigskirche neben dem Opernhaus heißt die deutsche Übersetzung der lateinischen Inschrift: „Dieses Denkmal der Gnade König Friedrichs, der Heiligen Hedwig geweiht, hat Angelo Maria Quirini, Kardinal der Heiligen Römischen Kirche, auf eigene Kosten vollendet". Eine andere Inschrift verkündet am Deutschen Dom auf dem Gendarmenmarkt: „Gott zur Ehre der Gemeinde zum Segen unter dem Schutze der Hohenzollern erbaut 1705 erneut (sic) 1905". In hebräischen Lettern heißt es an der Fassade der Neuen Synagoge in der Oranienburger Straße: „Tuet auf die Pforten, dass einziehe das gerechte Volk, das bewahret die Treue".

Als Kaiser Wilhelm II. 1894 den Schlussstein für das Berliner Reichstagsgebäude legte, fehlte die Widmung über dem Portal. Dem Monarchen war es gelungen, die Inschrift „Dem Deutschen Volke" jahrelang zu verhindern. Das Thema kam im Ersten Weltkrieg erneut hoch, und jetzt zeigte sich der Kaiser, um Volksnähe bemüht, geneigt, eben diese Inschrift zu genehmigen. Generös stiftete er zwei Bronzekanonen für den Guss der Buchstaben, deren Entwurf von Peter Behrens stammt.

Die längste erhalten gebliebene Bauinschrift Berlins schmückt das Portal des Zeughauses Unter den Linden. Eine achtzeilige Widmung in Latein über dem vergoldeten Bildnis des Kurfürsten Friedrich III. verkündet in deutscher Übersetzung: „Für die Gerechtigkeit durch Waffen, für die Abschreckung der Feinde, für den Schutz der eigenen Völker und der Verbündeten hat Friedrich I., König in Preußen, Vater des Vaterlandes, fromm, erhaben, unbesiegt, dieses Zeughaus, das mit aller Art Kriegsgerät sowie mit Kriegsbeute und Trophäen angefüllt ist, vom Fundament her erbauen lassen 1706". Die – hier ebenfalls übersetzte – Prachtinschrift an Schinkels Altem Museum „Friedrich Wilhelm III. gründete das Museum für das Studium der Antike in all ihren Formen und der schönen Künste 1828" besitzt eine Jahreszahl, die mit ihren vielen römischen Zahlenbuchstaben zwar sehr dekorativ aussieht, aber nur einen Zwischenzustand bezeichnet. Denn der Säulenbau wurde erst am 3. August 1830, zum 60. Geburtstag des Königs, eröffnet. Friedrich Wilhelm III., der hoch zu Ross auf dem Lustgarten gestanden hat, bis sein Reiterdenkmal nach 1945 gestürzt und eingeschmolzen wurde, war auch auf anderen Bauinschriften verewigt. So stand an der Fassade der Humboldt-Universität ursprünglich eine Widmung, die den königlichen Universitätsstifter und das Jahr 1809 nannte, obwohl der Lehrbetrieb erst 1810 aufgenommen wurde, und auch Schinkels Schauspielhaus auf dem Gendarmenmarkt lobte nur den Herrscher, der „das durch den Brand zerstörte Theater nebst seinem Konzertsaal zu würdiger Gestalt 1821 neu erstehen" ließ, nicht aber den Baumeister. Typisch, dass bei solchen Prunkinschriften nur der königliche Bauherr erwähnt wird. Nur beim Theater des Westens verewigte sich der „nichtkönigliche" Bauherr und Besitzer mit einer lateinischen Inschrift, die übersetzt lautet: „Dieses Haus erbaute für die Pflege der Kunst im Jahr 1896 Bernhard Sehring".

Wer aufmerksam durch die Stadt geht, wird an weiteren Stellen vergoldete Inschriften finden. Nicht alle haben die Zeiten überstanden. Die lateinischen Elogen, die Friedrich I. als Erbauer des Berliner Schlosses feierten, gingen 1950 mit diesem unter, ebenfalls eine fromme Bauinschrift aus goldenen Buchstaben auf blauem Grund rund um die riesige Schlosskuppel. Die frühere Königliche Oper Unter den Linden, heute Staatsoper, musste nach dem Wiederaufbau in den 1950er Jahren auf die Widmung FRI-DERICUS REX APOLLINI ET MUSIS „König Friedrich (hat dieses Haus) dem Apoll und den Musen (gewidmet)" verzichten. Doch ließ die SED-Führung in den 1980er Jahren die alte Inschrift generös wieder zu, nachdem offiziell eine andere Preußenrezeption eingesetzt hatte und das Reiterdenkmal Friedrichs des Großen Unter den Linden aufgestellt worden war.

Die lateinische Inschrift NUTRIMENTUM SPIRITUS über dem Eingang zur Kommode am Bebelplatz, der ehemaligen Königlichen Bibliothek, heißt übersetzt „Nahrung des Geistes", wurde aber von den Berlinern frech verballhornt als „Sprit is ooch Nahrung". Überhaupt ging der Berliner Volksmund recht respektlos mit den hehren Gestalten um. Wir werden bei den einzelnen Monumenten noch darauf zurückkommen.

Auf der Grenze zur Ruine

Menschen haben Schicksale, ihre Denkmäler auch. Viele verherrlichen nicht nur Personen oder Ereignisse von wirklicher Bedeutung oder zweifelhaftem Ruhm, sie neigen gelegentlich zu Übertreibung und Überhöhung. Ein Dichter ist kein Dichter, sondern ein Dichterfürst; ein Komponist sitzt auf einem Thron und lässt sich von Figuren aus seinen Opern huldigen; ein Monarch wird von seinen Paladinen bewacht; ein Marschall stürzt sich tollkühn mit dem Säbel in der Hand auf den Feind. Reliefs auf den Sockeln erzählen gelegentlich Geschichten. Diese kleinen Friese waren und sind beliebt, und so kann man beispielsweise auf Sockeln der Denkmäler des Großen Kurfürsten, Friedrich Wilhelms I., Friedrichs des Großen, Friedrich Wilhelms IV. und anderer Herrscher, aber auch auf denen des Generalfeldmarschalls Blücher, der Generale Scharnhorst und Bülow, des Freiherrn vom Stein, der Siegessäule und manch anderem Bildwerk, ferner bei Heinrich Heine und im Umkreis des Marx-Engels-Denkmals Zusatzinformation in Gestalt von genrehaften Szenen einholen, wenn man sich denn die Mühe macht, die Details genauer zu betrachten. Selbstverständlich ist vieles, was auf und an Denkmälern gezeigt wird, nicht für bare Münze zu nehmen. Sie sagen ja immer nur das, was man zu ihrer Entstehungszeit von ihnen erwartete. Und dann die Widmungen! Sie betonen Dankbarkeit und Ehrerbietung. Vor allem des Volkes, wer auch immer das sein mochte. Bei so viel Lob ist Vorsicht angebracht, wie denn immer auch das Zustandekommen eines Denkmals hinterfragt werden sollte.

Die Beispiele mögen genügen. Der folgende Text geht ausführlicher auf Standbilder und Gedenkstätten mit dem Ziel ein, auch ein wenig das Sehen zu schulen. Ein wichtiges Ziel wäre außerdem erreicht, wenn die Schilderungen uns alle für die vielfach in ihrem Wert verkannten Zeugnisse der Geschichte und Kunst sensibilisieren würden. Die Plastiken unter freiem Himmel brauchen restauratorische Hilfe, und in dem einen oder anderen Fall wäre es dringend notwendig, das Original durch eine Kopie zu ersetzen und es unter musealen Bedingungen neu zu präsentieren. Wer, vielleicht mit dem vorliegenden Buch in der Hand, die Denkmäler anschaut, erkennt ihren maroden Zustand, und den sollte sich eine Stadt wie Berlin nun wirklich nicht leisten. Noch einmal Peter Bloch im Jahr 1977: „Faktisch sämtliche Bildwerke des 19. Jahrhunderts in Sandstein oder Marmor, die unter freiem Himmel stehen, bewegen sich auf der Grenze zur Ruine". Die seitdem vergangene Zeit hat daran leider nichts geändert. Im Gegenteil. Es ist höchste Zeit zu rettenden Gegenmaßnahmen.

II. Die Linden rauf und runter

Wagenlenkerin als Siegesgöttin
Schadows Quadriga auf dem Brandenburger Tor

Seit über 200 Jahren ist das Brandenburger Tor das Schicksalstor der Deutschen. Durch den klassizistischen Säulenbau ritten Kaiser und Könige in die Stadt, hier empfing und empfängt man Staatsgäste, hier fanden aber auch Fackelzüge der Nazis wie der am 30. Januar 1933 zu Beginn der Hitlerdiktatur statt. Ende des Zweiten Weltkriegs schwer beschädigt, wurde das Tor am Pariser Platz zum Symbol der deutschen Teilung. Am 13. August 1961 riegelten Grenztruppen der DDR den Säulenbau hermetisch ab. Am 22. Dezember 1989, kurz nach dem Fall der Mauer, wurde das Brandenburger Tor offiziell wieder geöffnet und stand gleich darauf in der Neujahrsnacht im Mittelpunkt eines großen Freudenfestes, bei dem leider die kupferne Quadriga Schäden davontrug.

Das einzig noch erhaltene Stadttor Berlins, zwischen 1789 und 1791 nach Plänen von Carl Gotthard Langhans errichtet, erhielt erst 1794 seinen bekrönenden Schmuck – die überlebensgroße geflügelte Friedensgöttin Eirene, die einen mit vier prächtigen Rössern gezogenen Wagen lenkt. Langhans hatte sich am antiken Athen orientiert und das klassizistische Tor mit seinen fünf Durchfahrten statt des barocken Vorgängerbaues als Abschluss der Prachtstraße Unter den Linden entworfen. Die Quadriga konnte wegen des hohen Gewichts nicht gegossen werden. Millimeterdünnes Kupferblech wurde daher über einem Holzmodell getrieben und auf ein Eisengerippe montiert. Die zunächst geplante Vergoldung unterblieb aus Kostengründen. Ursprünglich war die Wagenlenkerin nackt. Das wurde als anstößig empfunden, deshalb erhielt sie ein Kupfergewand.

Die Quadriga auf dem Brandenburger Tor ist eines der bekanntesten Werke von Johann Gottfried Schadow. Nach den Befreiungskriegen wurde die Friedensgöttin Eirene zur Siegesgöttin Victoria.

Schadow und die Berliner mussten 1806 zusehen, wie Kaiser Napoleon I., der Sieger der Schlacht von Jena und Auerstedt, durchs Brandenburger Tor in die Stadt einzog und befahl, die Friedensgöttin als Trophäe nach Paris zu schaffen. Nach der Niederlage Napoleons 1813 in der Völkerschlacht bei Leipzig und dem Einmarsch der Verbündeten in Paris 1814 konnte der Torschmuck wieder die Heimreise antreten. Am 7. April 1814, als König Friedrich Wilhelm III. durch das Brandenburger Tor in die Hauptstadt ritt, prangte die Figurengruppe zur Freude der Berliner – die ihr damals den Spitznamen „Retourkutsche" verpassten – wieder am alten Ort, aber mit neuem

Siegeszeichen. Die Heimkehr stellte später Christian Daniel Rauch am Sockel des Blücher-Denkmals Unter den Linden dar. Eine Terrakottatafel am Roten Rathaus zeigt eine ähnliche Szene.

Im Frühjahr 1945 wurde die Quadriga bei den letzten Kämpfen in der Reichshauptstadt fast vollständig zerstört. Jahrelang bedeckten zerschossenes Kupferblech und gekrümmte Eisenstangen das Tor. Von dem Schrotthaufen blieb nur ein originaler Pferdekopf übrig, der ins Märkische Museum kam. 1949 beschloss der Ost-Berliner Magistrat, das Tor restaurieren zu lassen sowie die beschädigte Quadriga durch eine Nachbildung zu ersetzen. Der Magistrat übernahm die Arbeiten am Säulenbau, während der West-Berliner Senat die Quadriga von der Friedenauer Bildgießerei Hermann Noack nach Gipsabformungen fertigen ließ, die 1943 abgenommen worden waren. Heftige Diskussionen gab es über das Eiserne Kreuz. Es war 1814 in den Eichenkranz eingefügt worden, den die Göttin an einer Stange hält. Mit diesem von Schinkel entworfenen Symbol und einem dort angebrachten auffliegenden Preußenadler mutierte die Friedens- in eine Siegesöttin, die Porta pacis (Tor des Friedens) wurde zum Siegestor umgewidmet. Unmittelbar vor der Aufstellung der Quadriga (1958) wurde auf Ost-Berliner Weisung die Auszeichnung entfernt und der Adler abgesägt. Wer das von DDR-Grenzern nach dem Mauerbau abgeriegelte Tor betrachtete, blickte in einen leeren Kranz.

Die Restaurierungsarbeiten an der Quadriga im Deutschen Technikmuseum wurden 1991, zur Zweihundertjahrfeier der Eröffnung des Brandenburger Tores, abgeschlossen. Dabei kehrten auch Kreuz und Adler zurück. Bei der im Oktober 2002 beendeten Generalsanierung des Tores, das durch Umwelteinflüsse sehr gelitten hatte, zeigte sich, dass der Zustand der Quadriga vergleichsweise gut und eine größere Restaurierung nicht nötig war.

Ohne Eingang und ohne Ausgang
Denkmal für die ermordeten Juden

Nach quälend-langen Diskussionen, einem internationalen Gestaltungswettbewerb und dem Beschluss des Deutschen Bundestages vom Juni 1999 wird das Denkmal für die sechs Millionen von den Nationalsozialisten ermordeten Juden Europas auf einem 19.000 m² großen Stück der ehemaligen Ministergärten zwischen Brandenburger Tor und den Landesvertretungen gebaut. „Das Denkmal für die Opfer des Holocausts wird ein Ort der Erinnerung, Mahnung und Information sein. Hier wird kein fertiges Geschichtsbild transportiert, vielmehr soll das Denkmal weiter zur Diskussion auffordern und die Erinnerung an das unvorstellbare Geschehen wach halten", sagte Bundestagspräsident Wolfgang Thierse Ende Oktober 2001 beim ersten Spatenstich. Die Baumaßnahmen haben ein Volumen von rund 27 Millionen Euro und werden vom Deutschen Bundestag beziehungsweise aus Spenden finanziert, die ein Förderverein sammelt. Nach einem Entwurf von Peter Eisenman sollen 2.700 unterschiedlich hohe und dunkel gefärbte Betonstelen aufgestellt werden, die ein „wogendes Getreidefeld" ohne Eingang und ohne Ausgang ergeben. Der New Yorker Architekt erwartet von dieser begehbaren Skulptur, dass sie bei den Besuchern ein Gefühl der Verunsicherung und der Nachdenklichkeit erzeugt. Im südöstlichen Bereich des Denkmalgeländes entsteht ein unterirdischer Ort der Information über den Holocaust, seine Opfer und die Täter. Bei den früheren Planungen war an diese inhaltliche Ergänzung noch nicht gedacht worden. Erst im Laufe der zum Teil sehr hitzigen Diskussionen über das Denkmal fand die Forderung Gehör, zuzüglich zum Stelenfeld Räume einzurichten, in denen über die Shoah gesprochen werden kann. Hier will die „Stiftung Denkmal für die ermordeten Juden Europas" Einzel- und Familienschicksale dokumentieren und auf weitere Gedenkstätten hinweisen.

Mitte der 1980er Jahre, also noch zu Zeiten der Teilung, hatte es erste Ideen gegeben, das von Trümmern beräumte ehemalige Gestapo-, SD- und SS-Gelände an der Wilhelm-/Prinz-Albrecht-Straße in eine Gedenkstätte für die ermordeten Juden und die anderen Opfer des Naziregimes umzuwidmen. Doch ausgewählt wurde der damals in unmittelbarer Nähe der Mauer auf westlicher Seite gelegene Bereich der ehemaligen Ministergärten, eine Fläche riesigen Ausmaßes, deren künstlerische Gestaltung den Teilnehmern eines internationalen Wettbewerbs viel abverlangte. Unterschiedlichste Entwürfe lagen vor – eine überdimensionale Grabplatte etwa mit den Namen der Opfer, ein Blumenhain mit einem einfachen Gedenkstein darin oder eben das labyrinthartige Stelenfeld, mit dem sich Eisenman durchsetzte.

Nachdenkliche und kritische Stimmen gaben in der Debatte zu bedenken, dass es eigentlich nicht möglich sei, dem Mord an den Juden mit künstlerischen Mitteln Ausdruck zu verleihen. Diese Haltung gipfelte in der Forderung des damaligen Jury-Vorsitzenden Walter Jens, sich auf das „Kleine und demütig Bescheidene" zu verständigen und von dem „makabren Reichsopferfeld" Abstand zu nehmen. Der Präsident der Berliner Akademie der Künste, György Konrád, sprach sich dafür aus, statt des bisher präsentierten „gnadenlosen oder didaktischen Kitsches" ein „flüsterndes" Denkmal zu schaffen, einen Garten des Spiels und der Besinnung, einen Garten zum Gedenken an jene Kinder und ihre Eltern, die im Gas ums Leben kamen. In diesem Park sollte „irgendwo" ein Schild angebracht werden, dass es sich hierbei um ein Geschenk der vernichteten Juden an die Berliner handelt. Durchgesetzt haben sich diese Ideen nicht.

Von Mars und den Musen geliebt
Das Reiterdenkmal Friedrichs des Großen

Am 31. Mai 1851, dem 111. Jahrestag der Thronbesteigung Friedrichs des Großen, der von 1740 bis 1786 regierte, war der Bildhauer Christian Daniel Rauch am Ziel seiner Wünsche. Man war voll des Lobes für das nun endlich vollendete, 5,65 Meter hohe und 36 Tonnen schwere Monument. Seine Entstehungsgeschichte reicht bis in das ausgehende 18. Jahrhundert zurück. König Friedrich II. hatte sich verbeten, ihm bereits zu Lebzeiten Denkmäler unter freiem Himmel zu errichten, weil nur ein toter Monarch oder Feldherr dieser Ehre würdig sei. Dessenungeachtet wurde bereits 1779, sieben Jahre vor dem Ableben des Herrschers, in der Berliner Garnison Geld für ein Friedrich-Monument gesammelt. Hofbildhauer Tassaert entwarf in Anlehnung an Schlüters Großen Kurfürsten ein Reiterdenkmal. Den Sockel mit der (übersetzten) Inschrift „Von Mars und den Musen geliebt" sollten antike Götter bewachen. Friedrich II. lehnte ab. Das Projekt wurde erst unter seinem Nachfolger Friedrich Wilhelm II. wiederbelebt, der sich in der Verehrung für seinen Onkel zurückhielt, denn ein großartiges Monument hätte möglicherweise einen Schatten auf ihn selbst geworfen. Doch Künstler wie Schadow und Rauch, Langhans, Gilly, Gentz und Schinkel entwarfen bereits Reiterstatuen, Tempel, Säulen und überkuppelte Särge zu Ehren des Alten Fritzen.
Verwirklicht wurde das Friedrich-Monument zunächst nicht in Berlin, sondern im fernen Stettin. Für Berlin wurde lediglich festgelegt, ein „Bildniß zu Pferde" Unter den Linden zu errichten. Während Schadow den durch Kopien im Bodemuseum beziehungsweise im Charlottenburger Schlossgarten überlieferten „Stettiner" König stehend mit Dreispitz, Uniformrock und schwerem Herme-

linmantel darstellte, verlangte Friedrich Wilhelm II. für den Berliner Friedrich ein „römisches Kostüm", weil das wohl noch am ehesten „ewige Gültigkeit" repräsentiere. Der in eine Toga gehüllte Held tauchte auch in späteren Planungen auf. Friedrich Wilhelm III. hätte seinen Vorfahren gern vom Volk entrückt auf die Spitze einer riesigen trajanischen Säule gestellt. Mit Mühe konnten Schinkel und Rauch den Monarchen von dieser Idee abbringen. Widerwillig ließ der König schließlich Rauch gewähren. Dessen Entwurf von 1830 sah vor, um den Sockel des Reiterdenkmals sechs Generale der friderizianischen Armee gewissermaßen als Wächter aufzustellen. Nach der Grundsteinlegung 1840, zur Hundertjahrfeier der Thronbesteigung Friedrichs des Großen, wurde mit dem Projekt ernst gemacht, dessen sich der neue König Friedrich Wilhelm IV. persönlich annahm.

Erstaunlich, dass Friedrich II. als alternder König dargestellt wurde und nicht als junger, strahlender Kriegsheld und Schöngeist, wie später mit anderen Monumenten. Das hat nicht jedem gefallen, und so gab es bei der Denkmalsweihe 1851 auch manch kritisches Wort über die schiefe Körperhaltung des alt und krumm gewordenen Königs. Das Wort Bettina von Arnims, der König „hocke wie ein besoffener Schauspieler auf seinem Gaul" machte die Runde. Besondere Sorgfalt war auf die genaue Wiedergabe der Uniformen, Orden, Schärpen und Tressen des Königs und seiner Generale gelegt worden, wobei man sich auch auf den Maler Adolph Menzel als sachkundigen Illustrator zu Kuglers „Geschichte Friedrichs des Großen" stützte. Antik kostümiert sind die „Monarchentugenden" Gerechtigkeit, Weisheit, Stärke und Kriegstüchtigkeit, die ebenfalls den Sockel schmücken, letztere verkörpert durch die römische Göttin Bellona. Eine hochkarätige Kommission wählte die Militärs, Minister, Künstler und Gelehrten aus, die als

Wenn „Zieten aus dem Busch" mit seiner Reiterei stürmte, wurden Schlachten entschieden. Und so gehört der legendäre Husarengeneral zur berittenen Ehrenwache des Fridericus-Denkmals.

Sockelfiguren dargestellt oder wenigstens auf Inschriftenplatten erwähnt werden sollten. Die Ecken des Unterbaues sind mit vier Reiterfiguren berühmter Feldherren besetzt. Unter ihnen ist auch Prinz Heinrich, der jüngere Bruder des Alten Fritzen, ein Feldherr und Diplomat von herausragenden Fähigkeiten, der über 50 Jahre in Rheinsberg beziehungsweise in seinem Palais Unter den Linden, seit 1810 Universität, gelebt hat.

Glaubt man dem biedermeierlichen Satireblatt „Kladderadatsch", dann waren 1851 der königliche Hof und die Spitzen der Berliner Gesellschaft bei der Denkmalsenthüllung ganz unter sich. Das Journal veröffentlichte folgendes Spottgedicht: „Der König rief! – es sank die Emballage/Und frei von jeder Hülle strahlte die Visage/Des Mannes, der durch Geist wie durch Courage/In der Geschichte wohnen wird stets Bel-Etage!/Doch leider, ach! Gesperrt war die Passage/Für uns, die wir gehören zur ‚Bagage'!/Und da wir meiden gern Carambolage/So blieben wir – o schreckliche Blamage! –/Ruhig zu Haus' in unserer Menage/In einer Sprache, wie bekanntlich sie Usage/Beim ‚größten König' und beim Kladderadage.“

In der Novemberrevolution 1918 erlitt das Bronze-monument erste Schäden durch Einschüsse. Sie wurden notdürftig repariert und bei der Generalsanierung des Denkmals 1997 bis 2001 fachgerecht behoben. Den Zweiten Weltkrieg überstand das Monument eingemau-ert, doch wäre es in den 1950er Jahren fast im Schmelztiegel gelandet, wohin kommunistische Bilder-stürmer auch das Reitermonument Wilhelms I. geschickt hatten. Im Hippodrom, einem entlegenen Teil des Parks von Sanssouci, überdauerten Ross und Reiter die Zeiten, erst zerlegt, dann aufgerichtet. Mit der Wiederaufstellung des Fridericus-Denkmals 1980 Unter den Linden läutete SED-Chef Erich Honecker die damals vielbestaunte ost-deutsche Preußen-Renaissance ein.

Lehrmeister der Menschheit
Humboldt-Denkmäler vor der Universität

„Wo Wilhelm und Alexander von Humboldt Wache halten, da wird immerdar sein eine Stätte edelsten menschlichen Strebens, freier Forschung und freier Lehre". Mit diesen Worten schloss der damalige Rektor der Berliner Universität, Emil du Bois-Reymond, seine Festrede anlässlich der Einweihung der Marmordenkmäler vor der Alma mater berolinensis Unter den Linden. Am 28. Mai 1883 wurde wahr, wofür seit 1869 namhafte Vertreter des Kulturlebens und der Wissenschaft gestritten hatten – die Ehrung zweier Geistesgrößen im Herzen Berlins. Die Humboldts sitzen auf würfelförmigen Postamenten mit Namen und Reliefs, welche auf die Profession des jeweils Dargestellten Bezug nehmen. Das Denkmal Alexander von Humboldts rechts vor dem Eingang trägt eine zusätzliche Inschrift in spanischer Sprache, die 1939 die Universität von Havanna dem „zweiten Entdecker" Kubas gewidmet hat.

Zum 100. Geburtstag Alexander von Humboldts (1769–1859) im Jahr 1869 hatten der bekannte Berliner Arzt und Abgeordnete Rudolf Virchow und seine Freunde vorgeschlagen, diesen „Lehrmeister der Menschheit" durch ein großes Nationaldenkmal zu ehren. Die Petition wurde von offiziellen Stellen ignoriert. Die damaligen kriegerischen Zeiten waren ungeeignet, um den Spitzen von Wissenschaft und Kunst Denkmäler zu setzen. Mit Siegessäulen und reitenden Monarchen ging man weniger zurückhaltend um. Doch das Komitee ließ sich nicht beirren. Ein Aufruf an das deutsche Volk zur Sammlung für das Monument fand ein lebhaftes Echo. Nach einem Jahr waren bereits einhunderttausend Mark beisammen. Doch der Deutsch-Französische Krieg 1870/71 brachte das Projekt zunächst ins Stocken.

Wilhelm von Humboldt war im frühen 19. Jahrhundert einer der geistigen Erneuerer Preußens. Die nach seinem Plan gegründete Friedrich-Wilhelms-Universität entwickelte sich schnell zur führenden Lehr- und Forschungsanstalt in Deutschland. Seit 1949 trägt die Alma mater den Namen Humboldt-Universität.

Der Geograph, Botaniker und Geologe Alexander von Humboldt sah sich intensiv in der Welt um und schrieb über seine Reisen zahllose Bücher. Als königlicher Kammerherr versuchte er – leider mit mäßigem Erfolg –, die Mächtigen seiner Zeit im Sinne von Humanität und Aufklärung zu beeinflussen.

Außerdem suchte man nach einem geeigneten Standort. Im Gespräch waren das Kastanienwäldchen nahe Schinkels Neuer Wache und eine Fläche hinter der Universität. Rektor und Senat der Universität hatten eine neue Idee. Sie erinnerten daran, dass Alexander von Humboldt eigentlich nur mittelbar mit der Berliner Alma mater zu tun hatte, beispielsweise durch seine „Kosmos"-Vorlesungen. Deshalb müsse noch ein zweites Denkmal für den Bruder Wilhelm von Humboldt (1767–1835) her. Der Gelehrte, Staatsmann, Diplomat und Reformer hatte als Direktor für Cultus und Unterricht im preußischen Innenministerium wesentlichen Anteil an der Gründung der Berliner Friedrich-Wilhelms-Universität im Jahr 1810, die in das seit 1802 leer stehende Palais des Prinzen Heinrich von Preußen Unter den Linden zog.

Der Gedanke, den Brüdern je ein Denkmal zu errichten, wurde von Virchow und seinem hochkarätig besetzten Denkmalkomitee sofort aufgegriffen. Das gesammelte Geld indes reichte nicht für ein zweites Monument. So erging 1874 die „ehrfurchtsvolle Bitte" an Kaiser Wilhelm I., die Herstellung eines Standbildes Wilhelm von Humboldts parallel zum Nationaldenkmal Alexander von Humboldts aus Staatsmitteln befehlen zu wollen und zu gestatten, die Figuren vor der Universität aufzustellen. Dieser Standort war umstritten, denn gegenüber im Alten Palais am Opernplatz wohnte der greise Kaiser. Sein Auge würde auf das Denkmal Friedrichs des Großen und fortan auch auf die beiden Humboldts fallen, meinten Bedenkenträger am Hof und verwiesen auf kritische Äußerungen Alexander von Humboldts über das Herrscherhaus, die der Ehrung an einem solch herausragenden Platz entgegenstünden.

Das Denkmalkomitee mit Virchow an der Spitze ließ nicht locker. Ein Wettbewerb wurde ausgeschrieben, an dem sich auch der aus Berlin stammende, aber in Rom lebende

Bildhauer Paul Otto beteiligte. Während einer seiner Konkurrenten, der Schöpfer des Schiller-Denkmals auf dem Gendarmenmarkt, Reinhold Begas, hermenähnliche „Colossalbüsten" entwarf, die von Genien bekränzt werden, bestach Ottos Idee durch bürgerliche Schlichtheit. Sein Entwurf einer Sitzfigur Wilhelm von Humboldts wurde von der Jury sofort angenommen. Begas sah sich daraufhin genötigt, Alexander von Humboldt ebenfalls sitzend zu modellieren. Das war Anfang 1877. Sechs Jahre später wurden die Denkmäler feierlich enthüllt. Wilhelm I. und seine Familie „stiegen", wie der Universitätsrektor formulierte, aus dem Palast hernieder und dokumentierten durch ihre Anwesenheit herrscherliches Wohlwollen.

Fast auf den Tag 50 Jahre später, am 10. Mai 1933, loderten auf dem Opernplatz gegenüber der Universität Bücher. Zwölf Jahre später lag die Reichshauptstadt in Schutt und Asche. Die kostbaren Skulpturen hatten eingemauert den Zweiten Weltkrieg überstanden und wurden schon frühzeitig freigelegt. Saurer Regen und Umweltverschmutzung haben dem empfindlichen Marmor stark zugesetzt. Mehrfach wurden die Figuren restauriert und konserviert, doch das konnte Abschürfungen, Risse und andere Beschädigungen nicht verhindern. Wenigstens werden die Figuren in der kalten und feuchten Jahreszeit durch Einhausungen geschützt, was man auch anderen, nicht minder wertvollen und gefährdeten Skulpturen unter freiem Himmel wie Schiller auf dem Gendarmenmarkt, Scharnhorst und Bülow Unter den Linden oder den Schlossbrückenfiguren wünschen möchte.

Geistesriesen im Universitätshof

Hermann von Helmholtz und Theodor Mommsen

Bereits ein Jahr nach dem Tod des bedeutenden deutschen Physikers und Physiologen Hermann von Helmholtz (1821–1894) wurde ein Wettbewerb zur Errichtung eines ihm gewidmeten Denkmals ausgeschrieben. Der Bildhauer Ernst Herter stellt den vielseitigen Wissenschaftler so dar, als habe er sich eben erhoben, um seinen Zuhörern eine wissenschaftliche Frage zu erläutern. Die linke Hand stützt der auf die Straße Unter den Linden blickende Professor und zeitweilige Rektor der damaligen Friedrich-Wilhelms-Universität auf einen kleinen Tisch, auf dem Bücher liegen. Die rechte Hand hat er ein wenig angehoben, um das gesprochene Wort zu unterstreichen. Zum weißen Marmor des Standbildes kontrastiert der aus rötlichem Marmor bestehende Sockel mit Namen und Lebensdaten.

Das Denkmal wurde nach längeren Diskussionen um den günstigsten Standort am 6. Juni 1899 vor dem Eingang der Berliner Universität, mitten im Ehrenhof, aufgestellt. Damit waren Ideen hinfällig, es zusammen mit weiteren Gelehrtenmonumenten westlich des Mittelweges, unter Bäumen, zu platzieren, wo es weniger zur Geltung gekommen wäre. 1935 wurden Helmholtz sowie die Denkmäler von Theodor Mommsen und Heinrich von Treitschke im Zusammenhang mit der Neugestaltung des Ehrenhofs in den Vorgarten der Universität in der Universitätsstraße abgeschoben, wo sie unter dunklen Bäumen lange ein Schattendasein führten. Helmholtz und Mommsen kehrten erst Anfang der 1990er Jahre nach umfangreicher Restaurierung an ihren angestammten Platz zurück.

Mit Helmholtz wird ein Mann geehrt, der in der Wissenschaftsgeschichte des 19. Jahrhunderts eine herausragende

Der Naturwissenschaftler Hermann von Helmholtz und der Alt-
historiker Theodor Mommsen posieren mit obligatorischem
Gelehrtenmantel seit 1899 bzw. 1909 im Ehrenhof der Humboldt-
Universität.

Rolle spielte. Ähnlich wie beim griechischen Dichter
Homer, um den sich sieben Städte stritten, berufen sich sieben Wissenschaften auf ihn. Der Gelehrte, 1888 Präsident
der neugegründeten Physikalisch-Technischen Reichs-
anstalt, befasste sich mit zahlreichen naturwissenschaft-
lichen Problemen von der Physik und Chemie bis zur
Mathematik und Medizin, aus der er übrigens kam. Indem
er gegen offenkundig falsche Lehrmeinungen anging, stellte er neue auf, fand Erklärungen für rätselhafte Er-
scheinungen, konstruierte wissenschaftliche Apparaturen
wie den Augenspiegel, den Albrecht von Graefe am
Eingang zur Berliner Charité in Händen hält.
Das Denkmal für den Altertumsforscher und Alt-
historiker Theodor Mommsen (1817–1903) im Ehrenhof
der Humboldt-Universität ist ein Werk des Bildhauers

Adolph Brütt. Es wurde am 1. November 1909 im Rahmen der Einhundertjahrfeier der Berliner Universität eingeweiht. Drei Jahre nach dem Tod des Gelehrten war ein Wettbewerb für ein Sitzbild ausgeschrieben worden. Parallelen zu den Humboldt-Figuren waren beabsichtigt. Theodor Mommsen schaut gelassen auf den Betrachter herab. Mit einem langen Mantel bekleidet, ohne den man sich einen solchen Gelehrten wohl nicht vorstellen konnte, strahlt er Würde und Wissen aus. Die linke Hand ruht auf einem aufgeschlagenen Buch, der rechte Arm lehnt über der Seitenwand seines Sessels. Brütt nahm Mommsens Totenmaske ab und schuf danach ein vorzüglich gelungenes Altersbildnis des Mannes, der sich in der Revolution von 1848/49 mit dem Staat angelegt und dafür sein Lehramt in Leipzig verloren hatte. Zeitweilig in Zürich und Breslau tätig, folgte er 1859 einem Ruf nach Berlin. Er ging als Autor bedeutender Werke über die Antike in die Geschichte ein. Für seine auch aus sprachlichen Gründen bedeutsame „Römische Geschichte" erhielt er 1902 als erster Deutscher den Nobelpreis für Literatur. Wissenschaftsgeschichte schrieb Mommsen, als er das „Corpus Inscriptionum Latinarum", eine Sammlung lateinischer Inschriften, und das „Griechische Münzwerk" ins Leben rief, zwei Forschungsunternehmen, die heute von der Berlin-Brandenburgischen Akademie der Wissenschaften fortgesetzt werden. Der Mitbegründer der Deutschen Fortschrittspartei legte sich als Abgeordneter mit Otto von Bismarck an. In der von ihm gegründeten „Freien Wissenschaftlichen Vereinigung" sammelte er Persönlichkeiten um sich, um mit ihnen gegen Reaktion und Antisemitismus zu streiten.

Mit großem Nachdruck trat Mommsen gegen seinen erzkonservativen Kollegen Heinrich von Treitschke (1834–1896) auf, der sich als preußischer Staatshistoriker und politischer Geschichtsschreiber verstand, antisemitische

Positionen vertrat und dem Krieg als berechtigtes und sittliches Mittel der Politik das Wort redete. Dessen 1909 im Ehrenhof der Universität aufgestelltes und wie die anderen Professoren-Denkmäler 1934/35 in den Vorgarten an der Universitätsstraße versetztes Bronzestandbild auf niedrigem Sockel ist ein Werk von Rudolf Siemering aus dem Jahr 1909. Es wurde 1951 von seinem Platz entfernt und vermutlich eingeschmolzen.

Wo Bücher brennen, brennen auch Menschen
Ort der Stille auf dem Bebelplatz

Am 10. Mai 1933 veranstalteten die Nazis unter dem Motto „Wider den undeutschen Geist" auf dem Opernplatz, dem heutigen Bebelplatz, eine von Propagandaminister Goebbels vorbereitete Bücherverbrennung. Johlende Horden in braunen Hemden, zumeist Studenten, warfen Schriften von Karl Marx und Karl Kautsky, Heinrich Mann und Erich Kästner, Sigmund Freud, Erich Maria Remarque, Alfred Kerr, Kurt Tucholsky, Emil Ludwig und vielen anderen in die Flammen und riefen dabei Hetzparolen „gegen Klassenkampf und Materialismus, Dekadenz und moralischen Verfall, Gesinnungslumperei und Verrat, seelenzerfasernde Überschätzung des menschlichen Trieblebens, Verfälschung der Geschichte und Verhunzung der deutschen Sprache".

An das theatralisch inszenierte und auch im Rundfunk übertragene Autodafé, mit dem die „Säuberung" der deutschen Bibliotheken von angeblich undeutschem Schrifttum und die Ausgrenzung missliebiger Autoren begann, erinnern eine Gedenktafel an der „Kommode", der ehemaligen Königlichen Bibliothek (heute Juristische Fakultät der Humboldt-Universität), sowie seit 1995 eine unterirdische Gedenkstätte, die „Versunkene Bibliothek".

Der aus Israel stammende Künstler Micha Ullman hat hier einen fünf Meter tiefen, unzugänglichen Raum als Ort der Stille gestaltet. Durch eine Glasscheibe sieht man von oben weiß gestrichene Regale ohne ein einziges Buch, davor Inschriften, die Heinrich Heine mit den Worten zitieren: „Das war nur ein Vorspiel. Dort, wo man Bücher verbrennt, verbrennt man am Ende auch Menschen". Mit dem leeren Raum will Ullman begreiflich machen, wie leer und öde Kunst, Kultur und Wissenschaft ohne die damals verbrannten Bücher sind.

Da der Berliner Senat als Ersatz für die Parkplätze Unter den Linden ab Sommer 2003 vor der Staatsoper von einem Investor unter dem Bebelplatz eine Tiefgarage bauen lassen will, sehen Ullman und viele andere eine Gefahr für die Gedenkstätte, weshalb es zu einem heftigen Streit mit dem Senat kam, der noch längst nicht beigelegt ist. Befürworter des Garagenprojekts behaupten, die Gedenkstätte würde nicht berührt und in ihrer Wirkung beeinträchtigt. Gegner sehen genau dies kommen und befürchten, dass die Gedenkstätte auf Jahre nicht betrachtet werden kann. Für sie ist es eine Horrorvorstellung, dass sich alsbald auf dem Bebelplatz Kräne drehen und Bagger Boden ausheben, dass Autos unmittelbar vor den leeren Bücherregalen stehen werden, nur durch eine Wand von dieser getrennt. Die Proteste haben bisher nichts genutzt, weshalb es nur noch eine Frage der Zeit sein wird, bis die Gedenkstätte von der Tiefgarage eingeschlossen sein wird.

Ihr Tod ist uns Verpflichtung
Widerstandskämpfer im Hof der Humboldt-Universität

Die gespenstische Bücherverbrennung auf dem Opernplatz am 10. Mai 1933 markiert in besonders drastischer Weise den Beginn der „Gleichschaltung" der deutschen

Hochschulen und des Geisteslebens wenige Wochen nach der Errichtung der NS-Diktatur. Sehr schnell entledigte sich auch die damalige Friedrich-Wilhelms-Universität unter dem Druck der Regierung und im Vollzug neuer, diskriminierender Gesetze ihrer jüdischen Professoren und Studenten sowie aller Personen, die als politisch unzuverlässig galten. Für Lehre, Forschung und Ausbildung wurden nur noch Personen zugelassen, die eine „arische" Abstammung nachweisen konnten und sich, zumindest äußerlich, gegenüber den neuen Machthabern loyal verhielten. Von nun an stand „deutsche Wissenschaft" auf dem Programm, was immer man darunter verstand.

Dass sich Forscher der Berliner Universität ohne Skrupel in den Dienst der geistigen und materiellen Aufrüstung stellten und auch an schrecklichen Experimenten an so genannten lebensunwerten Menschen beteiligten, gehört zu den dunkelsten Kapiteln Berliner Wissenschaftsgeschichte.

Dennoch brodelte es hinter der Fassade der angepassten Alma mater. Immer wieder kam es zu regimefeindlichen Aktionen, deren Initiatoren, so weit bekannt, von der Gestapo und der Justiz erbarmungslos verfolgt wurden. In internen Zirkeln diskutierten Andersdenkende insbesondere nach Kriegsbeginn und den Niederlagen im Osten die sich dramatisch zuspitzende Lage, und manche, die bisher noch Illusionen hatten, verloren sie angesichts des zunehmenden Staatsterrorismus und Rassenwahns.

An die Blutzeugen des Widerstandskampfes erinnert im Universitätshof seit 1976 ein Denkmal mit der Widmung „Den im Kampf gegen den Hitlerfaschismus Gefallenen – Ihr Tod ist uns Verpflichtung", das von Johanna Jura geschaffen wurde und sich in seiner unaufdringlichen Form sehr gut in die Gartengestaltung einfügt. Es besteht aus einer nicht sehr hohen Steinwand, vor der sich, etwas aus der Mitte gerückt, eine Stele mit Namen von Frauen und Männern erhebt, die von den Nationalsozialisten hingerichtet wurden. Ein Bronzerelief neben der Stele zeigt geballte Fäuste, die sich durch zerborstene Gitterstäbe und Stacheldraht der fernen Freiheit entgegenstrecken. Zwölf Studenten und Professoren werden, stellvertretend für viele Opfer des Nationalsozialismus, genannt. Unter ihnen sind die bereits 1938 hingerichtete Studentin Lilo Hermann, der Jurist Arvid Harnack und seine Frau, die Literaturwissenschaftlerin Mildred Harnack-Fish, der Theologe Dietrich Bonhoeffer sowie der Mediziner und Privatdozent Georg Groscurth. Obwohl in der NS-Zeit das zuständige Ministerium die Anweisung gab, den Namen dieses Arztes und seiner Leidensgenossen aus den Fakultätslisten zu streichen – vergessen sind sie nicht. Das Denkmal hält die Erinnerung an sie wach.

Literatur und Wissenschaft
Mitscherlich, Hegel, Chamisso

Mit Blick auf den bevorstehenden einhundertsten Geburtstag des Chemikers Eilhard Mitscherlich (1794–1863) rief 1891 ein aus Schülern dieses universellen Gelehrten bestehendes Komitee zur Errichtung eines Standbildes auf, dessen Gestaltung der Bildhauer Carl Ferdinand Hartzer übernahm. In Bronze gegossen, stellt das Monument den Gelehrten auf einem Sockel aus rotem schwedischen Granit in dozierender Haltung dar,

Die Arbeiten von Eilhard Mitscherlich bewegten sich im Grenzbereich von Chemie, Mineralogie und Kristallographie und waren für den Erkenntnisgewinn seiner Zeit bahnbrechend.

die linke Hand dem Zuhörer entgegengestreckt, die rechte Hand in die Hüfte gestemmt. Mitscherlich, der seine akademische Laufbahn als Orientalist begann, sich in jungen Jahren jedoch der Medizin und den Naturwissenschaften verschrieb und 1822 als Professor für Chemie an die Berliner Universität berufen wurde, ist in zeitgenössischer Kleidung mit langem Gelehrtenmantel dargestellt, den wir auch von anderen Monumenten in der Umgebung der Universität kennen. Die Sockelinschrift nennt seinen Namen sowie die Geburts- und Sterbedaten.

Einige Monate nach Mitscherlichs hundertstem Geburtstag wurde das Denkmal am 1. Dezember 1894 im Kastanienwäldchen hinter dem Universitätsgebäude, dem ehemaligen Prinz-Heinrich-Palais, aufgestellt. Im Zusammenhang mit den 1913 begonnenen Erweiterungsbauten der Universität musste es jedoch umgesetzt werden und kam 1920 in den Vorgarten zwischen Lindentunnel und Ostflügel der Universität. Wer zum Maxim-Gorki-Theater, der ehemaligen Singakademie, geht, kann das Denkmal linker Hand hinter Büschen sehen. Mit ihm ist dem Bildhauer zwar kein herausragendes Kunstwerk gelungen, doch verdient das Denkmal Interesse, weil die dozierende Haltung des Gelehrten sehr gut zeigt, wie man vor hundert Jahren berühmte Forscher sah und sehen wollte.

Hinter der Universität steht auf dem Hegelplatz die von Gustav Blaeser 1872 geschaffene Kolossalbüste von Georg Friedrich Wilhelm Hegel (1770–1831), des bedeutendsten deutschen Philosophen des frühen 19. Jahrhunderts und Begründers der nach ihm benannten Denkschule. Hegel stammte aus einer alten Theologen- und Beamtenfamilie. Bei seinem Studium der Theologie in Tübingen schloss er Freundschaft mit den Dichtern Friedrich Hölderlin (1770–1843) und Friedrich Wilhelm Schelling (1775–1854). In Bern, ab 1797 in Frankfurt am Main, arbeitete er als

Hauslehrer. 1805 wurde er an der dortigen Universität zum außerordentlichen Professor für Philosophie ernannt und trat 1818 die Nachfolge von Johann Gottlieb Fichte (1752–1814) auf dem Lehrstuhl für Philosophie an der Berliner Universität an. Er wurde 1820 zum Rektor der Berliner Alma mater gewählt und wohnte wenige hundert Schritt von ihr entfernt am Kupfergraben, was die Aufstellung des charaktervollen Kopfes auf dem Hegelplatz erklärt.

Am Rand des Monbijouparks steht auf hohem Granitsockel die überlebensgroße Marmorbüste von Adelbert von Chamisso (1781–1838), geschaffen von Julius Moser im Jahr 1888 zum 50. Todestag des romantischen Dichters und Botanikers. Ursprünglich war Chamisso preußischer Offizier, doch befasste er sich nach seinem Abschied aus der Armee mit literarischen und botanischen Studien, ging 1815 drei Jahre auf Weltreise und bekam 1819 eine Anstellung am Botanischen Garten in Berlin. Berühmt wurde sein Märchen „Peter Schlemihls wundersame Geschichte", das die Erlebnisse und Leiden eines Mannes schildert, der seinen Schatten dem Teufel verkauft hat. Darüber hinaus ging der Romantiker als Balladendichter in die Literaturgeschichte ein.

Gedenkstein oder bronzene Pietà
Die Neue Wache

Karl Friedrich Schinkels zwischen 1816 und 1818 erbaute Neue Wache Unter den Linden, seit 1993 Zentrale Gedenkstätte der Bundesrepublik Deutschland für die Opfer von Krieg und Gewaltherrschaft, wurde in den vergangenen Jahren umfassend restauriert. Hier wird am Volkstrauertag, bei Staatsbesuchen und zu anderen Gelegenheiten mit Kranzniederlegungen der Toten der beiden Weltkriege sowie der Millionen von den National-sozialisten ermordeten Juden gedacht, ebenso der Opfer des stalinistischen Terrors in der DDR und der an der Mauer erschossenen Flüchtlinge. Die linke Bronzetafel neben dem Eingang erzählt die Geschichte des Wachgebäudes; die andere Tafel erinnert an die Völker, die durch Krieg und seine Folgen gelitten haben, sowie an die Menschen, die in Gefangenschaft und bei der Vertreibung ums Leben kamen. Ausdrücklich wird der ermordeten Sinti und Roma sowie der wegen ihrer Abstammung Diskriminierten gedacht, der getöteten Kranken und Schwachen, der Homosexuellen und anderer Menschen, deren Recht auf Leben geleugnet wurde. Erinnert wird an die Menschen, die um ihrer religiösen oder politischen Überzeugungen willen sterben mussten. „Wir gedenken der Frauen und Männer, die im Widerstand gegen die Gewaltherrschaft ihr Leben verloren. Wir ehren alle, die eher den Tod hinnahmen, als ihr Gewissen zu beugen".

In den Jahren 1930/31 von Heinrich Tessenow als Gedenkstätte für die Gefallenen des Ersten Weltkriegs gestaltet und in der Nazizeit als Reichsehrenmal zweckentfremdet, in dem Hitler schaurige Heldengedenkfeiern abhielt, hatte die von Schinkel als Erinnerungsstätte für die Befreiungskriege von 1813 bis 1815 konzipierte Neue Wache den Zweiten Weltkrieg stark zerstört überstanden. Um 1950 gab es Forderungen der kommunistischen Jugendorganisation FDJ, den Bau abzureißen und damit ein Stück unliebsamer Geschichte zu tilgen. Stattdessen plante der Staat bereits in den frühen 1950er Jahren, den klassizistischen Säulenbau als Mahn- und Gedenkstätte für die Opfer des Faschismus und Militarismus wiederherzustellen. Das zwischen Zeughaus und Universität gelegene Gebäude wurde Schauplatz von Kranzniederlegungen der SED- und Staatsführung und jeden Mittwoch Nachmittag von zackigen Wachablösungen der Nationalen Volksarmee. Im

Innenraum loderte an den symbolischen Gräbern des Unbekannten Soldaten und des Unbekannten Widerstandskämpfers die Ewige Flamme.

Nach dem Untergang der DDR 1990 wurden diese Einbauten einschließlich eines riesigen, in Stein eingelegten Staatswappens an der Schauwand entfernt. Die vom damaligen Bundeskanzler Helmut Kohl bei der Neugestaltung des Innenraums veranlasste Aufstellung einer kupfernen Nachbildung der Pietà von Käthe Kollwitz an Stelle des von Tessenow aufgestellten schwarzen Gedenksteins mit einem Kranz aus silbernen Eichenblättern löste heftige Diskussionen aus. Es ging um Sinn und Zweck einer solchen Gedenkstätte und darüber, inwieweit ein Regierungschef persönlich Einfluss auf ihre künstlerische Gestaltung nehmen darf. Aufforderungen etwa der Akademie der Künste, auf solchen „selbstmitleidigen Betroffenheitskitsch" zu verzichten und Tessenows Raumgestaltung ohne Änderung zu rekonstruieren, konnten den Bundeskanzler nicht beeindrucken. Er setzte sich mit seiner Idee durch, die von dem Bildhauer Harald Haacke geschaffene und auf das Vierfache vergrößerte Figur der Mutter, die ihren toten Sohn auf dem Schoß hält und um ihn trauert, im abgedunkelten, nur durch ein Oberlicht beleuchteten Innenraum zu installieren.

Mit den 1822 beiderseits der Wache aufgestellten Denkmälern der Generale Bülow und Scharnhorst bildete die Wache mit mächtiger Säulenhalle davor schon im frühen 19. Jahrhundert eine Erinnerungsstätte für die Gefallenen der Befreiungskriege. Schinkel hatte sich bei der Gestaltung der zum Schutz des Schlosses bestimmten Soldatenunterkunft an antiken Bauten orientiert. Der Giebelschmuck symbolisiert Heldentum und Untergang im Krieg. „Eine Victoria entscheidet in der Mitte für den rechts kämpfenden Helden; links ist dargestellt: letzte Anstrengung, Aufmunterung zum Kampf, Flucht, Raub und

Schmerz der Familie, die ihr Schicksal erwartet; rechts sieht man Überwältigung und Trauer um einen gefallenen Helden", beschrieb der Architekt das Relief.

Marschall Vorwärts greift an
Generalsfiguren im Prinzessinnengarten

Gebhard Leberecht von Blücher, Fürst von Walstatt (1742–1819), der legendäre „Marschall Vorwärts", war kaum tot, als Christian Daniel Rauch von Friedrich Wilhelm III. den Auftrag erhielt, ein Denkmal für den populären Helden der Befreiungskriege zu schaffen. In Rostock stand bereits ein von Johann Gottfried Schadow modelliertes Bronzemonument, das den Heerführer als Herkules, den Löwenbezwinger, feiert. Allerhöchsten Beifall fand Rauchs für damalige Zeit ungewöhnlicher Entwurf, Blücher in zeitgenössischer Uniform darzustellen, eingehüllt in einen langen Reitermantel, den blanken Säbel in der Hand.

Das 1826 enthüllte Blücher-Denkmal hatte wie andere Denkmäler Unter den Linden den Zweiten Weltkrieg in einem Steinmantel überstanden, wurde 1950 abgebaut und kam auf die Museumsinsel. Die 3,25 Meter große Figur auf einem 4,60 Meter hohen Sockel steht mit seinen Nachbarn, den ebenfalls von Rauch geschaffenen Denkmälern der Generäle Gneisenau und Yorck von Wartenburg, heute im hinteren Teil des Prinzessinnengartens zwischen Staatsoper und Prinzessinnenpalais, besser bekannt als Opernpalais.

"Uff mejnen Ofen kommt mir keener", legten spottlustige Berliner dem „Marschall Vorwärts" in den Mund und deuteten das Kanonenrohr, auf das Blücher ein Bein stellt, in ein Ofenrohr um.

Zu DDR-Zeiten hielt man es für opportun, solche Bildwerke lieber zu verstecken, auch wenn an der Neuen Wache zackiger Stechschritt zelebriert wurde und es sogar einen Blücherorden der Nationalen Volksarmee gab – der allerdings nie verliehen wurde. Pläne, die Dreiergruppe nach vorn an die Straße Unter den Linden auf den alten Standplatz zu holen, waren 1989 ausführungsreif, sind bisher jedoch nicht umgesetzt worden. In letzter Zeit hat die Gartendenkmalpflege den Prinzessinnengarten umgestaltet, wobei auch die Sicht auf die Bronzemonumente verbessert wurde.

Der Künstler, der mit der Übernahme des von Schadow modellierten Blücherkopfes eine Anleihe bei seinem Bildhauerkollegen vorgenommen hatte, schuf aussagestarke Sockelreliefs. Sie symbolisieren in antikischer Kostümierung Leben und Taten des Feldmarschalls. Auf den Platten hat Rauch Zeitgenossen porträtiert – Theodor Körner, Wilhelm von Humboldt, die Militärs Gneisenau, Bülow und Yorck, aber auch Künstlerkollegen. Kein Geringerer als Johann Wolfgang von Goethe zeigte an den Blücherdenkmälern in Rostock und Berlin großes Interesse. Der Dichter bat Rauch um Übersendung von Abformungen der Sockelreliefs und lobte sie mit den Worten: „Das wohldurchdachte Basrelief hat unseren Patrioten an die zwar gefahrvolle, aber doch glücklich vorübergegangene Epoche tröstlich erinnert". Wer in solchen Darstellungen immer ein altertümliches Kostüm vor sich zu sehen gewohnt war, dem mag das „völlig Moderne" dieser Darstellung auffallend erscheinen.

Links und rechts von Blücher stehen die bronzenen Monumente für die Feldherren der Befreiungskriege August Wilhelm Neidthardt von Gneisenau (1760–1831) und Hans David Ludwig Yorck von Wartenburg (1759–1830). Nach Gneisenaus Tod gab es Vorschläge, auch letzterem ein Denkmal zu errichten. Friedrich Wilhelm III.

indes lehnte ab, erinnerte er sich doch der Dispute und Probleme, die er zwei Jahrzehnte zuvor mit Vertretern der preußischen Reformpolitik und Militärverwaltung hatte. Zu ihnen gehörte auch Gneisenau, einer der Mit-organisatoren des Befreiungskampfes und General-quartiermeister Blüchers. Nach 1815 war Gneisenau aus verantwortlichen Positionen in der preußischen Militär-hierarchie entfernt worden. Auch Yorck von Wartenburg war dem Herrscher suspekt, hatte er doch gegen einen königlichen Befehl gehandelt, als er Ende 1812 mit dem russischen General Diebitsch die Konvention von Tau-roggen abschloss, damit preußische Truppen gegenüber den Russen als neutral erklärte und ein Signal für die Volkserhebung gab.

Die Denkmalpläne für die beiden Militärs wurden erst unter Friedrich Wilhelm IV. verwirklicht. Der Monarch plante die weitere Ausschmückung der Hauptstadt mit Bauten und Standbildern. So begann Rauch in den frühen 1840er Jahren mit Skizzen für Gneisenau und Yorck, doch blieb es wegen der Revolution von 1848/49 zunächst nur bei Entwürfen. Für die Sockel hatte Rauch ähnlich wie bei Blücher erzählende Reliefs vorgesehen, doch bestimmte der König einfache Schrifttafeln, die von Viktorien gehal-ten werden. Die Sockel aus rotem Granit sind niedriger als der Bronzesockel von Blücher und auch die beiden Feldherren sind kleiner als der in der Mitte stehende Marschall Vorwärts.

Ehrenrettung für Marmorgenerale

Bülow und Scharnhorst

1820 begann Christian Daniel Rauch mit ersten Arbeiten für zwei Marmordenkmäler, die links und rechts vor der Schinkelschen Neuen Wache aufgestellt wurden. Gerhard

David von Scharnhorst (1755–1813) und Friedrich Wilhelm Graf Bülow von Dennewitz (1755–1816) sollten hier auf Geheiß Friedrich Wilhelms III. geehrt werden. Damit drückte der Monarch seine Dankbarkeit für zwei führende Militärs aus, die sich um die Bewaffnung des Volkes und die Niederringung Frankreichs in den Befreiungskriegen 1813 bis 1815 verdient gemacht hatten und große Popularität genossen.

Über die Aufstellung der 1822 vor der Neuen Wache enthüllten Monumente wurde seit Jahren diskutiert. Dass sie nicht mehr an ihrem ursprünglichen Standort stehen sollten, hatte mit der Neubestimmung des klassizistischen Wachgebäudes nach Entwürfen von Schinkel zu tun. Die damalige Bundesregierung unter Helmut Kohl befürchtete wegen der Aufstellung zweier preußischer Militärs negative Reaktionen unter den Nachbarn des wiedervereinigten Deutschlands. Außerdem gab es mit den Erben von Käthe Kollwitz eine Vereinbarung. Danach sollten die Figuren nicht mehr vor der Wache stehen, weil sich das angeblich nicht mit der um ihren Sohn trauernden Mutter vertrage. Die Standbilder hatten eingemauert den Zweiten Weltkrieg überlebt, doch wurden sie danach von ihrem Platz links und rechts der Neuen Wache entfernt. Während Scharnhorst bis 1990 im Prinzessinnengarten stand, verschwand Bülow ganz im Depot. Im Sommer 2002 hat der Senat die seit den frühen 1990er Jahren im Depot befindlichen, fix und fertig restaurierten Statuen Unter den Linden aufstellen lassen.

Im Sommer 2002 kehrten die Generale der Befreiungskriege Scharnhorst (Foto) und Bülow von Dennewitz zwar auf die „Linden" zurück, nicht aber auf ihren Stammplatz an der Neuen Wache.

Mit den bronzenen Standbildern der Generale Gneisenau, Blücher und Yorck bilden nun die ebenfalls von Rauch geschaffenen Marmorgenerale Scharnhorst und Bülow ein künstlerisches Ensemble. Durch Ihre Aufstellung im Prinzessinnengarten findet eine Ehrenrettung statt: die beiden Militärs gehörten zu Preußens wichtigsten Reformern zu Beginn des 19. Jahrhunderts.

Für Scharnhorst standen dem Bildhauer nur notdürftige Porträtvorlagen zur Verfügung, wesentlich war die Totenmaske. Der General war am 28. Juni 1813 an den Folgen einer Verwundung gestorben, die er sich in der Schlacht von Großgörschen zugezogen hatte. Der ebenfalls getroffene Blücher überlebte. Von Bülow, dessen zusätzlicher Name auf die erfolgreiche Schlacht bei Dennewitz am 6. September 1813 hinweist, war bekannt, dass er die Schultern nach vorn zu strecken und die Füße etwas zu spreizen pflegte. Er habe eine „unschöne" Körperhaltung gehabt und die Hände zumeist auf dem Rücken gehalten.

Zu den Statuen gehören reliefgeschmückte Sockel. Die Widmung „Friedrich Wilhelm III. dem General von Scharnhorst im Jahr 1822", die von einem Adler gehalten wird, wurde nach dem Zweiten Weltkrieg entfernt und durch die lapidare Inschrift SCHARNHORST ersetzt, weil die SED einen Hinweis auf den königlichen Stifter für unerträglich hielt. Die Reliefs zeigen Minerva bei der Unterweisung von zwei Jünglingen. Die Göttin hält ein aufgeschlagenes Buch mit den Namen berühmter Feldherren in der Hand – Montecuccoli, Vauban, Graf Wilhelm von der Lippe, den Marschall von Frankreich, Graf Moritz von Sachsen, Friedrich II. von Preußen und Scharnhorst. Das rückseitige Relief schildert, wie Minerva mit zwei anderen Jünglingen Baumstämme in Lanzen verwandelt, während sich die Göttin auf dem dritten Relief mit erhobenem Schild und ausgestreckter Lanze, von zwei Jünglingen

begleitet, in den Kampf wirft. Ähnliche Szenen schmücken auch den Sockel des Bülow-Denkmals.

Das Landesdenkmalamt stellt die Unter den Linden stehenden Denkmäler aus Bronze und Marmor unter seinen
besonderen Schutz. In den Genuss dieses „Figuren-TÜV",
also der regelmäßigen Beobachtung und Zustandsbe-
wertung, kommen das Reiterdenkmal Friedrichs des
Großen, die beiden Humboldt-Figuren, die fünf Generalsfiguren im Prinzessinnengarten einschließlich der am 24.
August 2002 enthüllten Marmormonumente der Feldherren Bülow und Scharnhorst sowie die acht Marmor-
figuren auf der Schlossbrücke. Bei den Standbildern wird
der Antigraffitischutz regelmäßig kontrolliert. Sie erhalten, so weit nicht schon vorhanden, eine hydrophobieren-
de, also Wasser abweisende Imprägnierung, und es wird
auch die Frage der Einhausung in der kalten und nassen
Jahreszeit geprüft.

Denn die Natur ist aller Meister Meister

Beuth, Schinkel und Thaer

Auf dem Schinkelplatz, wo irgendwann einmal die
Bauakademie aufgebaut werden soll, stehen drei
Bronzestandbilder. Sie erinnern einmal an Peter Christian
Beuth (1781–1853), den Direktor der Technischen
Deputation für das Gewerbe und Direktor der
Allgemeinen Bauschule (Bauakademie), dann an den
Architekten und Direktor der Oberbaudeputation Karl
Friedrich Schinkel (1781–1841) und schließlich an den
Agrarwissenschaftler Albrecht Daniel Thaer (1752–1828).
Beuth, der Förderer von Industrie und Gewerbefleiß, ist
stehend und ein wenig steif dargestellt, so dass von
Temperament und geistiger Beweglichkeit, die ihm von
Zeitgenossen nachgesagt wurde, wenig zu spüren ist.

Während die Beuth-Figur von August Kiß geschaffen und 1861 enthüllt wurde, stammen die weitaus originelleren Sockelreliefs von Friedrich Drake. Sie befinden sich im Märkischen Museum und erinnern an technische Errungenschaften des frühen 19. Jahrhunderts und die berufliche Tätigkeit des Dargestellten – die Förderung von Industrie, Technik und Kunst, symbolisiert durch die Tuchproduktion oder das damals noch neue Medium Fotografie, das sich in Berlin schon früh durchsetzte. Auf den Reliefs erscheinen Künstlerkollegen wie Schinkel und Rauch, ja selbst Johann Wolfgang von Goethe, der die Berliner Kunstszene aus dem fernen Weimar interessiert begleitet hatte und die Widmung schrieb: „Denn die Natur ist aller Meister Meister / Sie zeigt uns erst den Geist der Geister."

Zu den acht Mitgliedern der Technischen Deputation für Gewerbe gehörte auch Schinkel, der mittlere in der bronzenen Dreiergruppe. Er wurde von Friedrich Drake zeichnend dargestellt, den Blick in die Ferne gerichtet. Auch dieses Denkmal steht heute auf einem einfachen, ziegelrot gestrichenen Betonsockel, dem der ursprüngliche Schmuck in Gestalt von Karyatiden fehlt. Die antiken Gebälkträgerinnen symbolisierten Baukunst, Bildhauerei, Wissenschaft und Malerei und wiesen auf die Vielseitigkeit des Künstlers hin.

Im Unterschied zu den Denkmälern von Beuth und Schinkel ist das Standbild von Thaer kein Original, sondern ein Nachguss unserer Tage, finanziert von der Berliner Ernst-Freiberger-Stiftung. Das Original und

Mit Schinkel und Beuth bildet der Agrarwissenschaftler Thaer ein Ensemble an der Friedrichswerderschen Kirche. Jetzt fehlt im Hintergrund nur noch Schinkels Bauakademie. Eine Musterfassade steht bereits am Schinkelplatz.

einige Sockelreliefs sind im Lichthof der Landwirt-schaftlich-Gärtnerischen Fakultät der Humboldt-Universität in der Invalidenstraße aufgestellt.

Thaer gehörte zu den herausragenden Agrarwissenschaftlern des späten 18. und frühen 19. Jahrhunderts. Der berühmte Landwirt und Professor der Cameralwissenschaften an der Berliner Universität war ursprünglich Arzt wie sein Vater, entwickelte jedoch schon früh ein Faible für die Landwirtschaft. 1804 nach Preußen übergesiedelt, erwarb er das Gut Möglin bei Wriezen, um seine Forschungen praktisch anzuwenden. Da um 1800 der Agrarstaat Preußen mit seiner Landwirtschaft der Zeit hinterherhinkte und immer wieder mit Versorgungskrisen und Hungersnöten zu kämpfen hatte, war die Regierung stark an Neuerungen interessiert. Und so fielen Thaers Forderungen, die Landwirtschaft auf eine wissenschaftliche Grundlage zu stellen sowie moderne Anbau- und Erntemethoden anzuwenden, auf fruchtbaren Boden.

Der berühmte Experimentator ist auf dem Berliner Denkmal dargestellt, als ob er Studenten gerade Ergebnisse seiner landwirtschaftlichen Versuche erläutern will. Dass es sich um einen Landwirt handelt, erkennt man an dem Pflug, auf den er sich stützt. Das Thaer-Denkmal ist das letzte Werk von Christian Daniel Rauch und wurde nach dessen Tod (1857) von seinem Schüler Hugo Hagen vollendet. Die Reliefs erinnern an Thaers Tätigkeit als Lehrer und Experimentator. Es fehlt auch nicht die Schafzucht und -schur, die dem Gelehrten den Spitznamen „Woll-Thaer" in Anlehnung an Voltaire, den berühmten Gesprächs- und Briefpartner Friedrichs des Großen und Gast in Sanssouci, einbrachte.

Denkmäler von Peter Beuth und Wilhelm von Humboldt stehen übrigens seit 1987 vor dem DIN-Institut und Beuth-Verlag in der Burggrafenstraße (Tiergarten). Es handelt sich um bronzene Nachbildungen der Sockelfiguren vom Reiterdenkmal Friedrich Wilhelms III. auf dem Kölner Heumarkt. Das von Gustav Blaeser zwischen 1864 und 1878 geschaffene Monument hatte neben dem reitenden Monarchen auch die geistige und militärische Elite des damaligen Preußen gewürdigt und damit an das Rauch'sche Denkmal Friedrichs des Großen Unter den Linden in Berlin angeknüpft, auf dessen Sockel ebenfalls bedeutende Zeitgenossen Platz gefunden haben.

Stein aus Bronze
Reichsfreiherr und preußischer Reformer

An der Straße Unter den Linden, schräg gegenüber dem Zeughaus, erhielt 1981 – etwa zeitgleich mit dem Reiterdenkmal Friedrichs des Großen – das Denkmal des preußischen Reformpolitikers Karl vom und zum Stein seinen neuen Platz. Jetzt hat man für das in den vergangenen zwei Jahren restaurierte 7,40 Meter hohe Bronzemonument vor dem Berliner Abgeordnetenhaus an der Niederkirchnerstraße, gegenüber dem Martin-Gropius-Bau, eine neue Stellfläche gefunden. Eine Verlagerung des von Hermann Schievelbein geschaffenen Denkmals war nötig geworden, weil die Bertelsmann AG gegenüber dem Zeughaus die Alte Kommandantur als ihre Berliner Repräsentanz mit der Adresse Unter den Linden 1 errichten lässt. Ursprünglich stand das Monument bis Kriegsende auf dem Dönhoff-Platz – benannt nach Reichsgraf Alexander von Dönhoff, Berliner Stadtkommandant unter Friedrich Wilhelm I. – nahe der Leipziger Straße.
Bereits seit 1857 hatte man in Preußen eifrig Geld für das Memorial gesammelt, wobei sich auch das Königshaus mit Spenden beteiligte. Obwohl das Bildwerk schon 1868 bei Gladenbeck & Sohn in Friedrichshagen gegossen wor-

den war, konnte es nach manchen Querelen und intensiver Suche nach einem geeigneten Aufstellungsort erst 1875 auf dem damaligen Dönhoff-Platz enthüllt werden. Das von Martin Götze geschaffene Denkmal des Staatskanzlers Karl August Fürst von Hardenberg (1750–1822), das als Pendant dem Stein-Denkmal gegenüberstand, ist verschollen. Den Dönhoff-Platz gibt es nach der Neubebauung der Leipziger Straße auch nicht mehr. Erkennbar ist er jedoch an der großen Meilensäule von 1730, die ursprünglich am Leipziger Tor stand, und einer darum angeordneten Kolonnade, ein Nachbau des zerstörten Originals aus dem späten 18. Jahrhundert

Stein aus Bronze – das musste natürlich Spaßmacher zu Wortspielen inspirieren. In dem Buch „Die Denkmäler Berlins und der Volkswitz" aus der Zeit um 1900 findet sich folgender Spruch: „Auf dem Dönhoffplatze/stand ein alter Mann/Sah mit seiner Glatze/sich das Denkmal an/Sprach er zu den Kindern: ,Ist das nicht von Stein'?/,Nee', sagt der Berliner/,Bronze soll es sein'."

Der Bildhauer Hermann Schievelbein stellt den Minister Friedrich Wilhelms III. in zeitgenössischer Tracht dar. Der Reichsfreiherr im Gehrock stützt sich auf einen Stock, eine Hand dem Betrachter entgegenhaltend. Ein Fuß ist ein wenig über den Sockel geschoben. Das hat die spottlustigen Berliner zu dem Ausruf veranlasst: „Halt, noch een Schritt, und Du liegst unten!" Als Schievelbein 1867 starb, übernahm Hugo Hagen die Vollendung. Vier Eckfiguren – Personifikationen der Vaterlandsliebe, der Willenskraft, der Frömmigkeit sowie der Wahrheitsliebe – flankieren den aus Bronzeplatten gefügten Sockel mit der Inschrift „Dem Minister Freiherrn v. Stein das dankbare Vaterland".

Wie in einem Film läuft Steins Lebensgeschichte auf den Sockelreliefs ab. Würde man diese Darstellungen für bare Münze nehmen, so hätte es nie Konflikte zwischen dem

König und den Reformern gegeben. Dabei hielt Friedrich Wilhelm III. seinen Minister für einen „widerspenstigen, ungehorsamen Staatsdiener". Der aus altem nassauischen Adel stammende Stein war einer der führenden Köpfe der Reformbewegung in Preußen nach der Niederlage von 1806 im Krieg gegen Frankreich. 1804 zum Minister für Handel, Wirtschaft und Finanzen ernannt, versuchte er vergeblich, die Stellung der Regierung gegenüber Friedrich Wilhelm III. zu stärken, was 1807 zu seiner Entlassung führte. Allerdings holte der Monarch – aus Mangel an fähigen Köpfen – Stein nach dem Frieden von Tilsit im Juli desselben Jahres wieder in die Regierung zurück, so dass er darangehen konnte, seine neue Regierungsverfassung umzusetzen. Gegen den erbitterten Widerstand konservativer Kreise setzte Stein 1807 die Bauernbefreiung und 1808 die Städteordnung durch, was auf dem Denkmal gewürdigt wird.

Friedrich Wilhelm III. entließ seinen Minister Ende 1808 auf Betreiben Napoleons I. ein zweites Mal: Dem Kaiser waren Briefe Steins in die Hände gefallen, in denen von einem Volksaufstand gegen die Franzosen die Rede war. Der geächtete Minister ging erst nach Österreich, dann nach Russland, wo er Zar Alexander I. zum Durchhalten im Krieg gegen Frankreich ermunterte. Nach den Befreiungskriegen und als Folge der nun einsetzenden Restaurationspolitik war Stein bei Hofe eine „persona non grata" geworden. Dennoch blieb er nicht untätig. Als Gründer der Gesellschaft für ältere Geschichtskunde brachte er die „Monumenta Germaniae Historica" auf den Weg, woran die Sockelfigur mit Kaiserkrone erinnert. Eine Gedenktafel am ehemaligen preußischen Finanzministerium und heutigen Palais am Festungsgraben zwischen Zeughaus und Humboldt-Universität erinnert ebenfalls an Karl vom und zum Stein, der hier von 1804 bis 1808 als Finanzminister gewohnt und gearbeitet hat.

Moralapostel versus Marmorhelden

Die Figuren auf der Schlossbrücke

Im frühen 19. Jahrhundert ärgerten sich die Berliner über ein gefährlich desolates Bauwerk – die Hundebrücke. Das derart titulierte Verbindungsstück zwischen Schlossplatz und Unter den Linden wurde von Karl Friedrich Schinkel vor 1819 bis 1824 durch einen repräsentativen Neubau ersetzt, den einige Jahre nach dem Tod des Architekten (1841) acht marmorne Figurengruppen zierten. Schinkel hatte sie als „herrliche Erinnerung an den Kampf für Freiheit und Selbständigkeit" vorgesehen, womit er das Bildprogramm an der Neuen Wache fortsetzte. Der sparsame Friedrich Wilhelm III. hatte für derlei Schmuck wenig übrig. Sein Sohn Friedrich Wilhelm IV., der 1840 den Thron bestieg, vollendete verschiedene Bauten und Denkmalprojekte seines Vaters. Dazu gehörte auch der Marmorschmuck der Schlossbrücke, mit der die als Via triumphalis konzipierten „Linden" großartig abgeschlossen wurde.

Die vier Eckgruppen der Schlossbrücke schildern, wie die geflügelte Siegesgöttin Nike einem Knaben Heldensagen erzählt und ihn auf das Kriegshandwerk vorbereitet (von dem Bildhauer Emil Wolff, 1847), den Sieger bekrönt (von Friedrich Drake, 1853), den Verwundeten aufrichtet (von Ludwig Wichmann, 1853) und den gefallenen Krieger zum Olymp trägt (von August Wredow, 1847). Zu diesen Gruppen gesellen sich vier Mittelgruppen mit Frauengestalten ohne Flügel: Athena unterrichtet den Jüngling

Die Muskelmänner auf der Schlossbrücke gaben zur Entstehungszeit Anlass zu moralinsaurer Kritik und bereiten heutigen Denkmalpflegern wegen regelmäßiger Zustandskontrollen und Restaurierungsmaßnahmen manches Kopfzerbrechen.

im Waffengebrauch (von Hermann Schievelbein, 1853), bewaffnet den Krieger (von Karl Heinrich Möller, 1851), führt den Jüngling in den neuen Kampf (von Albert Wolff, 1853) und beschützt den jungen Helden (von Gustav Blaeser, 1854).

Ursprünglich waren gusseiserne Heldenfiguren geplant, genau wie das Geländer. Das korrosionsanfällige Metall galt damals als „patriotischer Stoff", aus dem das 1813 gestiftete Eiserne Kreuz der Befreiungskriege gefertigt und auch das Kreuzbergdenkmal gegossen wurde. Allerdings warnte Schinkel davor, die „sehr schönen nackten Jünglings- und Weibergestalten in diesem rauhen und der Farbe nach unerfreulichem Metall ausgeführt zu sehen". Daher wurde Marmor genommen.

Man hätte denken können, die Berliner wären über die edle Brückenzier begeistert gewesen. Von wegen, das Urteil fiel eher negativ aus. Die nackten Kerle da oben mussten sich allerhand Spott gefallen lassen. So gab es manche Verballhornung und humoristische Vorschläge, wie mit den Kriegern umzugehen sei. Der „Kladderadatsch", in solchen Dingen immer vorneweg, riet, man möge den Helden gefälligst „anständigere und wärmere Kleidung" verpassen. Karikaturisten nutzten die Brückenfiguren, um den Kampf der Geschlechter mit Besen und Kochlöffel sowie menschliche Eitelkeiten aufs Korn zu nehmen.

Miesepetrige Moralapostel gingen noch einen Schritt weiter. Sie erregten sich über die nackten Muskelmänner und forderten mehr Sittsamkeit. Ein selbsternannter Kunstrichter behauptete gar, Berliner Mädchen würden angesichts der schamlos präsentierten Nacktheiten auf die schiefe Bahn kommen, und Familienväter täten daher gut daran, um die Brücke einen Bogen zu machen. Man behauptete, das Volk würde die „griechischen" Götterbilder nicht verstehen, und außerdem würden sie sich, mit

Schnee bedeckt, im rauhen Klima des Nordens „curios" ausnehmen. In den Chor stimmte auch der Historiker Leopold von Ranke ein, als er mit Blick auf die „schamlosen, nichtdeutschen Bildsäulen" forderte: „Endlich muss auch das Nackte, Unsittliche … und alles, was der Geschichte zuwiderläuft, alles das, was mit dem Zustande unserer Bildung nicht in Einklang steht, hinausgeworfen werden".

Die Schlossbrückenfiguren waren im Zweiten Weltkrieg abgebaut worden und überlebten in einem Depot im späteren West-Berlin. 1981 wurden sie im Tausch gegen das in Ost-Berlin befindliche Archiv der Königlichen Porzellanmanufaktur zurückgeführt, restauriert und 1983/84 auf die damals noch so genannte Marx-Engels-Brücke gestellt, die jetzt wieder Schlossbrücke heißt. Im Sommer 1989 haben Restauratoren die acht noch fehlenden Medaillons mit Adlern, die mit Schlangen kämpfen, in die Marmorsockel eingefügt und damit den originalen Zustand zurückgewonnen.

III. Auf der Museumsinsel

Suppenschüssel oder was?
Die Granitschale im Lustgarten

Die monumentale Marmorschale auf dem Lustgarten ist keiner Person und keinem besonderen Ereignis gewidmet. Die in sieben Jahren, zwischen 1827 und 1834, geschaffene Großplastik wurde dennoch als eine Art Denkmal vaterländischer Rückbesinnung und als Wunderwerk der Steinbearbeitung gefeiert. In der Tat, das tonnenschwere Werk, das nach seiner groben Bearbeitung in den Rauenschen Bergen bei Fürstenwalde per Schiff nach Berlin gebracht und dort vollendet wurde, sucht seinesgleichen, hat keine Vorbilder und keine Nachfolger, zumindest was Größe und Gewicht betrifft.

Als die gewaltige Schale unter Leitung des Bauunternehmers und königlichen Bauinspektors Gottlieb Christian Cantian fertig gestellt war, zeigte sich, dass die Schale mit einem Durchmesser von knapp sieben Metern viel zu groß ist, um wie geplant in der mit antiken Figuren geschmückten Rotunde von Schinkels Altem Museum aufgestellt zu werden. So wurde entschieden, sie vor das Gebäude zu schaffen. In den von Götterfiguren geschmückten Mittelraum des Museums kam 1838 eine viereckige Malachitschale als Geschenk des russischen Zaren Nikolaus I. an seinen Schwager, König Friedrich Wilhelm III.

Die Politur der Granitschale haben Arbeiter mit Hilfe einer Dampfmaschine bewerkstelligt, die in einem eigens dafür errichteten Haus am Packhof in der Nähe des Kupfergrabens installiert worden war. Die Suppenschüssel, wie die Berliner die Granitschale nannten, wurde 1934 im Zusammenhang mit der Neugestaltung des Lustgartens als Aufmarschplatz der Nazis in die Anlagen nördlich des Doms versetzt. Dort überstand sie beschädigt den Zweiten Weltkrieg.

Die Granitschale „wird von Einheimischen und Fremden mit Theilnahme betrachtet", heißt es in einem Berlin-Lexikon von 1834.

Zu Schinkels zweihundertstem Geburtstag (1981) hat man sie restauriert und vor dem Museum am alten Ort aufgestellt, wo sie bewundernde Blicke zahlloser Museumsbesucher und Berlin-Touristen auf sich zieht.

Vorn am Lustgarten steht ein Gedenkstein von 1981 mit dem Motto „Für immer in Freundschaft mit der Sowjetunion verbunden". Er stammt von dem Bildhauer Jürgen Raue und erinnert an den jüdischen Widerstandskämpfer Herbert Baum, nach dem in Weißensee eine auf den Jüdischen Friedhof zulaufende Straße benannt ist, und dessen Gruppe. In der Nacht vom 17. zum 18. Mai 1942 hatten die jungen Männer und Frauen die im Lustgarten aufgebaute Nazischau „Das Sowjetparadies" in Brand gesteckt, mit der der Überfall der deutschen Wehrmacht auf die UdSSR knapp ein Jahr zuvor ideologisch gerechtfertigt und Kriegsbegeisterung angefacht werden sollte. Das Mitglied des Kommunistischen Jugendverbandes Baum wurde in der Untersuchungshaft von den Nazis ermordet, 26 Mitglieder seiner Widerstandsgruppe zwischen 1942 und 1943 hingerichtet. Nach dem Ende der DDR kam der schlichte Steinwürfel ins Gerede. Manche fanden die Diktion unerträglich. Es wurde sogar seine Beseitigung im Zusammenhang mit der Neugestaltung des Lustgartens gefordert. Dazu kam es nicht. Da der Stein keine anstößige Inschrift oder ein verfassungsfeindliches Symbol trage, sei nicht an eine Beseitigung oder Verbannung an einen unauffälligen Ort gedacht, hieß es im Bezirksamt. So bekam das eher unauffällige Denkmal zwei zusätzliche Glastafeln, auf denen die Hintergründe der Aktion gegen die Naziausstellung erläutert und die Mitglieder der Baum-Gruppe genannt werden.

Königlicher Mäzen
Friedrich Wilhelm IV. vor der Alten Nationalgalerie

Die Nationalgalerie auf der Museumsinsel, deren Generalsanierung zum 125-jährigen Bestehen Ende 2001 abgeschlossen wurde, hatte als Sammelstätte zeitgenössischer Gemälde und Plastiken mehrere Väter. 1844 ließ Friedrich Wilhelm IV. den größten Teil der in „Allerhöchstem Besitz" befindlichen Gemälde als „abgesonderte Galerie" zusammenstellen und überwies ihr viele Neuerwerbungen. Bedeutenden Zuwachs erhielt die Sammlung durch ein Geschenk des Berliner Kaufmanns und Kunstfreundes Joachim Heinrich Wagener an den Bruder des „Romantikers auf dem Thron", Wilhelm I.

*Friedrich Wilhelm IV. bewacht hoch zu Ross die Alte National-
galerie, die dem königlichen Mäzen viel zu verdanken hat, so dass
ihm im Giebel des Musentempels gleich noch einmal gehuldigt wird.*

Diese Sammlung bestand aus zahlreichen Gemälden und
Skulpturen deutscher und ausländischer Künstler des 19.
Jahrhunderts. Damit war der Grundstein für die „natio-
nale Galerie, welche die neuere Malerei auch in ihrer weiteren Entwicklung darstellt", gelegt.
Die Alte Nationalgalerie – der Name hat sich eingebürgert, um sie von der Neuen Nationalgalerie am Kulturforum zu unterscheiden – wurde zwischen 1864 und 1876
von Johann Heinrich Strack nach Skizzen Friedrich
Wilhelms IV. und Entwürfen von Friedrich August Stüler
als Heimstatt der zeitgenössischen Gemäldesammlung
des Königs errichtet. Im Zweiten Weltkrieg stark beschä-

digt, konnten beim Wiederaufbau nicht alle Schäden beseitigt werden. Bei der Ende 2001 beendeten General-instandsetzung wurden die Umgestaltungen aus dem 20. Jahrhundert als denkmalwürdige Zeitschichten weitge-hend respektiert.

Saniert worden war bereits vorher die repräsentative, von allegorischen Figuren besetzte Freitreppe mit dem Reiter-denkmal Friedrich Wilhelms IV. Kaiser Wilhelm I. ließ es 1886 auf der Freitreppe der Alten Nationalgalerie zur Erinnerung an seinen 1861 verstorbenen Bruder aufstel-len. Von Alexander Calandrelli nach einem Entwurf von Gustav Blaeser geschaffen, würdigt das Monument den „Romantiker auf dem Thron", der viel für Kunst und Architektur in Preußen getan, dabei eng mit Künstlern wie Schinkel und Lenné zusammengearbeitet, doch als Staatsoberhaupt vor allem in der Revolution von 1848/49 große Schuld auf sich geladen hat.

Das Denkmal versinnbildlicht die Verbindung von Geist und Macht und stellt einen Bezug zwischen der als „Freistätte für Kunst und Wissenschaft" angelegten Muse-umsinsel und dem Schloss her. Als es noch stand, blickte der König auf seinen Herrschersitz, den er in der Nach-folge von Schlüter und Schinkel weiter auf das Prächtigste ausstaffieren und mit einer riesigen Kuppel versehen ließ. Dargestellt ist der in einen Hermelinmantel gehüllte Monarch barhäuptig in zeitgenössischer Generalsuni-form. Die Reliefs auf dem Postament zeigen unter ande-rem den Kölner Dom, dessen Fertigstellung Friedrich Wilhelm IV. gefördert hatte, und Rauchs Reiterdenkmal Friedrichs des Großen Unter den Linden, das unter seiner Regentschaft enthüllt wurde. Am Sockel haben gleichsam als Wächterinnen die Symbolfiguren der Religion, Kunst, Geschichte und Philosophie Platz genommen, die damit auch die vom Monarchen hoch gehaltenen Ideale und Glaubensprinzipien symbolisieren. Das Bronzemonument besitzt kein Stahlkorsett wie etwa Rauchs Alter Fritz Unter den Linden oder die Quadriga auf dem Brandenburger Tor. Im Zweiten Weltkrieg beschädigt, wurde es in DDR-Zeiten sogar komplettiert, weil es mit dem Bau der Nationalgalerie eine Einheit bildet. Der schlechte Zustand machte Mitte der 1990er Jahre eine durchgreifende Restaurierung notwendig; korrodierte Eisenverschraubungen, die die Einzelteile zusammenhielten, wurden durch nichtrostendes Titan ersetzt. Nach der Reinigung der Oberfläche bekamen Ross und Reiter einen Überzug aus einer konservierenden Wachslösung, die das Metall vor den Unbilden der Witterung schützt.

Zieten in lässiger Haltung
Generale Friedrichs des Großen im Bodemuseum

Anfang 1987, als Berlin sein 750-jähriges Stadtjubiläum feierte, kehrten sechs Marmordenkmäler von Generalen der friderizianischen Armee aus dem Depot in die Kleine Kuppelhalle des Bodemuseums zurück. Mit ihnen wurde auch ihr in der Mitte stehender Oberster Befehlshaber, Friedrich der Große, auf den angestammten Platz gestellt. Wenn das Museum ab 2005 nach umfassender Sanierung wieder geöffnet sein wird, kann man dieses einzigartige Ensemble, zu dem auch die aus dem Park von Sanssouci stammenden Gartenplastiken Venus und Merkur des französischen Bildhauers Jean-Baptiste Pigalle aus der Mitte des 18. Jahrhunderts gehören, in seiner ganzen Pracht bestaunen. In der Großen Kuppelhalle, dem feierlichen Entree des Museums, ließ Bode eine Kopie des Reiterdenkmals des Großen Kurfürsten Friedrich Wilhelm als Reverenz an einen bedeutenden Kunstförderer des 17. Jahrhunderts aufstellen, das Original steht seit 1951 vor dem Charlottenburger Schloss.

Dass die Generalsfiguren samt König in dem 1904 eröffneten Kaiser-Friedrich-Museum, dem heutigen Bodemuseum, Asyl fanden, ist dem damaligen Generaldirektor der Königlichen Museen, Wilhelm (von) Bode, zu verdanken. Damit wurde der Große König nicht nur als herausragender Feldherr, sondern auch als Mäzen geehrt. Die Berliner Museen verdanken ihm viele Kunstwerke von Weltrang. Friedrich der Große hielt es nach dem Siebenjährigen Krieg (1756–1763) an der Zeit, einigen seiner besten Feldherren Denkmäler zu setzen. Für sich selbst hat er eine solche Ehrung stets abgelehnt. Bis 1828 stand eine Folge von Generalsfiguren auf dem Wilhelmplatz an der Wilhelmstraße.

Auf die heute nicht mehr als repräsentativer Stadtplatz erkennbare Freifläche kamen folgende „Bildsäulen", wie man damals sagte: 1769 das Denkmal von Generalfeldmarschall Graf Kurt Christoph von Schwerin (begonnen von François Gaspard Adam, vollendet von François Sigisbert Michel); 1777 Generalleutnant Hans Karl von Winterfeldt (von Johann David Räntz d. J. und Johann Lorenz Räntz); 1781 General Friedrich Wilhelm von Seydlitz (von Jean-Pierre Antoine Tassaert); 1794 General der Kavallerie Hans-Joachim von Zieten sowie 1828 Fürst Leopold von Anhalt-Dessau, besser bekannt als der „Alte Dessauer" (beide von Johann Gottfried Schadow). Letzterer, bereits 1800 geschaffen, stand ursprünglich im Lustgarten. Die in der Kleinen Kuppelhalle aufgestellte Friedrich-Figur ist eine Marmorkopie von Franz Tübbecke nach dem im Jahr 1803 von Schadow geschaffenen Marmor-Original, das bis zum Ende des Zweiten Weltkriegs in Stettin stand. Eine Bronzekopie steht im Garten des Schlosses Charlottenburg.

Da die Marmorskulpturen unter den Unbilden der Witterung litten, wurden sie bereits Mitte des 19. Jahrhunderts durch bronzene Kopien ersetzt. Die Originale kamen in geschlossene Räume. Vier Nachgüsse standen in den 1980er Jahren im Lustgarten vor dem Alten Museum und sind jetzt deponiert. Auf dem Freigelände hatten die Staatlichen Museen und das Märkische Museum eine Kollektion von Bronzeskulpturen und -denkmälern des 19. und 20. Jahrhunderts aufgestellt. Die meisten Figuren kamen in den frühen 1990er Jahren aus Sicherheitsgründen ins Museumsdepot.

Den Auftrag zur Anfertigung der Bronzekopien hatte der Bildhauer August Kiß übernommen. Initiator und Geldgeber war Friedrich Wilhelm IV., der sich als künstlerisch-intellektueller und politischer Nachfolger Friedrichs des Großen empfand. Indem er die vom Wilhelmplatz genommenen Figuren in Bronze nachgießen ließ, schützte er die empfindlichen Originale und machte die Feldherren trotzdem allgemein zugänglich.

Der Bildhauer nahm bei der Neugestaltung der spätbarocken Figuren einige wesentliche Veränderungen vor. So verzichtete er bei Schwerin und Winterfeldt auf die „römische" Kostümierung und gab ihnen eine korrekte preußische Uniform. Gerade die Figur des Grafen von Schwerin war so ungewöhnlich, dass man sich einhundert Jahre später offensichtlich nicht mehr zu ihr bekennen wollte. Der Feldmarschall kommt wie ein Tänzer der Königlichen Oper daher, und das erregte im 19. Jahrhundert natürlich Anstoß. Im Bodemuseum stürmt der Graf, der 1757 vor Prag gefallen war, in heftiger Bewegung mit einer Fahne voran. Während dieser Gefährte Friedrichs II. als antiker Held charakterisiert ist, weisen Perücke und Orden vom Schwarzen Adler aufs 18. Jahrhundert. Die Kombination war nicht ungewöhnlich; noch war es nicht üblich, fürstliche und Militärpersonen ausschließlich in zeitgenössischer Uniform darzustellen. Damit machte erst Schadow mit der erwähnten Stettiner Friedrichfigur von 1803 einen Anfang. Auch das Denkmal des Generalleutnants von Winterfeldt ist antik kostümiert, doch steifer in der Gestik.

Kiß hat im Grunde Schwerin und Winterfeldt neu geschaffen. Sie haben mit den Vorbildern nicht mehr viel gemein. Die anderen Denkmäler halten sich strenger an die Originale, aber allen ist das Bemühen gemeinsam, die sechs Figuren künstlerisch untereinander anzugleichen und als Ensemble erkennbar zu machen. Der als Husar uniformierte Reitergeneral von Zieten blickt, wie es Schadow gewollt hat, gedankenvoll auf den Betrachter herab.

Ganz unmilitärisch ist hier die Arm- und Beinhaltung. Der General hat sich lässig an einen Baumstumpf gelehnt. Mit der rechten Hand greift er sich ans Kinn. Pfiffige Berliner nahmen das zum Anlass, dem Reiterführer die Frage in den Mund zu legen: „Soll ick mir nu rasieren lassen, oder warte ick noch'n bißken?"

Schadows Zietendenkmal steht, in Marmor gemeißelt, in der Kleinen Kuppelhalle des Bodemuseums und existiert auch als bronzener Nachguss. Die Berliner Schadow-Gesellschaft lässt das Denkmal – hier eine Aufnahme von 1990 auf dem Lustgarten – in der Nähe des früheren Wilhelmplatzes als Geschenk an die Stadt Berlin aufstellen. Die Kosten für die Restaurierung, die Neuanfertigung des Granitsockels sowie die Nachbildung der im Krieg verlorenen Bronzereliefs mit Szenen aus dem Leben des populären Reitergenerals werden durch eine Sammlung bestritten.

Kühler Marmor im Backsteinbau
Künstlerstatuen im Schinkelmuseum

Wenn man von der Berliner Bildhauerschule spricht, fallen vor allem die Namen Johann Gottfried Schadow und Christian Daniel Rauch. Ihnen haben wir viele markante Bildwerke zu verdanken. Einige sind in der Friedrichswerderschen Kirche am Werderschen Markt zu sehen, in der die Staatlichen Museen Preußischer Kulturbesitz ein Schinkelmuseum eingerichtet haben. In dem neogotischen Bau stehen unter anderem vier Marmordenkmäler, die aus dem Alten Museum stammen. Zunächst das von Christian Friedrich Tieck und Hermann Wittig um 1855 geschaffene Denkmal Karl Friedrich Schinkels (1781–1841), der auch in Bronze gegossen den Schinkelplatz schmückt. Ihm gegenüber fand die Marmorfigur von Johann Joachim Winckelmann (1717–1768) Aufstellung, ein Werk von Ludwig Wilhelm Wichmann, der sich in Schadows Werkstatt die ersten Sporen als Bildhauer verdient hatte. Hinten, in der Nähe des Chores, stehen sich die Bildhauer Johann Gottfried Schadow (1764–1850) und Christian Daniel Rauch (1777–1857) gegenüber. Ihre Figuren wurden von Hugo Hagen beziehungsweise Friedrich Drake geschaffen.

Die Standbilder schmückten einst mit weiteren Plastiken die Säulenhalle des Alten Museums am Lustgarten. Aufgrund einer königlichen Order wurden auf diese Weise Schinkel, der Architekt des Säulenbaues, und andere Künstler nicht unter freiem Himmel, wie es damals nur Monarchen und Generalen zustand, mit Denkmälern geehrt, sondern in einem geschlossenen Raum, eben der säulengeschmückten Vorhalle des 1830 eröffneten ersten öffentlichen Museums Berlins. Die Idee für diese Ehrung war von Schinkel selbst ausgegangen, der damit auch das Museum aufwertete. Friedrich Wilhelm III. bewilligte die notwendigen Mittel nicht, erst sein Nachfolger Friedrich Wilhelm IV. führte den Plan aus. Als 1830 das Alte Museum eröffnet wurde, hat man in der Vorhalle nur eine Schinkelbüste aufgestellt, der 1837 eine weitere zu Ehren Wilhelm von Humboldts folgte.

Friedrich Wilhelm IV., der als Kronprinz eng mit Schinkel zusammengewirkt hatte, befahl nach dem Tod seines obersten Baubeamten (1841), diesem ein veritables Denkmal zu setzen, denn mit solchen Monumenten sollten Männer geehrt werden, „die sich um die Wiederbelebung der Kunst im höheren Sinne des Wortes in unserem Vaterland verdient gemacht haben". Den Auftrag erhielt Christian Friedrich Tieck, ein enger Mitarbeiter des Baumeisters. Erst 1855 hat Hermann Wittig die Plastik vollendet. Schinkel ist in zeitgenössischer Tracht dargestellt. Der markante Kopf ist nach links gewendet, die Augen blicken in die Ferne. Er hat einen Stift in der Hand und hält ein Zeichenbrett, auf dem die Umrisslinien des Alten Museums zu erkennen sind. Ein ionisches Kapitell am linken Fuß erinnert daran, dass Schinkel die Baukunst der Antike wiederbelebt hat.

Atmet das Schinkel-Denkmal eher Kühle und Distanz, so erscheint das Winckelmann-Monument von Ludwig Wichmann bewegter, persönlicher, zupackender. Der Künstler hat darauf verzichtet, den in Stendal geborenen Altertumskundler in eine antike Toga zu stecken. Vielmehr tritt uns ein Mann des 18. Jahrhunderts entgegen. Winckelmann hat sich in den Anblick eines archäologischen Fundstücks vertieft. Die Rechte lädt den Betrachter ein, auf eine Reise in die Vergangenheit zu gehen. Eine auch als Stütze der Füße angebrachte Doppelherme mit zwei bärtigen Männerköpfen verweist auf Winckelmanns Arbeitsgebiet, die Antike. Dass man den Gelehrten Mitte des 18. Jahrhunderts am preußischen Hof eine von ihm angestrebte Anstellung verweigerte, sei der Vollständigkeit halber vermerkt. Auf einer Inschriftentafel am Sockel des Friedrich-Denkmals Unter den Linden steht als Ehrenrettung wenigstens sein Name.

Als Christian Daniel Rauch 1857 starb, ordnete Friedrich Wilhelm IV. an, auch ihm ein Denkmal zu errichten. Das von Friedrich Drake vollendete Marmorstandbild atmet Kraft und kühle Distanz, Erhabenheit und Konzentration. Die von Hugo Hagen geschaffene Statue Schadows, Rauch gegenüber, wurde 1869 vollendet. Mit dem für den Bildhauer und Zeichner charakteristischen Käppchen auf dem Haupt, tritt uns ein älterer Herr würdevoll und freundlich entgegen. Dass es sich um einen Bildhauer handelt, erkennt man an dem zirkelartigen Gerät, das Schadow zum Ausmessen von Figuren benutzte. Der Künstler war ein populärer Mann in Berlin. Sein Witz und seine Schlagfertigkeit waren bekannt. Am Schadow-Haus in der Schadowstraße gleich bei den „Linden" grüßt der von Hermann Schievelbein geschaffene Kopf des Hausherrn die Passanten. Außer den vier erwähnten Denkmälern standen weitere in der Säulenhalle des Alten Museums: der klassizistische Zeichner Asmus Carstens (von Adolf Gerhard Janesch, 1893), der Graphiker und Maler Daniel Chodowiecki (von Paul Otto), der Maler Peter Cornelius (von Alexander Calandrelli, 1881), der Architekt und Maler Georg Wenzeslaus von Knobelsdorff (von Karl Begas, 1886), der Bildhauer und Architekt Andreas Schlüter (von Max Wiese, 1897) und der Archäologe Karl Otfried Müller (von Alexander Tondeur, um 1895). All diese Figuren sind heute im Alten Museum aufgestellt beziehungsweise deponiert.

Das Marmordenkmal von Preußens oberstem Baubeamten Karl Friedrich Schinkel fand in der Friedrichswerderschen Kirche eine neue Heimstatt.

C. F. SCHINKEL

Diesterweg, dies ist der Weg

Liebenswerte Kinderszene in der Burgstraße

Ein liebenswertes Bronzedenkmal für den Pädagogen Friedrich Adolph Wilhelm Diesterweg (1790–1866) wurde Ende 1990 an der Burgstraße auf einer kleinen Grünfläche vis à vis der Museumsinsel aufgestellt. Der Bildhauer Robert Metzkes hätte sich mit einer Büste vor der damaligen Pädagogischen Fakultät der Humboldt-Universität zu Diesterwegs 200. Geburtstag zufrieden geben können. Das genügte dem Künstler jedoch nicht, und so schuf er ein auf zwei niedrigen Stufen stehendes Ensemble mit Kindern. Ein Junge im Pierrotkostüm mit einem Zweispitz in der Hand schaut gedankenversunken vor sich hin, ein anderer betrachtet ein kleines Gürteltier, das vor ihm auf dem Tisch läuft. Dazu kommen als Attribute ein astronomisches Messgerät, eine Früchteschale, Tulpen sowie eine Taube, die gleich wegfliegen will. Die beiden Jungen würdigen Diesterwegs Büste, die wie zufällig auf dem Tisch steht, keines Blickes. Dass es sich um das Denkmal eines berühmten Lehrers und Schulreformers handelt, ist nicht sofort zu erkennen. Aufklärung gibt eine an den Tisch gelehnte ovale Tafel mit der Losung „Lebe im Ganzen! A. Diesterweg."

Mit der Bronze wird ein Mann geehrt, der frühzeitig mit den Ideen Pestalozzis in Berührung kam und ab 1832 in Berlin tätig war. Diesterweg trat im Geiste seines großen Vorbilds für die Reformierung des Volksschulwesens und besonders für eine bessere pädagogische Ausbildung, geistige Selbstständigkeit und soziale Anerkennung der Volksschullehrer ein. Er schrieb Schulbücher über Mathematik, Geometrie und deutsche Sprache, gab das „Pädagogische Jahrbuch für Lehrer und Schulfreunde" heraus, ferner eine „Himmelskunde und Mathematische Geographie", die zahlreiche Auflagen erlebte, sowie einen

Dass sich der Pädagoge Diesterweg mit dem Obrigkeitsstaat anlegte und gegen die Dominanz der Kirche in der Schule aufbegehrte, muss man sich bei der bronzenen Figurengruppe hinzudenken.

„Wegweiser zur Bildung für Deutsche Lehrer", nicht zu vergessen zahlreiche Abhandlungen, in denen er sich für eine solide Bildung der Kinder aus unteren sozialen Schichten einsetzte. Er wandte sich gegen den Einfluss der Kirche, aber auch des Staates auf die Schule, verurteilte geistigen Drill und forderte eine pädagogisch-fachliche statt geistliche Schulaufsicht.

Die Hoffnungen, die Diesterweg in die Revolution von 1848 setzte, blieben unerfüllt. Dagegen verschafften ihm seine bildungs- und sozialpolitischen Forderungen bei der preußischen Obrigkeit den Ruf eines Umstürzlers, und so wurde er 1850 zwangspensioniert. Er ließ sich allerdings davon nicht beirren und kämpfte als Landtagsabgeordneter und Stadtverordneter weiterhin gegen die massiven Einmischungsversuche des Staates auf das Schulwesen. So blieb es nicht aus, dass Diesterwegs Name in den politischen Auseinandersetzungen für Polemiken und Wortspiele benutzt wurde. Da der Pädagoge den Einfluss der Kirche auf die Schule bekämpfte und die Trennung von evangelischen und katholischen Schülern in Konfessionsschulen als bornierte Dummheit beschrieb, tönte es bald von den Kanzeln: „Diesterweg, wüster Weg". Dem hielten fortschrittliche Lehrervereine die Parole entgegen: „Diesterweg – dies ist der Weg".

IV. Zwischen Moabit und Charité

Es sind die besten Köpfe, die man henkt
Mahnmale für Albrecht Haushofer und Dietrich Bonhoeffer

Anfang 2002 wurde unweit des Bundesinnen-ministeriums im Spreebogen (Moabit) ein Denkmal für Albrecht Haushofer (1903–1945) eingeweiht. Es ehrt einen Mann, der sich vom Befürworter der geopolitischen Ziele der NS-Führung und Vertrauten des Hitler-Stellvertreters Rudolf Heß zum entschiedenen Gegner des National-sozialismus entwickelte und zu den Widerstands-kämpfern des 20. Juli gehörte. Bekannt wurde Haushofer vor allem durch seine in der Gestapohaft geschriebenen „Moabiter Sonette", in denen er sich einen „Kassandro" nannte, „weil ich der Seherin von Troja gleich/die ganze Todesnot von Volk und Reich/durch bittre Jahre schon vorausgekannt".

Albrecht Haushofer, Sohn des konservativen Geo-politikers Karl Haushofer, war Professor für Politische Geografie in Berlin, Experte für Großbritannien sowie Berater von Heß und zeitweilig auch von Hitlers Außenminister Joachim von Ribbentrop. Er führte eine Art Doppelexistenz, erkannte mit immer größerem Erschrecken, wem er diente, nahm Verbindung mit dem deutschen Widerstand auf und sprach sich bereits für die Beseitigung Hitlers aus, als andere noch vor einem Anschlag zurückschreckten. Nach dem gescheiterten Attentat Stauffenbergs am 20. Juli 1944 untergetaucht, wurde Haushofer Anfang Dezember 1944 von der Gestapo verhaftet. Im Gefängnis Moabit wartete er auf sein Gerichtsverfahren und das Todesurteil. „Es gibt wohl Zeiten, die der Irrsinn lenkt/Dann sinds die besten Köpfe, die man henkt", schrieb er. Unmittelbar vor Kriegsende, als die Rote Armee bereits in den Berliner Außenbezirken stand, wurde Haushofer mit zwölf Mithäftlingen in der Nacht vom 22. zum 23. April 1945 in der Nähe des Gefängnisses Lehrter Straße von der SS erschossen.

Ganz in der Nähe, dem Bundesinnenministerium gegenüber, steht eine von Josef Nalépa geschaffene Bronzebüste. Sie wurde von der Ernst-Freiberger-Stiftung errichtet, die mit ihr und weiteren Denkmälern „Helden ohne Degen" ehrt und einen Nachguss des Thaer-Denkmals auf dem Schinkelplatz (Mitte) aufstellen ließ. Auf dem Sockel sind drei Sonette Haushofers zu lesen. Eines schildert, wie die Deutschen dem Rattenfänger Hitler bis ins Verderben folgen, im zweiten sagt Haushofer, warum er nicht die Chance der Flucht ergriffen hat und in der Heimat geblieben ist, das dritte setzt sich mit der eigenen Schuld auseinander. „Ich klage mich in meinem Herzen an:/Ich habe mein Gewissen lang betrogen/Ich hab mich selbst und andere belogen –/Ich kannte früh des Jammers ganze Bahn/Ich hab gewarnt – nicht hart genug und klar!/Und heute weiß ich, was ich schuldig war".

Die Staatsbibliothek Preußischer Kulturbesitz erinnert seit Frühjahr 2002 in ihrem Haus II, Potsdamer Straße 33 (Tiergarten), mit einer von Alfred Hrdlicka 1977 geschaffenen Büste an den Theologen und Widerstandskämpfer Dietrich Bonhoeffer (1906–1945). Der aus einem mächtigen Marmorblock herauswachsende Kopf wurde der Bibliothek von der Evangelischen Kirche Berlin-Brandenburg als Dauerleihgabe zur Verfügung gestellt. Hrdlicka ehrt einen unerschrockenen Mann, der zum mündigen Christsein ermutigte und zum Widerstand gegen die Schändung elementarer Menschenrechte aufrief. Bereits 1933 hatte der Pfarrer öffentlich die Nazihetze gegen die Juden verurteilt. Als Vertreter der Bekennenden Kirche erklärte er das Christentum mit der NS-Rassenideologie unvereinbar. 1943 wurde der mit Rede- und Schreibverbot belegte Bonhoeffer verhaftet. In Tegel, im Gestapo-Gefängnis Prinz-Albrecht-Straße und im KZ Buchenwald begann eine quälend-lange Wartezeit auf den Tod, gemischt mit der vagen Hoffnung auf Rettung. Am 9. April 1945 wurde der 39-jährige im Konzentrationslager Flossenbürg hingerichtet. Die Staatsbibliothek übernahm 1996 Bonhoeffers über die Nazizeit hinweg geretteten Nachlass, was die Aufstellung der Büste im Haus II an der Potsdamer Straße erklärt. Eine Gedenktafel und ein kreuzförmiges Bronzedenkmal an der Zionskirche in Mitte erinnern an den unerschrockenen Geistlichen, der 1932 in dem Gotteshaus gepredigt und konfirmiert hat.

Den Opfern kommunistischer Gewaltherrschaft
Mauer-Gedenkstätte in der Bernauer Straße

Nach der Öffnung der Mauer am 9. November 1989 war der Wunsch verständlich, so schnell wie möglich dieses am 13. August 1961 von der DDR-Führung in Überein-stimmung, wenn nicht gar auf Befehl der Sowjetunion errichtete Schandmal abzureißen und unsichtbar zu machen. Heute stehen an wenigen Stellen in Berlin noch Wachtürme und Betonwände unter Denkmalschutz. Die Gedenkstätte für die Toten der Berliner Mauer wurde am 13. August 1998 an der Bernauer Straße eingeweiht.

Die nach Entwürfen des Architekten Sven Kohlhoff gestaltete Anlage war und ist umstritten. Bezweifelt wird, ob hier die ganze Brutalität des Grenzregimes sowie die Leiden der Opfer und ihrer Angehörigen vermittelt wer-den können. Der damals 2,2 Millionen DM teure Komplex ist kein Park mit Devotionalien aus dem Arsenal der DDR-Grenzer. Er lässt einen Blick auf das leere Gelände hinter der originalen Betonwand an der Bernauer Straße nur durch Sehschlitze zu. Eine Spiegelwand im Inneren der Gedenkstätte verlängert optisch die Anlage ins Unendliche. Auf der Rückseite, zur Straße hin, ist die Widmung angebracht. Sie lautete ursprünglich: „Gedenkstätte Berliner Mauer in Erinnerung an die Teilung der Stadt vom 13. August 1961 bis zum 9. November 1989 und zum Gedenken an die Opfer errichtet durch die Bundesrepublik Deutschland und das Land Berlin". Dieser historisch ungenaue Wortlaut rief Proteste von Opferverbänden hervor, die die Widmung als diskriminierend empfanden. So wurde sie dahingehend präzisiert, dass die Stätte dem Gedenken an die „Opfer kommunistischer Gewaltherrschaft" gewidmet ist.

Ein Gedenkstein auf dem Gelände des benachbarten Sophienfriedhofs, über den der Mauerstreifen verlief, erweitert mit einem Bibelzitat den Personenkreis, an den hier gedacht wird: „Gedenkstätte für die Opfer des Zweiten Weltkriegs und der deutschen Teilung. Es soll nicht durch Heer oder Kraft, sondern durch mehr Geist geschehen, spricht der HERR Zebaoth". Die Widmung erinnert daran, dass wegen der Grenzbefestigungen Gräber umgebettet worden waren und Besuchern das Betreten des Friedhofs nahezu unmöglich gemacht wurde; zugleich verweist der Stein darauf, dass auf dem Friedhof zahlreiche Kriegstote, darunter viele Bombenopfer, bestattet sind.

In der Nähe der Mauer-Gedenkstätte wurde am 9. November 2001 an der Stelle, wo 1985 die neogotische Versöhnungskirche gesprengt wurde, um den DDR-Grenzern freies Schussfeld zu verschaffen, die Kapelle der Versöhnung eingeweiht. Seit dem Mauerbau 1961 stand das Gotteshaus für die Gemeinde unerreichbar im Todesstreifen. Beim Bau der neuen – aus gestampftem Lehm mit einer Holzverkleidung konstruierten – Kirche fanden sich Reste des Fundaments der alten Kirche, hinzu kamen auch die 1894 gegossenen Glocken, die nun in einem neuen Glockenstuhl erklingen. Vor der Kirche mit rundem Grundriss steht die Kopie eines bronzenen Versöhnungsdenkmals von der Kathedrale in Coventry. Es zeigt, wie sich ein Mann und eine Frau kniend in den Armen liegen, zwischen ihnen eine Bibel und Stacheldraht. Die Szene wurde von der Bildhauerin Josefina da Vasconcellos für die School of Peace Studies an der Universität Bradford geschaffen. Nachgüsse stehen in der Kathedrale von Coventry, im Friedensmuseum von Hiroshima und nun auch an der Bernauer Straße in Berlin.

Wehret dem Krieg, hütet den Frieden
Frauenprotest gegen die Fabrik-Aktion 1943

In der Rosenstraße, einer Seitenstraße zwischen Karl-Lieb-knecht-Straße und S-Bahnhof Hackescher Markt, steht seit 1995 in einer Grünanlage das von Eva Hunzinger in den 1980er Jahren geschaffene Denkmal „Frauenprotest 1943". Die stehenden und knienden Männer, Frauen und Kinder auf den vier Blöcken aus rotem Porphyr erinnern daran, dass während der so genannten Fabrik-Aktion im Februar 1943 zu allem entschlossene Frauen, die mit Juden verhei-ratet waren, tagelang für die Freilassung ihrer Männer in der Rosenstraße protestiert haben. Etwas weiter von dieser Gruppe entfernt hat sich ein Mann aus Stein auf einer stei-nernen Bank niedergelassen. Es ist nicht ganz klar, wie die-ses Bild zu verstehen ist – als interessiertes Betrachten eines dramatischen Geschehens oder als Eingeständnis, nichts gegen den Mord an den Juden unternehmen zu können oder zu wollen. An den mutigen Protest in der Rosenstraße erinnert eine als Litfaßsäule gestaltete Stele, außerdem weist eine Tafel darauf hin, dass in der benach-barten Heidereutergasse die alte Berliner Synagoge stand.

Wenige Tage nach der Hetzrede von Propagandaminister Goebbels im Sportpalast, in der er den „totalen Krieg" ausrief, forcierten die Nazis in der Reichshauptstadt die Jagd auf Juden. Am 27. Februar 1943 verhaftete die Gestapo über elftausend noch in Berliner Rüstungsbetrieben beschäftigte Juden vom Arbeitsplatz weg, um sie in die Vernichtungslager zu deportieren. Ziel der Großrazzia war, die Stadt „judenrein" zu machen. Goebbels und die anderen Naziführer wollten nach der verheerenden Niederlage der deutschen Wehrmacht in Stalingrad innenpolitisch Stärke demonstrieren. Die Verhaftungswelle erstreckte sich nicht nur auf die jüdischen Zwangsarbeiter, sondern auch auf alle anderen Juden, denen die Gestapo bei den Arbeitsämtern und Ausgabestellen für Lebensmittelkarten auflauerte.

Der Frauenprotest unter den Augen der Gestapo war der einzige dieser Art in den zwölf Jahren Hitlerdiktatur. Er fand vor der in ein Sammellager umgewandelten ehemaligen Wohlfahrtsbehörde der Jüdischen Gemeinde statt. Es gelang den protestierenden Frauen, etwa 1.500 der zur Deportation bestimmten Männer freizubekommen. Einige wurden sogar aus Auschwitz zurückgeholt, mussten aber wie die anderen Freigelassenen bis zum Kriegsende Zwangsarbeit leisten.

Ein weiteres Denkmal, das an die Deportation jüdischer Mitbürger in die Konzentrationslager erinnert, befindet sich ganz in der Nähe. Unter Bäumen steht in der Großen Hamburger Straße – hier befand sich einst der erste offizielle Jüdische Friedhof in der Residenz – seit 1985 eine Figurengruppe aus Bronze, die der Bildhauer Will Lammert 1957 geschaffen hat. Ursprünglich sollten die bronzenen Männer, Frauen und Kinder in der Mahn- und Gedenkstätte Ravensbrück aufgestellt werden und an das Grauen im Konzentrationslager nördlich von Berlin erinnern. Da der 1957 verstorbene Künstler die Gruppe jedoch nicht vollenden konnte, blieb sie bei der Gestaltung der

Mit dem Mut der Verzweiflung begehrten Frauen gegen die Deportation ihrer jüdischen Männer im Rahmen der nationalsozialistischen Fabrik-Aktion Anfang 1943 auf.

Gedenkstätte unberücksichtigt. Eine Tafel mahnt: „An dieser Stelle befand sich das erste Altersheim der Jüdischen Gemeinde Berlin. 1942 verwandelte die Gestapo es in ein Sammellager für jüdische Bürger. 55.000 Berliner Juden vom Säugling bis zum Greis wurden in die KZ-Lager Auschwitz und Theresienstadt verschleppt und bestialisch ermordet. Vergesst es nie, wehret dem Krieg, hütet den Frieden".

O die Wohnungen des Todes
Koppenplatz und Hausvogteiplatz

Ein leerer Tisch, ein stehender und ein umgestürzter Stuhl – drei verlassene Möbelstücke auf einem Parkettfußboden, alles aus Bronze auf einem niedrigen Sockel in einer Grünanlage. Für dieses Denkmal auf dem Koppenplatz zum Gedenken an die verschleppten und ermordeten Juden Berlins hat der Bildhauer Karl Biedermann viel Lob bekommen. Nichts erinnert mehr an die ehemaligen Bewohner als ein paar bescheidene Möbelstücke. Überzeugender konnte der Künstler die Leere nach dem Mord nicht darstellen!

Bis das Denkmal 1996 enthüllt werden konnte, musste Biedermann als Preisträger eines Wettbewerbs mit 70 Teilnehmern manche Widerstände überwinden. Ende 1988 war die Aufstellung eines Erinnerungsmals für die über 55.000 ermordeten jüdischen Mitbürger im Herzen des damaligen Ost-Berlin, an einer Stelle, wo früher einmal viele Juden gelebt haben, zwar beschlossen, doch war die Ausführung durch die Ereignisse der Wendezeit verdrängt worden.

Im vereinigten Berlin der frühen 1990er Jahre gab es dann Querelen um die Finanzierung und um Zuständigkeiten zwischen Senat und Bezirk. Hinzu kam, dass sich der nach dem Stadthauptmann Christian Koppe (gest. 1721) benannte Platz in einem beklagenswerten Zustand befand. Koppe hatte sich im frühen 18. Jahrhundert um die Armen und Schwachen in Berlin gesorgt, einen für sie bestimmten Friedhof angelegt und ein Armenhaus gestiftet. Er wird hier an einer Hauswand durch ein von Friedrich August Stüler 1855 geschaffenes und in den letzten Jahren restauriertes Denkmal mit einem klassizistischen Säulenvorbau und einer mit goldenen Schriftzügen versehenen Steinplatte geehrt.

Biedermanns so beredt schweigendes Denkmal „Der verlassene Raum" übt, auch wenn es leider immer wieder beschmiert wird und dann aufwändig gereinigt werden muss, suggestive Wirkung aus. Der Betrachter wird daran erinnert, dass seit Beginn der Nazizeit aus „rassischen" Gründen ausgegrenzte und verfolgte Menschen unter den Augen ihrer „arischen" Mitbürger zusammengetrieben und abgeholt wurden. Ihr bescheidener Besitz, sicher auch solche Stühle und Tische, die Biedermann als Symbole auf den Platz gestellt hat, wurde von den Nazis unter jene aufgeteilt, die das Glück hatten, nicht unter die Rassengesetze zu fallen.

Wer nach Auschwitz und Treblika gebracht wurde, hatte keine Hoffnung auf Rückkehr. Die Inschrift um die viermal fünf Meter große Bodenplatte zitiert Nelly Sachs, die als Jüdin nur knapp der Deportation entging: „O die Wohnungen des Todes/Einladend hergerichtet/Für den Wirt des Hauses, der sonst Gast war/O ihr Finger/Die Eingangsschwelle legend/Wie ein Messer zwischen Leben und Tod/O ihr Schornsteine/O ihr Finger/und Israels Leib und Rauch durch die Luft!"

Seit Juli 2000 steht auf dem in seinen alten Konturen wieder hergestellten Hausvogteiplatz ein aus Spiegeln gefügtes Denkzeichen, das an die jüdischen Textilunternehmen erinnert, die früher hier ansässig waren. Das Viertel zwischen Leipziger und Französischer Straße war schon zur Kaiserzeit ein wichtiges Zentrum der Textilindustrie. Nach dem Novemberpogrom 1938, von den Nazis als „Reichskristallnacht" verharmlost, nahmen die Repressionen an Schärfe zu. Es hagelte Verbote, die Bewegungsfreiheit der Träger des gelben Sterns wurde immer mehr eingeschränkt. Wer nicht mehr auswandern konnte, war dem Terror ungeschützt ausgesetzt. Zwar hat man jüdische Betriebe, wenn sie „kriegswichtig" waren, noch eine Zeitlang arbeiten lassen. Doch nach der Wannsee-

Konferenz im Februar 1942 wurde Berlin systematisch „judenrein" gemacht.

Viele der 4.000 rund um den Hausvogteiplatz Beschäftigten wurden von den Nazis deportiert und in den Konzentrationslagern ermordet. Das von Rainer Görß gestaltete Erinnerungsmal, das man auch betreten kann, schildert auf Schriftplatten im Boden, was damals geschah und nennt die Namen der Konfektionshäuser, die am Hausvogteiplatz existierten. Wer aus der U-Bahn kommend innehält und in die Spiegel schaut, sieht sich von allen Seiten und liest zugleich die Namen der Opfer. Eine Spiegelwand, die ebenfalls an die ermordeten Juden erinnert, befindet sich auch auf dem Hermann-Ehlers-Platz in Steglitz.

Selig sind die Barmherzigen

Hugenotten in Berlin

Menschen sind der größte Reichtum eines Landes – diese Maxime war Anlass für eine gezielte und für die damalige Zeit äußerst tolerante Ansiedlungspolitik, die die Hohenzollern nach dem Dreißigjährigen Krieg betrieben. Da das stark geschwächte Kurbrandenburg zu den am dünnsten besiedelten und bedürftigsten Gebieten im römisch-deutschen Reich gehörte, richteten die brandenburgischen Kurfürsten – und ab 1701 preußischen Könige – ihr Augenmerk darauf, gut ausgebildete und vermögende Fremde ins Land zu holen. Grundlage ihrer Aufnahme war das 1685 vom Großen Kurfürsten Friedrich Wilhelm erlassene „Edikt von Potsdam". Die wegen ihres Glaubens im eigenen Land verfolgten französischen Protestanten, die Hugenotten, waren dabei als Handwerker, Unternehmer und Künstler besonders geschätzt. Sie brachten aus ihrer Heimat Kultur und feine Lebensart mit, und es gehörte in der kurfürstlichen Residenzstadt bald

Der Pelikan als Sinnbild von Mildtätigkeit und Opferbereitschaft erinnert in einer früher vor allem von Hugenotten bewohnten Gegend an die tolerante Einwanderungspolitik der Hohenzollern.

zum „bon ton", in französischer Sprache zu parlieren. Die meisten Neuankömmlinge siedelten sich in Berlin an. Manche machten am Hof und in der Armee Karriere. Bedeutende Künstler wie der Maler Antoine Pesne, der Grafiker Daniel Chodowiecki und der Architekt Carl von Gontard waren Hugenotten oder, wie im Falle Theodor Fontanes, deren Nachkommen. Den Refugiés wurden vielfältige Vergünstigungen sowie Steuerfreiheit gewährt. Heute schätzt man die Zahl der nach 1685 eingewanderten Franzosen auf etwa 13.000 bis 19.000.

An die Aufnahme der Hugenotten und ihre Förderung durch das Herrscherhaus erinnert seit 1994 ein auf einer hohen Säule hockender Pelikan an der Ecke Friedrichstraße und Claire-Waldoff-Straße, gegenüber dem Friedrichstadtpalast. Der Vogel ist ein sehr altes Symbol für Mildtätigkeit und Opferbereitschaft. Dem Pelikan sagt man nach, dass er die eigene Brust öffnen würde, um mit dem Blut seine nach Nahrung bettelnden Jungen zu speisen. Ein kleines ovales Relief auf dem Säulenschaft zeigt diese Szene, Inschriften erinnern an die hugenottische Vergangenheit des Viertels. Ein Medaillon im Durchgang zum Garten hinter dem Gebäude zitiert in französischer und deutscher Sprache die Giebelinschrift des im Zweiten Weltkrieg zerstörten Hospitalgebäudes „Selig sind die Barmherzigen, denn sie werden Barmherzigkeit erlangen" und vermerkt, dass der Pelikan am 29. Oktober 1994, dem Tag des Edikts von Potsdam 1685, aufgestellt wurde.

Das von Michael Klein geschaffene Denkmal steht an der Stelle, wo vor über 300 Jahren das Französische Hospital und andere soziale und karitative Einrichtungen gegründet worden waren. Im Hof des Hauses Friedrichstraße 128 sieht man einen noch von der Kurfürstin Sophie Dorothea, der zweiten Gemahlin des Großen Kurfürsten, im späten 17. Jahrhundert gepflanzten Maulbeerbaum. Zwar ist er so hinfällig, dass er von Stahlträgern gestützt werden muss, treibt aber noch jedes Jahr Blätter. Der Baum ist eines der letzten Zeugnisse jener ehemals von den Hohenzollern geförderten Seidenraupenzucht, die es dem Staat erlaubte, auf teure ausländische Stoffe zu verzichten, da man sich in der Lage sah, selbst Seide zu weben.

Das Hugenottenmuseum im Französischen Turm auf dem Gendarmenmarkt zeigt in seiner Ausstellung zahlreiche Bilder und Dokumente über die Aufnahme und das Leben der Réfugiés in Berlin und Brandenburg-Preußen. Ein Bronzerelief von George Martin (1935) an der Kirchenfassade würdigt den Reformator Johannes Calvin (1509–1564) und schildert, wie seine von der katholischen Kirche unterdrückten und ausgegrenzten Anhänger auf die Galeeren geschickt, in der Wüste durch Predigten aufgerichtet und schließlich in Brandenburg vom Großen Kurfürsten Friedrich Wilhelm aufgenommen wurden. Zitate Friedrichs des Großen und aus dem Edikt von Potsdam ergänzen die Zeitreise. Ein anderes Relief von Achim Kühn (1985) erzählt die Geschichte der Französischen Friedrichstadtkirche, so der ursprüngliche

Name des 1944 zerstörten und 1978 bis 1988 wieder aufgebauten Gotteshauses. Außerdem findet der Besucher im
Eingangsbereich weitere Bronzereliefs von Johann Boese
aus dem Jahr 1885, die von der Fassade eines Gebäudes
der französisch-reformierten Gemeinde in der Kloster-
straße stammen. Dargestellt ist die Aufnahme von
Réfugiés durch den Großen Kurfürsten beziehungsweise
die feierliche Einweihung der Parochie in der Kloster-
straße von 1726 in Anwesenheit des Soldatenkönigs
Friedrich Wilhelm I.

Glaube an die sanfte Gewalt der Vernunft
Bertolt Brecht und andere Theaterleute

Auf einer schlichten Bank unweit seiner einstigen
Wirkungsstätte, dem Berliner Ensemble, sitzt Bertolt
Brecht (1898–1956). Neben dem Dichter ist noch Platz, als
wolle er Passanten einladen, sich zu ihm zu setzen.
Gestalter der Anlage waren der Bildhauer Fritz Cremer
und der Architekt Peter Flierl. Mit Brecht befreundet, hat
der Bildhauer auf dem Bertolt-Brecht-Platz ein eindrucks-
volles Porträt des Künstlers geschaffen, der wortmächtig
und nicht ohne Hintersinn in die geistige und politische
Entwicklung seiner Zeit eingriff und damit auch bei den
SED-Politbürokraten aneckte.
Das bronzene Denkmal wurde am 10. Februar 1988, dem
90. Geburtstag des Dichters und Regisseurs, eingeweiht.
Versonnen schaut er barhäuptig und mit leichtem Lächeln
geradeaus, die Hände entspannt in den Schoß gelegt. Es
ist, als beobachte er das Geschehen auf einer Probebühne.
Jede überflüssige Zutat wird vermieden, alles konzentriert sich auf den Kopf. Die Schlichtheit des Denkmals
entspricht dem, was der Dichter einmal über sein

Nachleben sagte: „Ich benötige keinen Grabstein, aber/wenn ihr einen für mich benötigt/wünschte ich, es stünde darauf:/Er hat Vorschläge gemacht. Wir/haben sie angenommen. Durch eine solche Inschrift wären/wir alle geehrt."

Das nur wenig überlebensgroße Denkmal steht zu ebener Erde auf einer kreisförmigen Fläche mit einem Durchmesser von sechs Metern. Es hat die Höhe einer Stufe und erinnert an die Drehbühne eines Theaters. In polierte Steine auf dem Rand sind Brechts „Fragen eines lesenden Arbeiters", die auch auf einem Bronzerelief von Werner Stötzer (1961) im Hof der Staatsbibliothek Unter den Linden stehen, eingemeißelt, verbunden mit einer von Cremer geschaffenen Zeichnung. Zur Anlage gehören drei Säulen aus poliertem schwarzen Stein. Die Inschriften zitieren Brechts Auffassungen über Philosophie, Ästhetik und Politik: „Ja, ich glaube an die sanfte Gewalt der Vernunft über die Menschen. Sie können ihr auf die Dauer nicht widerstehen" oder „Wirklicher Fortschritt ist nicht Fortschrittlichsein, sondern Fortschreiten" und „Das Alte sagt: So wie ich bin, bin ich seit je/Das Neue sagt: Bist du nicht gut, dann geh".

Der Standort des Denkmals ist gut gewählt. Im Theater am Schiffbauerdamm, dem heutigen Berliner Ensemble, fanden im ausgehenden 19. und im 20. Jahrhundert große künstlerische Ereignisse statt. Im 1891/92 nach Entwürfen von Heinrich Seeling erbauten „Neuen Theater" wurden 1892 Gerhart Hauptmanns „Die Weber" und am 31. August 1928 Brechts „Dreigroschenoper" uraufgeführt. Der Regisseur Max Reinhardt hat hier lange Zeit gewirkt.

Als säße er am Regiepult, hat sich ein bronzener Bertolt Brecht vor dem Berliner Ensemble, seiner langjährigen Wirkungsstätte, niedergelassen.

Das am 1. September 1949 gegründete Berliner Ensemble spielte zunächst im Deutschen Theater, bis es 1954 an den Schiffbauerdamm zog. Brecht wirkte in dem Haus als künstlerischer Leiter, seine Frau Helene Weigel (1900–1971) als Intendantin. Viele Brecht-Werke wurden in dem weitgehend im Original erhaltenen kaiserzeitlichen Interieur uraufgeführt. Das aus dem 19. Jahrhundert stammende Brecht-Weigel-Haus in der ein paar Minuten Fußmarsch entfernten Chausseestraße 125 ist eines der wenigen in Berlin noch original erhaltenen Künstlerhäuser. Hier werden die Schriften und viele andere Hinterlassenschaften des Künstlerpaares verwahrt, das auf dem nahe gelegenen Dorotheenstädtischen Friedhof seine letzte Ruhe gefunden hat.

Vor dem Deutschen Theater in der Schumannstraße, wenige hundert Meter vom Berliner Ensemble entfernt, stehen unter dunklen Bäumen weitere Bronzebüsten berühmter Theaterleute, und zwar des Intendanten und Regisseurs Max Reinhardt (1873–1943) sowie seiner Kollegen Wolfgang Langhoff (1901–1966), Otto Brahm (1865–1912) und Heinz Hilpert (1890–1967). Eine von Christa Sammler stammende Säule aus Sandstein mit Theatermasken (1983), dem Deutschen Theater gegenüber, zitiert auf der Rückseite Max Reinhardt mit den Worten: „Die Werke, die wir geerbt haben, immer wieder von Neuem zu erwerben, um sie zu besitzen, bedeutet, sie aus dem Geist unserer Zeit wieder neu zu gebären. Das lebende Theater kann nur lebende Werke gebrauchen, gleichviel, ob sie der Gegenwart oder der Vergangenheit angehören."

Apostel der leidenden Menschheit
Albrecht von Graefe am Eingang zur Charité

Zu den großen Medizinern in Berlin gehörte Albrecht von Graefe (1828–1870). Dem bedeutendsten deutschen Augenarzt des 19. Jahrhunderts wurde 1882 unweit der Charité in der Luisenstraße ein von Rudolf Siemering geschaffenes Denkmal errichtet. Der Bildhauer zeigt den Arzt stehend, im Gehrock. Hinter ihm, halb sichtbar, ein Sessel. Es ist, als gehe der Arzt auf einen Patienten zu, um dessen Augen zu prüfen. Selbstverständlich hat der Arzt das Instrument in der Hand, das die moderne Augenheilkunde begründen half – den Helmholtz'schen Augenspiegel. Mit ihm wurde erstmals die direkte Beobachtung des Augenhintergrundes möglich. Das Gerät machte seinen Erfinder Hermann von Helmholtz populär. „Die Not der Augenärzte um die Zustände, die man damals unter dem Namen des schwarzen Stars zusammenfaßte, kannte ich sehr wohl aus meinen medizinischen Studien", schrieb Helmholtz, „und ich machte mich sogleich daran, das Instrument aus Brillengläsern und Deckgläsern für mikroskopische Objekte zusammenzukitten. Ohne die gesicherte theoretische Überzeugung, dass es gehen müßte, hätte ich vielleicht nicht ausgeharrt."

Dem „Apostel der leidenden Menschheit", so ein Ehrentitel, den dankbare Zeitgenossen für Graefe fanden, gelang es, die Augenheilkunde als eigenständige medizinische Disziplin zu etablieren. Er hat in seiner Privatklinik viele Menschen wieder sehend gemacht, und dies bringt Siemering treffend zum Ausdruck. Die von den Architekten Martin Gropius und Heino Schmieden gestaltete Sandsteineinfassung wird von farbig glasierten Terrakottaplatten geschmückt, auf denen Blinde, Sehende, Hoffende und Verzagende dargestellt sind – ein

Arbeiter, ein Kriegsveteran, Frauen mit Kindern, ein Greis, der von einem Kind geleitet wird. Ein Gelehrter kann wieder lesen, eine kniende Frau streckt freudig die Arme zur Sonne. Die Inschrift zitiert Friedrich Schiller: „O eine edle Himmelsgabe ist das Licht des Auges. Alle Wesen leben vom Lichte. Jedes glückliche Geschöpf – die Pflanze selbst kehrt freudig sich zum Lichte!"

Mit 19 Jahren hatte der aus einer Berliner Mediziner-familie stammende Graefe sein Studium beendet, kurze Zeit später begann er, Augenkrankheiten zu behandeln – Arme und Unbemittelte kostenfrei. Der Zuspruch war enorm, doch zehrte die Arbeit an den Kräften des sozial engagierten Arztes, so dass er schon mit 42 Jahren an Tuberkulose starb. Graefes Praxis war stets überfüllt von Patienten. Widersacher betrachteten das unkonventionel-le „Treiben" ihres Kollegen mit Misstrauen. Als er im Jahr 1851 gar begann, den Helmholtz'schen Augenspiegel zu benutzen, zog er sich den Zorn einiger Medizinpäpste zu. Kurz vor seinem Tod erhielt Graefe den Lehrstuhl für Augenheilkunde an der Berliner Universität. Jahre später wurde in Berlin eine Universitätsaugenklinik gegründet. Bedeutung erhielten Graefes Untersuchungen über das Schielen und seine operative Behandlung. Ebenso bahn-brechend waren die von ihm entwickelten Methoden zum Kampf gegen den grünen und grauen Star. Und kaum bekannt ist, dass Graefe die Gründung der ersten zahn-ärztlichen Schule in Deutschland angeregt hat. Dafür rich-tete er zwei Räume seiner Praxis in der Karlstraße ein, der heutigen Reinhardtstraße, die auf Siemerings Denkmal zuläuft.

Eine Gedenktafel an einem Haus in der Karlstraße, weni-ge Schritte von dem Graefe-Denkmal entfernt, weist dar-auf hin, dass der Augenarzt Julius Hirschberg (1843–1925) hier eine „gemeinnützige Augen-Heilanstalt" leitete, die bis zu der 1936 von den Nazis auf Grund der Rassen-

Albrecht von Graefe rettete vielen Menschen das Augenlicht, machte sich aber bei seinen Kollegen durch kostenlose Behandlungen für Arme und Bedürftige verdächtig.

gesetze erzwungenen Schließung von seinem Schüler Wilhelm Mühsam fortgeführt wurde.

Eine zum einhundertsten Todestag Graefes (1970) aufgestellte Stele aus Edelstahl mit einem stilisierten Auge steht in einer Grünanlage in der Händelallee (Tiergarten). Geschaffen von dem Bildhauer Edzard Hobbing, erinnert sie an den „Wegbereiter der Augenheilkunde" und zeigt, dass man große Persönlichkeiten auch auf unkonventionelle Weise ehren kann.

Siegreich im Kampf mit der Sphinx
Rudolf Virchow auf dem Karlplatz

Das von dem Bildhauer Fritz Klimsch für den Karlplatz
unweit der Charité geschaffene und 1910 enthüllte
Denkmal zur Erinnerung an den Arzt, Archäologen und
Politiker Rudolf Virchow (1821–1902) verdient wegen seiner ungewöhnlichen Form besondere Aufmerksamkeit.
Auf hohem säulenbestücktem Sockel aus Kalkstein ringt
ein nackter Mann mit einer Sphinx, dem Symbol der
Krankheit. Dieses Mischwesen aus Mensch und Tier wehrt
sich heftig, doch es hat angesichts der Kraft des Menschen
keine Chance. Diese Botschaft wollte der Bildhauer vermitteln, der erstmals ein Denkmal schuf, das auf einen stehenden oder sitzenden Professor verzichtet, wobei er auch
im Sinne von Virchow handelte, der auf vordergründige
Ehrungen keinen Wert legte. Dennoch ist Virchow ein-
drucksvoll auf dem Denkmal präsent: zum einen durch
sein marmornes Kopfrelief auf der Vorderseite und zum
anderen durch eine szenische Darstellung auf der
Rückseite, die ihn im Kreise seiner Kollegen bei der
Sektion zeigt. Die Widmung lautet „Dem großen Forscher
seine Schüler. Ihrem Ehrenbürger die Stadt Berlin".
Virchow war zeitweilig Rektor der Friedrich-Wilhelms-
Universität (Humboldt-Universität), Mitbegründer unter
anderem der Deutschen Gesellschaft für Anthropologie,
Ethnologie und Urgeschichte, Abgeordneter sowie Autor
namhafter Publikationen, seit 1891 Ehrenbürger der Stadt
Berlin.

*Das Denkmal für Rudolf Virchow wich so von den damals
üblichen Gelehrtenmonumenten ab, dass es Proteste gab. Erst als
Wilhelm II. zustimmte, ging es an die Realisierung der Allegorie.*

RUDOLF VIRCHOW

Am 4. Januar 1902 ereilte den 80-jährigen, immer noch rüstigen Greis ein schlimmes Unglück. Beim Abspringen von der Straßenbahn war er gestürzt. Der Schenkelhalsbruch heilte zwar, doch die Lebensenergie des Mannes, der plötzlich zum Nichtstun verurteilt war, erlahmte. Virchow starb am 5. September des gleichen Jahres. Dem Trauerzug vom Roten Rathaus zum Sankt-Matthäi-Friedhof folgten Zehntausende.

Das von Klimsch entworfene Denkmal stieß zunächst auf Widerstand bei den Berliner Ärzten und Kommunalpolitikern und sorgte für eine ungünstige Beurteilung durch Kaiser Wilhelm II., der sich in Sachen Kunst für unfehlbar und geschmacksbestimmend hielt. Der Monarch lehnte den Entwurf ab. Doch als sich der Bildhauer direkt an den Kaiser wandte, wusste er diesen für das Projekt einzunehmen. Das Denkmal konnte so umgesetzt werden, wie es Klimsch entworfen hatte. 1910, acht Jahre nach Virchows Tod, wurde es auf dem Karlplatz in Charité-Nähe feierlich eingeweiht.

Der preußischen Obrigkeit war der Umgang mit Virchow nie leicht gefallen. In der Revolution von 1848/49 hatte der demokratische Liberale den Zorn des Königs und seiner Kamarilla auf sich gezogen, war nach Würzburg gegangen und erst 1856 in die preußische Hauptstadt zurückgekehrt. Friedrich Wilhelm IV. meinte verächtlich, möge der Arzt doch „seinen Leichen Demokrat sein". Ein borniertes Vorurteil. Virchow blieb sich und seiner Gesinnung stets treu, wurde Stadtverordneter, gründete mit anderen die Deutsche Fortschrittspartei und war – ähnlich wie Theodor Mommsen – ein erbitterter Gegner Otto von Bismarcks.

Vieles haben die Berliner Virchow zu verdanken, zum Beispiel die Kanalisation und die Anlage von Klärwerken außerhalb der Stadt, den Bau von Krankenhäusern, die Anstellung von Schulärzten, aber auch wichtige Neuerungen auf dem Gebiet der Hygiene wie die von Amtsärzten vorgenommene Fleischbeschau. Rudolf Virchow hat sich, was das Denkmal nicht berücksichtigt, auch als Anthropologe um die Erforschung der frühen Menschheitsgeschichte und die Förderung des Museumswesens in Berlin verdient gemacht. So war er einer der Gründer des Märkischen Museums am Köllnischen Park und des Museums für Vor- und Frühgeschichte in Charlottenburg. Und auch für die Aufstellung der Humboldt-Denkmäler hat sich der Gelehrte intensiv eingesetzt.

Nobelpreisträger blicken sich an
Denkmäler im Umkreis der Charité

Zwei Nobelpreisträger schauen sich auf dem Robert-Koch-Platz nicht weit von der Charité in die Augen – der Arzt Robert Koch (1843–1910) und der Chemiker Emil Fischer (1852–1919). Kochs im Jahr 1916 von Louis Tuaillon vollendetes Marmordenkmal kehrte 1982 nach langer Abwesenheit gereinigt und restauriert auf den Platz nahe der Charité zurück. Der Entdecker des Tuberkulose-Erregers und Professor für Hygiene an der Berliner Universität sowie Leiter des Instituts für Infektionskrankheiten der Charité sitzt, in einen langen Arztkittel gekleidet, auf einem Stuhl. Eine Hand ist auf die Lehne gestützt, die andere ruht auf dem Knie. Koch, Träger des Nobelpreises für Medizin des Jahres 1905 und Mitglied der Berliner Akademie der Wissenschaften, schaut selbstbewusst und konzentriert drein. Der Bildhauer hat auf die üblichen allegorischen Zutaten wie dicke Folianten, Schriftrollen oder wissenschaftliche Geräte verzichtet, die man von anderen Gelehrten- und Künstlermonumenten kennt. Die Rückseite des Sockels trägt die leider nie realisierte Vision: „Ich wünsche, dass im Kriege gegen die kleinsten aber gefährlichsten Feinde des Menschengeschlechts eine Nation die andere immer wieder überflügeln möge. R. Koch".

Das Bronzedenkmal von Emil Fischer erhebt sich auf der gegenüberliegenden Seite des Platzes. Die Monumente stehen in kleinen Grünanlagen beiderseits der Luisenstraße. Der Bildhauer Fritz Klimsch stellt den Chemieprofessor, Institutsleiter und Chemienobelpreisträger von 1902 ebenfalls sitzend mit leeren Händen und in ähnlicher Haltung wie Robert Koch dar. Aus dem hochgeschlagenen Kragen seines bis zu den Füßen fließenden Mantels blinkt der Orden Pour le Mérite. Die Friedensklasse dieses von Friedrich dem Großen gestifteten Militärordens wurde und wird auch heute noch an Künstler und Gelehrte von besonderem Rang verliehen. Ursprünglich hatte Klimsch Emil Fischer als Sitzfigur in Kalkstein ausgeführt. Die Steinskulptur wurde 1921 vor dem I. Chemischen Institut der Universität, Fischers langjähriger Wirkungsstätte, enthüllt, ist dort aber im Zweiten Weltkrieg zerstört worden. Eine Bronzekopie schmückt den Garten des Max-Planck-Insituts in Berlin-Dahlem. Ein weiterer Abguss kam schließlich 1995 auf den Robert-Koch-Platz als Gegenüber des Nobelpreisträgers für Medizin. Damit wurden auch die gartendenkmalpflegerischen Arbeiten zur Neugestaltung des Platzes vor dem Neuen Tor weitgehend nach historischen Vorlagen abgeschlossen.

Nicht gleich zu finden ist das Bronzedenkmal des Veterinärmediziners Andreas Christian Gerlach (1811–1877). Es stand ursprünglich vor der Tierarzneischule in der Luisenstraße, steht jetzt aber im Hof dieser bedeutenden Ausbildungsstätte. Das von Otto Panzer geschaffene Monument zeigt Gerlach im bürgerlichen Gehrock. Die leicht erhobene rechte Hand und die sich auf ein Buch stützende linke verleihen der Figur etwas Gravitätisches.

Auf der Rückseite des Granitsockels ist die Widmung zu lesen „Die deutschen Tierärzte Berlin 1890". Sie hatten dem Gelehrten, der 1870 zum Direktor der Berliner Tierarzneischule berufen wurde, viel zu verdanken, vor allem die Ausbildung tüchtiger Tierärzte, die nicht nur wegen der Entwicklung von Ackerbau und Viehzucht und der Ernährung der rasch anwachsenden Bevölkerung, sondern auch von herausragender militärischer Bedeutung wegen der vielen Pferde war, die die damaligen Armeen brauchten.

Das Gerlach-Denkmal wird von zwei Bronzebüsten bedeutender Veterinärmediziner flankiert; zum einen den Entdecker der Schweinepest Wilhelm Schütz (1839–1920) sowie Wilhelm Dieckerhoff (1836–1903), der lange Zeit Deutschlands größte Pferdeklinik leitete. Wer sich auf dem Charité-Gelände umschaut, findet dort weitere Büsten, so die Porträts der Mediziner Wilhelm Griesinger (1817–1868), Otto Heubner (1843–1926), Friedrich Kraus (1858–1936), Johannes Müller (1801–1858), Ernst von Leyden (1832–1910) und noch einmal Rudolf Virchow (1821–1902). Mit einer Büste im Eingangsbereich an der Schumannstraße wird auch an Friedrich Althoff (1839–1908) erinnert, der als preußischer Kulturpolitiker wesentlich an der Neugestaltung der Charité mitgewirkt hat. Auf dem Sockel der Griesinger-Büste liest man die Inschriften: „Denken macht frei" und „Die großen Gedanken kommen aus dem Herzen".

V. Von der Wilhelmstraße zum Roten Rathaus

Willy Brandt hat alles im Blick

Ex-Kanzler in Kreuzberger SPD-Parteizentrale

Überlebensgroß und in Bronze gegossen steht der langjährige Vorsitzende der SPD, Willy Brandt (1913–1992), seit 1996 im Lichthof der Parteizentrale an der Wilhelm-/Ecke Stresemannstraße im Bezirk Kreuzberg. Wann immer eine Pressekonferenz oder eine wichtige Veranstaltung aus dem Willy-Brandt-Haus übertragen wird – die 3,40 Meter hohe Politiker-Figur ist präsent, mit wachem, verschmitztem Blick gleichsam das begleitend, was die Enkel nun so tun und lassen. Mit der Statue hat der Bildhauer Rainer Fetting ein Denkmal geschaffen, das sich von vielen anderen Memorials dieser Art unterscheidet – übrigens eines der wenigen in Berlin, das einen herausragenden Politiker der Bundesrepublik Deutschland ehrt.

Fetting zeigt den Berliner Regierenden Bürgermeister von 1957 bis 1966, Parteivorsitzenden der SPD von 1964 bis 1987, Bundeskanzler von 1969 bis 1974 und Friedensnobelpreisträger des Jahres 1971 in lässiger – manche Kritiker meinen, für einen Mann seiner Statur eigentlich unzulässiger – Haltung. Eine Hand steckt in der Hosentasche, die andere ist den Zuhörern entgegengestreckt. Dieser Brandt ist kein naturalistisches Abbild des Staatsmannes, eher ein grantiges, kantiges Porträt, das nach Fettings Worten zum Diskutieren anregen soll.

Der ehemalige Bundeskanzler Willy Brandt als Redner in lässiger Haltung – das Bronzedenkmal dient häufig als Blickfang bei Fernsehübertragungen aus der Zentrale der Sozialdemokratischen Partei Deutschlands an der Wilhelmstraße in Kreuzberg.

Nachdenklich steht er da und wirkt dabei herzlich, bisweilen auch launisch, aber bereit zum Zuhören und Mitreden – so zeigt der Künstler den prominenten Sozialdemokraten, der wie kaum ein anderer in seinem Leben Triumphe feiern konnte und herbe Niederlagen hinnehmen musste. „Mir ist der Macher Brandt wichtig, der Politik machte, gesellschaftliche Veränderungen in Bewegung setzte, eine Wende provozierte", beschrieb der Bildhauer sein Anliegen. Nur schade, dass Willy Brandt in der Parteizentrale gleichsam eingehaust und nur einem begrenzten Publikum zugängig ist. Andererseits aber wäre die Figur unter freiem Himmel vermutlich Attacken von Sprayern ausgesetzt wie so viele andere Denkmäler auch. Allerdings ist das Willy-Brandt-Haus als offene, bürgernahe Begegnungsstätte konzipiert, in dem sich unter den Blicken des großen Idols Willy Brandt Politik, Kiez und Kultur treffen sollen.

Am 23. Januar 2003 wurde vom französischen Staatspräsidenten Jacques Chirac und Bundeskanzler Gerhard Schröder vor der Konrad-Adenauer-Stiftung im Tiergarten ein Denkmal zur Erinnerung an den so genannten Elysee-Vertrag von 1963 enthüllt. Das von der Pariser Bildhauerin Chantal de la Chauvinière-Riant geschaffene Bronzerelief zeigt die Unterzeichner des vor 40 Jahren geschlossenen deutsch-französischen Freundschaftsvertrages, Staatspräsident Charles de Gaulle und Bundeskanzler Konrad Adenauer, bei einem herzlichen Händedruck.

Er wollte nur die Freiheit
Mahnmal für Peter Fechter

Das am 13. August 1999 an der Zimmerstraße zwischen Mitte und Kreuzberg eingeweihte Denkmal für den Mauerflüchtling Peter Fechter ist eine 2,40 Meter hohe

Bronzesäule, die von dem Bildhauer Karl Biedermann geschaffen wurde. „Er wollte nur die Freiheit", lautet die Inschrift unter den Lebensdaten 1944–1962 des Bauarbeiters, der am 17. August 1962 an dieser Stelle bei dem Versuch, nach West-Berlin zu flüchten, von DDR-Grenzsoldaten angeschossen wurde und nach quälendlangem Todeskampf starb. Unversorgt ließen die Grenzer den jungen Mann auf der Ostseite der Mauer verbluten. Hilflos mussten die West-Berliner Polizei und zahlreiche Schaulustige dem Drama zusehen. Um die aufgebrachte Menge zu vertreiben, warfen die DDR-Grenzer Tränengasgranaten.

Das Holzkreuz, das zunächst an der Stelle des elenden Sterbens von Peter Fechter stand und inzwischen durch die Bronzestele ersetzt wurde, kam ins Museum am Checkpoint Charlie an der Friedrichstraße, nicht weit von der Zimmerstraße entfernt. Dort werden zahlreiche Zeugnisse und Dokumente zum Bau und zum Fall der Berliner Mauer aufbewahrt und in einer vielbesuchten Ausstellung die unzähligen Fluchtversuche, die Kontrollen an der deutsch-deutschen Grenze und andere Fakten zur Geschichte der innerstädtischen Grenze dokumentiert.

Der Fall des Lehrlings Peter Fechter, der Unter den Linden gearbeitet und mit einem Kollegen die Flucht versucht hatte, die letzterem auch gelang, erregte insbesondere deshalb weltweites Aufsehen, weil der Flüchtling unter den Augen vieler Menschen starb, die nicht helfen konnten. Im Westteil der Stadt kam es nach dem Tod von Peter Fechter zu Ausschreitungen. Die West-Berliner Polizei, in Schlägereien mit aufgebrachten Menschen verwickelt, musste sich gegen den Vorwurf zur Wehr setzen, sie würde die Mauer verteidigen. Beschimpft und bedrängt wurden auch die sowjetischen Soldaten, die das Ehrenmal im Tiergarten bewachten, worauf die Sowjetunion

*Das einfache Holzkreuz, das
ein Jahr nach dem Mauerbau
in der Zimmerstraße an den
qualvollen Tod des Flüchtlings
Peter Fechter erinnerte, wurde
vor einigen Jahren durch eine
Bronzesäule ersetzt.*

Flugzeuge der westlichen Alliierten in der Luft attackierte.
Insgesamt starben nach neuesten Zählungen mindestens
172 Menschen an der Berliner Mauer, die auf einer Länge
von 165 Kilometern die beiden Stadthälften trennte und
West-Berlin vom Umland abschnürte. Entgegen einer weit
verbreiteten Annahme, Peter Fechter wäre das erste
Maueropfer gewesen, ist festzustellen, dass er der 43.
Mensch war, der bei einem Fluchtversuch oder durch
andere Umstände nach dem 13. August 1961 an der
deutsch-deutschen Grenze ums Leben kam. Dies geht aus
DDR-Unterlagen hervor, in denen viele Erschossene oder
Ertrunkene als „unbekannt" vermerkt sind.
Viele andere Tote der Berliner Mauer und an der deutsch-
deutschen Grenze starben einsam. In den erst nach Ende
der DDR veröffentlichten Listen des DDR-Grenz-
kommandos finden sich ihre Namen. An verschiedenen
Stellen der Stadt, beispielsweise in der Bernauer Straße
(Mitte), der Kiefholzstraße (Treptow) sowie auf dem
Invalidenfriedhof (Mitte) erinnern weitere Gedenksteine
und Denkmäler sowie steinerne Reste an die 1990 schnell
beseitigte Mauer, deren Verlauf zwischen den Bezirken

Mitte und Tiergarten in dem Bereich rund um das Brandenburger Tor durch ein in den Straßenbelag eingelegtes Band angedeutet ist. Größtes erhalten gebliebenes Mauerstück und damit das längste Flächendenkmal Berlins ist die nach Mauerfall von Künstlern aus Ost und West originell bemalte East-Side-Gallery entlang der Mühlenstraße im Bezirk Friedrichshain.

Ein bereits 1967 von Arnold Schatz geschaffenes Denkmal erinnert an die Wunden der Teilung und die Hoffnung auf Wiedervereinigung. Auf dem ehemaligen Flakbunker im Humboldthain (Wedding) erhebt sich in luftiger Höhe eine Stele. Zwei schmale, in der Mitte breiter werdende und sich dann nach oben verjüngende Schalen aus Aluminium werden durch einen kantigen Ring zusammengehalten. Mit dem Wiedervereinigungsdenkmal drückt der Künstler symbolhaft die Wirkung der Einschließung des freien Berlin nach dem Zweiten Weltkrieg und die Folgen der Teilung aus. Mit dem Wachsen der blattartigen Schalen über den Ring hinaus zeigt Schatz wenige Jahre nach dem Bau der Mauer, dass die Hoffnung lebt, sie zu überwinden.

Mit bloßen Fäusten gegen Panzer
Erinnerung an den 17. Juni 1953

Das Denkmal an der Ecke Wilhelmstraße/Leipziger Straße zum Gedenken an den Volksaufstand in Ost-Berlin und der DDR am 17. Juni 1953 hat eine schwierige Vorgeschichte. Der Streifen mit einem in den Boden eingelassenen Bild aus jenen dramatischen Tagen ist das Werk von Wolfgang Rüppel. Eigentlich sollte diese Fassung gar nicht existieren. Denn vor einigen Jahren hatte es eine andere Konzeption gegeben, die allerdings heftigen Widerstand bei Opfergruppen und auch

Unverständnis in der Bevölkerung und den Medien hervorrief. Die Empörung ging 1998 so weit, dass die Arbeitsgemeinschaft „17. Juni 1953" gerichtliche Schritte gegen den preisgekrönten Entwurf der Installationskünstlerin Katharina Karrenberg ankündigte und zum Boykott aufrief. Sie war aus dem Wettbewerb für das vom Abgeordnetenhaus im März 1994 beschlossene Memorial als Preisträgerin hervorgegangen und wollte ein 45 Meter langes und zweieinhalb Meter breites Spruchband über den Leipziger Platz legen.

Mit der aus 467 Scheinwerfern gebildeten Leuchtschrift, die sich über zwei Grünanlagen auf dem achteckigen Platz ziehen sollte, wollte die Künstlerin nach eigenem Bekunden den Betrachter sowohl zum Nachdenken über jene von sowjetischen Soldaten und ihren Panzern blutig niedergeschlagene Erhebung gegen das SED-Regime auffordern, als auch die unterschiedliche Sichtweise jenes Aufstandes in Ost und West andeuten. Jedoch wurde die geplante Fragestellung der Inschrift im Boden, „wer bin ich, dass ich sagen könnte: eine heroische tat", als unhistorisch und unverständlich, ja als Beleidigung für die Aufständischen zurückgewiesen, die mit bloßen Fäusten gegen sowjetische Panzer vorgegangen waren. Angesichts der Toten des Volksaufstandes und jener, die damals zu hohen Zuchthausstrafen verurteilt worden waren, empfand man den in der Frage liegenden Zweifel als anmaßend. Zudem wurde von Opferverbänden der Leipziger Platz als Standort des Denkmals kritisiert, weil er nur am Rand des Geschehens lag. Authentisch sei nur der Vorplatz des damaligen Hauses der Ministerien der DDR gewesen, das im Zentrum des Arbeiterprotestes lag. Es war in der NS-Zeit Reichsluftfahrtministerium und in der DDR Haus der Ministerien, wurde nach der Wiedervereinigung in Detlev-Rohwedder-Haus umbenannt und ist heute Sitz des Bundesfinanzministeriums.

Wolfgang Rüppels im Juni 2000 eingeweihtes Denkmal verzichtet auf ein Schriftband. Es zeigt zu ebener Erde ein in Glas geätztes Foto von 1953, auf dem Arbeiter aus der Stalinallee untergehakt an der Spitze des Demonstrationszugs marschieren, um vor dem Sitz des Ministerrates der DDR nicht nur gegen Normerhöhung und Lohnkürzungen zu protestieren, sondern auch für freie Wahlen, die Freilassung politischer Gefangener und den Abzug der sowjetischen Besatzungsmacht zu demonstrieren. Dass der Aufstand blutig niedergeschlagen wurde, erklärt eine Bronzetafel an der Hauswand.

Die Bildauswahl steht im scharfen Gegensatz zu einem Gemäldefries, den Max Lingner in den frühen 1950er Jahren für die Pfeilerhalle des Hauses der Ministerien, wenige Schritte vom heutigen Erinnerungsmal an den 17. Juni 1953 entfernt, geschaffen hat. Auf ihm werden die Segnungen des Sozialismus und die von den Funktionären der SED so vollmundig behauptete Einheit von Volk und Partei in einer für die frühe DDR typischen Weise heroisiert. So entsteht mit beiden Bildern, dem Foto von den streikenden Bauarbeitern und dem behaupteten Heldentum der frühen DDR-Jahre unter wehenden Fahnen und Spruchbändern, ein schockierender Kontrast, wie er überzeugender nicht sein könnte. Immerhin wurde das auf Porzellantafeln gemalte Lingner-Bild bei der Umgestaltung des alten DDR-Ministeriums in das Bundesministerium der Finanzen nicht übermalt oder zugebrettert, sondern als Zeugnis der DDR-Geschichte respektiert. Und so sagen diese beiden gegensätzlichen Bildwerke eigentlich mehr über die Ambivalenz deutscher Nachkriegsgeschichte aus als so manch gut gemeinter Politikerspruch an Gedenktagen.

In begeistertem Aufblick, sinnend
Friedrich von Schiller vor dem Schauspielhaus

Ende 1988 wurde auf dem Gendarmenmarkt das mar-
morne Denkmal Friedrich von Schillers (1759–1805) wie-
der aufgestellt. Möglich geworden war dies durch einen
Kulturgüteraustausch zwischen West- und Ost-Berlin im
Jahr 1986. Die Inschrift auf der Rückseite „Dem
Dichterfürsten die Stadt Berlin MDCCCLXIX" bezieht
sich auf die Fertigstellung der Skulptur durch Reinhold
Begas im Jahr 1869, nicht aber auf die Aufstellung, die erst
am 10. November 1871, dem 112. Geburtstag Schillers, im
Beisein von Kaiser Wilhelm I. erfolgte. Der Deutsch-
Französische Krieg hatte die Enthüllung des Monuments
verzögert.

Als zum 102. Geburtstag Schillers vom Berliner Magistrat
eine „Concurrenz-Ausschreibung" für ein Schiller-Denkmal aus Bronze veröffentlicht wurde, meldeten sich
25 Bildhauer. Der Dichter sollte stehend dargestellt werden; die Maße der Figur hatten sich an den „architektoni-
schen Verhältnissen" des Schauspielhauses zu orientieren.
Den Zuschlag erhielt 1864 der erst 33-jährige Reinhold
Begas, der noch in Weimar lebte und Berlin erst später mit
zahllosen Denkmälern und Freiplastiken beglücken und
zum Lieblingsbildhauer Wilhelms II. avancieren durfte.
Er entwarf eine Standfigur, umgeben von vier allegorischen Personen, die auf einer Brunnenschale sitzen. Die
Jury bestimmte das Monument zur Ausführung nicht in
Bronze, sondern in Marmor.

Friedrich von Schiller wird, ganz aus dem Diesseits entrückter
Dichterfürst, vor dem Schauspielhaus auf dem Gendarmenmarkt
von Brunnenfiguren bewacht – laut Volksmund die einzigen
Berlinerinnen, die den „Rand" halten können.

Während der Dichter in die imaginäre Ferne blickt, richten die Personifikationen der Lyrik (mit Harfe), Dramatik (mit Dolch), Philosophie (mit Pergamentrolle) und Geschichte (mit Schreibtafel, auf der man die Namen von Shakespeare, Michelangelo, Beethoven, Lessing, Kant und Goethe lesen kann) die Augen aufs Publikum.

Vor allem die schweigsamen Damen hatten es der Jury angetan: „Diese vier weiblichen Figuren sind von hoher Schönheit und ihre allegorische Bedeutung so tief empfunden, dass niemand, selbst der Ungebildete, nicht zweifeln wird, was der Künstler mit ihnen hat aussprechen wollen." Schiller, mit nachdenklich-ernstem Gesicht, den Dichterlorbeer ums Haupt gewunden, eine Schriftenrolle in der Hand und in langem Mantel, fand ebenfalls Beifall.

Die Ausführung des Monuments „in begeistertem Aufblick, sinnend" – so ein Zitat aus der Entwurfsbeschreibung – war anfangs gefährdet. Denn es hatten sich – natürlich, ist man versucht zu sagen – Goethe-Verehrer gemeldet, die ein Denkmal des Dichterfürsten am gleichen Ort forderten. Dafür gab es durchaus gute Gründe, denn die Werke beider Künstler standen auf dem Programm des Berliner Schauspielhauses und gehörten zum allgemeinen Bildungsgut. Doch das Projekt, Schiller ein weiteres Goethe-Standbild oder sogar noch ein Lessing-Denkmal an die Seite zu stellen, zerschlug sich. Beiden Dichtern wurden im Tiergarten Monumente errichtet, wo sie noch heute stehen, und zwar Lessing im Original und Goethe als Kopie.

1936 wurde das Schiller-Denkmal vom Gendarmenmarkt entfernt. Die Nazis brauchten auch hier Raum für Aufmärsche und Feiern. Die Dichterfigur wurde abgebaut und überstand den Zweiten Weltkrieg im späteren Westteil der Stadt. 1941 wurde von dem Monument samt Sockel, Brunnenschalen und Assistenzfiguren ein Bronzeabguss hergestellt, wobei man das Material aus dem eingeschmolzenen Rathenaubrunnen im Volkspark Rehberge verwendete. Der Bronzeabguss steht auf einer kleinen Anhöhe im Schillerpark (Wedding) in einer noch aus der Kaiserzeit stammenden festungsartigen Kulissenarchitektur. Bei den Restaurierungsarbeiten Mitte der 1980er Jahre leistete diese Kopie gute Dienste. Die im Tierpark Friedrichsfelde verwahrten Sockelfiguren waren stark beschädigt und verstümmelt, während der Sockel samt Reliefs verschollen blieb, so dass die Bildhauer des damaligen VEB Stuck und Naturstein alle Hände voll zu tun hatten, die fehlenden Teile analog zu jener Bronzekopie sowie nach Fotos und Zeichnungen neu zu fertigen.

Da das Schiller-Denkmal auf dem Gendarmenmarkt im Winter nicht eingehaust und auch nicht gepflegt wird, zeigt es sich bereits in bedenklichem Zustand. Moos und Schmutz bedecken den Marmor. Wenn nicht bald die Reinigung und Konservierung erfolgt, wird von dem kostbaren Marmor nicht mehr viel übrig sein. Dann bleibt nur die Bronzekopie im Schillerpark.

Blick auf Berlins schönsten Platz

E. T. A. Hoffmann

Der Gendarmenmarkt, von manchen als der schönste Platz Berlins, angeblich sogar Europas apostrophiert, war lange Zeit ein bescheidener Ort, auf dem König Friedrich I. ab 1701 die Französische und die Deutsche Kirche erbauen ließ. Unter Friedrich dem Großen wurden zwischen 1780 bis 1785 riesige Kuppeltürme mit vergoldeten Figuren obendrauf vor die Kirchen gestellt. Dies hat den Platz städtebaulich aufgewertet und ihm Würde und Maß gegeben. Zwischen beiden Gotteshäusern stand zu jener Zeit noch ein Französisches Theater, das 1802 abbrannte und durch das neue Nationaltheater ersetzt wurde. Architekt war Carl Gotthard Langhans, der Erbauer des Brandenburger Tors. Der wenig ansprechende Bau – von den Berlinern auch „Koffer" genannt – brannte bereits 1817 bei den Proben zu Schillers „Räubern" ab. Karl Friedrich Schinkel errichtete auf Weisung Friedrich Wilhelms III. von 1818 bis 1821 einen repräsentativen Neubau. Im Zweiten Weltkrieg zerstört, erlebte das Schauspielhaus bis 1984 seinen Wiederaufbau, wobei die Außenhülle weitgehend original, das Innere aber stark verändert wurde, jedoch noch immer überzeugend den Geist des frühen 19. Jahrhunderts atmet. Wenn man heute vom Konzerthaus spricht, so ist damit stets das Schauspielhaus gemeint.

Für jenen verheerenden Brand von 1817 gibt es einen kompetenten Augenzeugen. Der Komponist, Dichter und Kammergerichtsrat E. T. A. Hoffmann hat die Feuersbrunst mit Bangen beobachtet. Er wohnte gleich hinter dem Gendarmenmarkt an der Ecke Taubenstraße, von wo er das Geschehen zu seinen Füßen beobachtete. „Ich könnte Ihnen erzählen, dass ich bei dem Brande des Theaters, von dem ich nur 15 bis 20 Schritte entfernt wohne, in die augenscheinlichste Gefahr geriet, da das Dach meiner Wohnung bereits brannte, noch mehr! – dass der Kredit des Staates wankte, da, als die Perückenkammer in Flammen stand und fünftausend Perücken aufflogen, Unzelmanns (des Schauspielers, H. C.) Perücke aus dem Dorfbarbier mit einem langen Zopf wie ein bedrohliches feuriges Meteor über dem Bankgebäude (der Preußischen Seehandlung, H. C.) schwebte – doch das wird Ihnen alles der Zauberer mündlich erzählen und hinzufügen, dass beide gerettet sind, ich und der Staat".

Am Nachfolgebau des Hoffmannschen Wohnhauses weist eine Bildnisplakette mit kleiner Inschriftentafel auf den berühmten Bewohner hin. Die Weinhandlung Lutter & Wegener hat sich im Erdgeschoss etabliert und pflegt das Andenken an den Dichter, der am Gendarmenmarkt in einem Lokal gleichen Namens an anderer Stelle mit seinen „Serapionsbrüdern" manche Nacht durchzecht hat. Diese Tafelrunde bildete den Hintergrund für seine gleichnamige Sammlung von Erzählungen.

Von hier aus steht wenige Schritte in Richtung Deutscher Dom in einer kleinen Grünanlage ein Bronzedenkmal E. T. A. Hoffmanns, das von Carin Kreuzberg geschaffen und 1998 aufgrund einer Initiative der E. T. A. Hoffmann-Gesellschaft aufgestellt wurde. Die jetzt im Depot befindliche Erstfassung aus Sandstein aus dem Jahr 1978 stand nahe dem damaligen Palasthotel und späteren Radisson-Hotel vis à vis vom Berliner Dom, wurde aber wegen eines Hotel-Neubaues ins Depot genommen. Hoffmann wächst förmlich aus einer Säule heraus, in seiner linken Hand hält er die kleine gekrönte Schlange Serpentina aus seinem Märchen „Der goldene Topf". Das Bronzedenkmal wirkt, als bestaune der Dichter das bunte Treiben auf dem Gendarmenmarkt, in dessen Mittelpunkt sich das Schiller-Denkmal erhebt. Dass der Künstler ein Multitalent war, als Kapellmeister und Musikdirektor in verschiedenen Städten gearbeitet hat und unter seiner eigentlichen Profession litt, nämlich am Berliner Kammergericht auch über preußische Zensur-Angelegenheiten urteilen zu müssen, womit er sich in dem Märchen „Meister Floh" auseinandersetzte, muss man sich beim Anblick der von immergrünem Laub umhüllten Büste hinzudenken.

Starr und unnahbar
Karl Marx und Friedrich Engels

Als am 4. April 1986 vor dem XI. (und letzten) Parteitag der SED das von dem Bildhauer Ludwig Engelhardt geschaffene Marx-Engels-Denkmal auf dem gleichnamigen Forum von Partei- und Staatschef Erich Honecker enthüllt wurde, waren die Meinungen geteilt. Was das Parteiorgan „Neues Deutschland" (ND) als beeindruckend in der klaren Gliederung der plastischen Körper und als spannungsvoll geführte, schnörkellose Kontur lobte, kam bei vielen Betrachtern nicht gut an. Karl Marx (1818–1883) sitzt wie leblos auf einem Bronzeklotz, den man auch als einen gepackten Koffer deuten kann, sein engster Vertrauter und Mitarbeiter Friedrich Engels (1820–1895) steht daneben und blickt geradezu starrsinnig auf den Fernsehturm. Jegliche menschliche Regung, jede freundschaftliche Geste fehlt bei dieser zu ebener Erde aufgebauten Gruppe in doppelter Lebensgröße, in deren Hintergrund sich der Palast der Republik oder das, was von ihm noch übrig geblieben ist, erhebt. Die bärtigen Alten sind starr und unnahbar und könnten auch, auseinander gesägt, jeder für sich aufgestellt werden.

Ursprünglich sollte das Denkmal auf dem damals noch so genannten Marx-Engels-Platz, dem heutigen Schlossplatz zwischen Staatsratsgebäude und Palast der Republik, aufgestellt werden. Doch hat die SED-Führung die Versetzung in die Grünanlage auf der anderen Seite der Spree veranlasst. Unter der Hand war man im Machtapparat vom Ergebnis der Engelhardt'schen Mühen wenig erbaut. Das Wort von den „Lahmärschen" machte allerorts die Runde. Nomen est omen?

Die SED-Riege ließ es nicht bei der Bronzegruppe bewenden. Acht von Margret Midell gestaltete stählerne Stelen mit eingebrannten Fotos zum Thema „Kampf für den

Das einst insgeheim von Politbürokraten als Gruppe von „Lahmärschen" verspottete Marx-Engels-Denkmal ist heute ein beliebtes Fotomotiv und regt kaum noch jemand auf.

Frieden und den Sieg des Sozialismus" sowie marmorne Reliefs des Bildhauers Werner Stötzer kamen hinzu, die das „kraftvoll gestaltete Plastik-Monument" inhaltlich ergänzen sollten, wie das ND doppeldeutig schrieb. Darin liest sich die gestelzte Interpretation von damals so: „Es entspricht dem weit in die Geschichte zurückgreifenden Anspruch dieser Arbeit, daß sie symbolhaft das sich langsam formende Bild vom Menschen zur Anschauung bringt. Der weitgehend nur grob zugehauene Stein verweist schon in der künstlerischen Sprache gleichnishaft auf jenes mühevolle Menschwerden, auf jenes Profilgewinnen des Menschen im Prozeß seiner historischen

Selbstverwirklichung, von dem Marx und Engels in ihren Werken schrieben".

Ludwig Engelhardt musste bei dem Auftrag, „das" Marx-Engels-Denkmal in der DDR zu schaffen, ständige Einmischungen und Änderungswünsche aus dem SED-Politbüro über sich ergehen lassen. Nur wenigen Leuten war bekannt, dass der Bildhauer ursprünglich eine Drehung der Köpfe vorgesehen hatte und eigentlich die Statuen enger aneinander rücken wollte, was sein statisch wirkendes Werk vielleicht erträglicher gemacht hätte.

Umfragen im Jahr 1990 ergaben, dass nur ein Viertel der bisherigen DDR-Bewohner für den Abriss der Denkmal-anlage waren. Daran hat wohl auch niemand ernsthaft gedacht, und so überlebte das Memorial aus einer erst vor wenigen Jahren untergegangenen, aber schon sehr weiten Epoche.

Ein großer Marx-Kopf prangt auf einer von zwei riesigen Bronzeplatten am Eingang des Marstalls, wenige Schritte vom Marx-Engels-Forum und vis-à-vis vom Palast der Republik entfernt. Von Gerhard Rommel geschaffen und im November 1988, zum 70. Jahrestag der November-revolution enthüllt, würdigen die figurenreichen Darstellungen auch Karl Liebknecht, den Mitbegründer der Kommunistischen Partei Deutschlands. Er hatte am 9. November 1918 von einem Balkon des Berliner Schlosses die „freie sozialistische Republik" ausgerufen. Diesem Umstand ist es zu verdanken, dass das Portal IV, auf dem Liebknecht stand und das beim Abriss des Schlosses (1950) gerettet worden war, mit einigen Veränderungen in das 1962 bis 1964 erbaute Staatsratsgebäude eingefügt wurde.

Drachentöter und wundertätige Äbtissin

Bronzene Nothelfer an der Spree

Im Nikolaiviertel, einer Mischung von Neubauten und kopierten Altberliner Häusern aus der Spätzeit der DDR, hat der drachentötende Heilige Georg im Jahr 1987 einen neuen Platz bekommen. Das Bronzedenkmal auf riesigem Granitsockel hatte in einem der beiden Höfe des Berliner Schlosses den Zweiten Weltkrieg überstanden und war nach dessen Beseitigung 1950 jahrzehntelang im Volkspark Friedrichshain nahezu unsichtbar geblieben. Die ungünstige Aufstellung an einem kleinen Teich unter hängenden Weiden ließen von der Würde und Ausstrahlung des monumentalen Bildwerks wenig erkennen. Georg, der christliche Soldat, war wegen seines standhaften Glaubens um das Jahr 303 unter dem römischen Kaiser Diocletian gefoltert und enthauptet worden. Nach der Legende soll er vor seinem schrecklichen Ende eine Königstochter aus den Klauen eines grausigen Drachens gerettet haben. Fortan wurde der später heilig gesprochene Held in allen Darstellungen mit einem sich windenden Lindwurm gezeigt. Es ist, als reite der geharnischte Märtyrer von der Spree auf die Nikolaikirche zu, um dabei einen Drachen niederzustrecken.

Schöpfer der eindrucksvollen Skulptur ist der Bildhauer August Kiß. Seine Witwe schenkte kurz nach dem Tod ihres Mannes König Wilhelm I. – ab 1871 Kaiser Wilhelm I. – den bronzenen Reiter. Das war im Jahr 1865. Der Monarch wies dem Blutzeugen einen würdigen Platz in seinem Schlosshof an. Kiß hatte das Monument ohne offiziellen Auftrag geschaffen. Die finanzielle Lage des kinderlosen Ehepaares war so günstig, dass sich der Meister ohne einschränkende Wünsche eines Auftraggebers der Modellierung des Drachentöters widmen konnte. Übrigens erwiesen sich Kiß und dessen Frau auch sonst als recht generös: Die Berliner Nationalgalerie verwandte eine beträchtliche Stiftung der beiden für den Ankauf zeitgenössischer Kunstwerke.

Berlin besaß seit dem Mittelalter mehrere Hospitäler für Kranke, Arme und Alte. Eines dieser Pflegestätten hieß nach der Heiligen Gertrude, die als Vorsteherin des Klosters Nivelles in Brabant die Gabe gehabt haben soll, Feinde miteinander zu versöhnen. Die Königstochter wurde im Jahr 626 geboren. Sie besaß hervorragende Kenntnisse in der Heilkunde und genoss wegen ihrer Mildtätigkeit und Liebe zu den Menschen allgemeine Verehrung. So nimmt es nicht Wunder, dass diese ebenfalls heilig gesprochene Patronin der Armen und Beladenen vielfach in der bildenden Kunst dargestellt wurde.

Rudolf Siemering hat die auf der Gertraudenbrücke am Beginn der Leipziger Straße – vom Heiligen Georg aus gesehen auf der anderen Seite der Spree – stehende Menschenfreundin überlebensgroß in einer mittelalterlichen Tracht dargestellt. Das 1896 vollendete Bildwerk ist ein treffliches Beispiel für die vielen allegorischen Figuren, mit denen Berliner Brücken und Plätze früher einmal geschmückt waren. Bei dem drei Meter hohen Gertruden-Denkmal weisen ein Spinnrocken, Schlüssel am Gürtel und eine Lilie auf die Häuslichkeit und Jungfräulichkeit der Klosterfrau, die einem jungen Wandersmann Labsal schenkt. Der in verschlissener Kleidung steckende Bursche ist eben dabei, den ihm gebotenen Krug bis zum Grund zu lehren. Zwischen die Gruppe drängt sich eine schnatternde Gans, die dem trinkenden Wandersmann aber entwischt. „Hei, wie das Naß durch die Kehle rinnt und der Bursch mit eins wieder Muth gewinnt. Nun aber dankt er laut Dir Heilige Gertraud" ist, ein wenig holprig, am Sockel zu lesen. Dazu die Worte: „Ratten und Mäusegezücht machst Du zunicht. Aber den

Ursprünglich stand der Heilige Georg im Hof des Berliner Schlosses. Das mächtige Bronzebildwerk auf hohem Granitsockel gelangte erst 1987 ins Nikolaiviertel.

Armen im Land reichst Du die Hand", womit erklärt ist, warum am Sockel des Denkmals allerlei Mäuse und Ratten ihr Unwesen treiben. Die frechen Nager, die die wundertätige Äbtissin durch inbrünstige Gebete vertrieben haben soll, sind vom vielen Anfassen der Touristen ganz blank gerieben.

Clio und die Kriegswissenschaft
Allegorische Marmorfiguren an der Nikolaikirche

Im Schatten der Nikolaikirche fanden 1987, als in beiden Stadthälften die 750-Jahrfeier Berlins begangen wurde, zwei bronzene Skulpturen Asyl. Sie zierten einst den Sockel des monumentalen Reiterstandbildes Friedrich Wilhelms III. im Lustgarten, das von Albert Wolff geschaffen und 1871 enthüllt worden war. Eine Figur stellt Clio dar, die Personifikation der Geschichtsschreibung. Die Frau schrieb ursprünglich mit einem Stift in das – nicht mehr erhaltene – Buch der Geschichte die Widmung „Dem Gerechten". Damit war Friedrich Wilhelm III. gemeint, der 1806 die Niederlage von Jena und Auerstedt hatte hinnehmen müssen und nach den Befreiungskriegen von 1813 bis 1815 zu den Mächtigen in Europa gehörte.

Die zweite Figur zeigt einen sitzenden Mann mit einem Globus und einem aufgeschlagenen Buch. Er soll die Wissenschaft symbolisieren, die in Preußen unter der langen Regentschaft Friedrich Wilhelms III. von 1797 bis 1840 zu hoher Blüte kam. Der Muskelmensch war ebenfalls eine der Assistenzfiguren des Reiterdenkmals. Die anderen Figuren verkörperten Preußens Grenzflüsse Rhein und Memel. Durch Einschmelzung nach dem Zweiten Weltkrieg sind sowohl Ross und Reiter als auch diese beiden Sockelfiguren und anderes plastisches Beiwerk verloren gegangen. Fotos aus dem zerstörten Schlosshof beweisen, dass der reitende König den Zweiten Weltkrieg – wenn auch beschädigt – überstanden hatte. Im Zusammenhang mit der Neugestaltung des Lustgartens wurden vor einigen Jahren die gemauerten Fundamente des Reiterdenkmals gefunden.

Ebenfalls im Nikolaiviertel wurden 1988, nach langem Exil im Depot, die von Reinhold Begas 1887 vollendeten allegorischen Figuren der „Kraft" und „Kriegswissen-schaft" aufgestellt. Die zur Spree blickenden Marmor-figuren stammen aus dem Zeughaus, das zwischen 1877 und 1880 in eine Ruhmeshalle zur Verherrlichung des Hauses Hohenzollern und seiner Kriegstaten umgestaltet wurde. In dem ehemaligen Waffenarsenal war zu DDR-Zeiten das Museum für Deutsche Geschichte unterge-bracht, jetzt bewahrt hier das Deutsche Historische Museum auch aus dem Straßenraum verschwundene Zeugnisse der DDR-Monumentalkunst auf.

Während die „Kraft" an der Spree, gut zu erkennen am Löwenfell, gerade im Begriff ist, sich auf einen Gegner zu stürzen, um ihn mit der Keule niederzustrecken, blickt die „Kriegswissenschaft" nachdenklich in ein großes Buch, auf dessen Seiten man die Umrisse einer Festung mit sternförmigen Bastionen und Gräben erkennen kann. Wohlmeinende Zeitgenossen verglichen Begas' Schöpfungen mit Plastiken Michelangelos und konstatier-ten bei der wuchtigen Allegorie der Kraft sogar Leichtfüßigkeit, was man bei genauerem Hinsehen nun wahrlich nicht behaupten kann. Die während der Kaiserzeit im Zeughaushof ursprünglich aufgestellte Symbolfigur „Borussia" von Reinhold Begas aus dem Jahr 1885, die mit der „Kraft" und „Kriegswissenschaft" ein Denkmalensemble bildete, wird im Lapidarium am Halleschen Ufer verwahrt; eine Kopie steht seit 1936 im Preußenpark (s. auch S. 249).

Ohne Mitstreiter
Martin Luther an der Marienkirche

Ende Oktober 1989, kurz vor dem Fall der Mauer, wurde an der Marienkirche, nicht weit vom Fernsehturm ent-fernt, die Bronzefigur Martin Luthers aufgestellt. Der

Erst 1989 fand der Reformator Martin Luther vor der Marien-kirche eine neue Heimstatt. Seine bronzenen Begleiter teil-ten das Schicksal zahlreicher anderer Denkmäler und Kir-chenglocken. Sie vergingen während des Zweiten Welt-krieges in den Schmelztiegeln der Rüstungsindustrie.

Reformator stand einst im Mittelpunkt einer eindrucks-vollen Denkmalanlage auf dem Neuen Markt neben der Marienkirche im Herzen der Stadt. Die Rückführung der Bronzeplastik im Wendeherbst 1989 vom Verbannungsort Stephanusstift in Weißensee in die Nähe des Ursprungs-ortes rückte ein wichtiges Werk deutscher Bildhauerkunst des ausgehenden 19. Jahrhunderts wieder ins öffentliche Bewusstsein. Während anderswo Martin Luther schon auf Denkmalssockeln stand – so in Eisleben, Wittenberg oder Worms –, hatte man in der preußischen Haupt- und Residenzstadt, einem Hort des Protestantismus in Deutschland, lange gezögert, dem Reformator ebenfalls ein Erinnerungsmal zu setzen.

Nachdem 1885 ein „Comité für die Errichtung eines Luther-Denkmals in Berlin" zusammengetreten war, bekam der Plan langsam Konturen. Preisträger eines künstlerischen Wettbewerbs war der in Rom lebende Bildhauer Paul Otto, dem wir das Denkmal Wilhelm von Humboldts (1886) vor der Universität verdanken. Für Otto war offensichtlich das von Ernst Rietschel für Worms geschaffene mehrfigurige Luther-Denkmal vorbildlich, eine Anlage, die zwischen 1858 und 1868 entstanden war. Nach Ottos Tod (1893) vollendete sein Berliner Bildhauerkollege Robert Toberentz das Luther-Denkmal, das am 11. Juni 1895 mit großem zeremoniellen Gepränge enthüllt wurde. Paul Otto stand für sein Luther-Denkmal authentisches Porträtmaterial des 16. Jahrhunderts zur Verfügung. So war er nicht auf Vermutungen und phantasievolle Ausschmückungen angewiesen. In einer Beschreibung von 1905 heißt es: „Zu der von einer Balustrade umgebenen Plattform steigt man auf zehn Stufen empor. Aus der Mitte der zahlreichen, in charakteristischen Stellungen den Sockel umgebenden Gestalten, die Gehilfen D. Martin Luthers darstellend, erhebt sich die hochragende Gestalt des kühnen Reformators. In der Linken die aufgeschlagene Bibel haltend, mit der Rechten voll heiliger Überzeugung auf die Schrift weisend".

Nach Ottos Konzeption fanden zu Luthers Füßen treue Gehilfen Platz. Philipp Melanchthon, Luthers engster Mitstreiter in Wittenberg, und Johannes Bugenhagen, der Reformator von Pommern, standen ihm zur Seite. An der vorderen linken Ecke des Granitsockels sah man Justus Jonas und Caspar Cruciger, Luthers Gehilfen bei der Bibelübersetzung, und an der rechten Ecke Johannes Reuchlin und Georg Spalatin. Um das Werk zu krönen, nahmen zwei weitere Persönlichkeiten der Lutherzeit Aufstellung – Franz von Sickingen, der ein Schwert über das Knie gelegt hat, und Ulrich von Hutten, der als Humanist und Dichter für die geistige Wende stritt. Die von Robert Toberentz geschaffenen Figuren wurden von der zeitgenössischen Kritik gelobt als bemerkenswert in ihrer kraftvollen Bewegung und scharfen Charakteristik.

Ursprünglich hatte das Luther-Denkmal bescheidener ausfallen sollen. Man plante eine Sandsteinfigur, ging aber auf Bronze und Granit über, was böse Folgen haben sollte. Denn wegen des Metalls wurde das Luther-Denkmal im

Verlauf des Zweiten Weltkriegs seines vielfigurigen Schmucks beraubt, in einer Zeit, als auch bronzene Glocken und andere für die Rüstungsindustrie verwertbare Objekte eingeschmolzen wurden. Nach dem Krieg, als die Stadt in Trümmern lag, bot das von seinem Skulpturenschmuck entblößte Denkmal mit dem hoch in den Himmel ragenden Reformator ein Bild des Jammers und der Hoffnung zugleich. Im Jahr 1952 kam die Figur in die Turmhalle der Marienkirche, wo ein bedeutendes mittelalterliches Wandgemälde, der Totentanz, erhalten ist. Die Bilder und Texte entstanden etwa um die Zeit, als Luther Kind war. Doch für die Turmhalle war die Lutherfigur zu wuchtig. Von 1967 bis 1989 erhielt sie im Stephanusstift Asyl, wo sie nur wenige Besucher zu Gesicht bekamen. Dieser Nachteil wurde 1989 durch die Rückführung ins Zentrum der Stadt überwunden. Die Assistenzfiguren sind für immer Geschichte.

Weg mit den Trümmern I und II
Aufbauhelfer, Bauarbeiter und Genossen Kämpfer

Berlin war am Ende des Zweiten Weltkriegs eine riesige Trümmerlandschaft. In der Innenstadt waren fast alle Häuser zerstört oder schwer beschädigt, nur die Außenbezirke waren von Bombentreffern und Artilleriebeschuss verschont geblieben. Als erstes mussten die riesigen Trümmermassen beseitigt werden. Noch heute markieren Hügel im Friedrichshain und andernorts, wo man die kaputten Steine abkippte, wenn sie nicht geputzt und für Neubauten oder zum Reparieren der beschädigten Häuser verwendet werden konnten. Vor dem Roten Rathaus erinnern die Bronzeplastiken einer Tümmerfrau und eines Aufbauhelfers von Fritz Cremer, der auch das Denkmal für die Interbrigadisten im Friedrichshain geschaffen hat,

Der überlebensgroße bronzene Bauarbeiter an der Karl-Liebknecht-Straße gehört zu jenen propagandistischen Ikonen, mit denen der Arbeiter- und Bauernstaat die eigene Identität manifestieren wollte.

an die schweren Jahre des Neubeginns und an die Leistungen der Berliner beim Wiederaufbau ihrer so furchtbar geschundenen Stadt. Die 1958 unter der lapidaren Bezeichnung „Weg mit den Trümmern I und II" aufgestellten Plastiken zeigen eine junge Frau mit geschulterter Schaufel und einen Mann, der eine Hacke in der Hand hält und sich einen Ärmel hochkrempelt. Der Blick der beiden Aufbauhelfer ist zum Rathaus, dem heutigen Sitz des Regierenden Bürgermeisters, gerichtet. Von der Mühsal der Schuttberäumung ist nichts zu spüren.

Den unzähligen ungenannten Trümmerfrauen und Aufbauhelfern ist es zu verdanken, so Cremers Botschaft, dass wieder Leben in die Straßen, Wohnsiedlungen und Industrieanlagen kam. Der Bildhauer hat darauf verzichtet, die mit Kopftuch, langer Hose und Stiefeln bekleidete junge Frau und den Mann mit Schirmmütze bei der Arbeit, gebückt an einem Schuttberg etwa, darzustellen. Vielmehr zeigt er sie stehend, wie sie eher gelassen auf den Trümmerberg zugehen und sich auf die Arbeit vorbereiten. Zwei bronzene Erinnerungen an die unzähligen Freiwilligen, ohne die die Stadt noch lange ein einziger

Trümmerhaufen geblieben wäre. Dass es Bauarbeiter waren, die am 17. Juni 1953 an der Spitze des großen Volksaufstands gegen das SED-Regime und die sowjetischen Besatzer standen und bei dessen blutiger Niederschlagung schlimmster Verfolgung ausgesetzt waren, muss man sich beim Anblick dieser beiden eher harmlosen Figuren hinzudenken.

In der DDR wurden vor allem die Bauarbeiter von der Politik auf Händen getragen. Wer etwas werden wollte, ging zum Bau, hieß es. Da nimmt es nicht Wunder, dass außer den genannten Aufbauhelfern auch Denkmäler für Leute vom Bau aufgestellt wurden. Eine 1969 von Gerhard Thieme geschaffene überlebensgroße Bronzefigur schaut vom Bürgersteig des damaligen VEB Kombinat Ingenieur-Hochbau Berlin in der Karl-Liebknecht-Straße 31 (Mitte) hinüber zu den Neubauten auf dem Alexanderplatz. Er tut dies nicht einfach nur so, sondern blickt prüfend in einer charakteristischen Geste durch Daumen und Zeigefinger der ausgestreckten Hand hindurch. Wenn man sich hinter die Figur stellt, sieht man, dass der Mann mit Helm, Stiefeln und aufgeknöpfter Jacke durch seine Finger auf das heutige parc inn-Hotel schaut. Über das ehemalige Ost-Berliner Stadtgebiet sind weitere Figuren dieser Art verteilt; unter ihnen ein in seine Schutzkleidung vermummter Stahlwerker aus Bronze in einer Grünanlage vor dem Haus An der Wuhlheide 18 (Köpenick), ebenfalls ein Werk von Gerhard Thieme aus dem Jahr 1970.

Das aus Arbeitern in Kampfgruppenuniform bestehende Kampfgruppendenkmal an der Hohenschönhausener Straße (Volkspark Prenzlauer Berg) ist eine Arbeit von Gerhard Rommel aus dem Jahr 1983. Die Verherrlichung der von der SED unterhaltenen paramilitärischen Hilfstruppe, die beim Mauerbau 1961 ihre „Feuertaufe" erhielt und bei inneren Konflikten eingesetzt werden sollte, im

Wendeherbst 1989 aber tunlichst zu Hause blieb, war so aufdringlich, dass man das Monument der „Genossen Kämpfer" schon bald nach der Wiedervereinigung abgebaut und ins Deutsche Historische Museum geschafft hat.

Pinselheinrich in seinem Milljöh
Heinrich Zille im Köllnischen Park

„Im Nußbaum links vom Molkenmarcht/Da hab' ick manche Nacht verschnarcht/Da malt der Vater Zille!/Die Jäste, die sind knille!" So sang einst Claire Waldoff, deren in Bronze gegossener Kopf beim Friedrichstadtpalast aufgestellt ist. Mit dem „Nußbaum" war ein traditionsreiches Altberliner Wirtshaus auf der Fischerinsel gemeint, das DDR-Hochhäusern weichen musste. Es hat im Nikolaiviertel eine anheimelnde Zweitauflage erhalten. In Bronze gegossen, steht Heinrich Zille (1858–1929) seit 1965 wenige Schritte vom Köllnischen Park neben dem Märkischen Museum, das eine bedeutende Kollektion von Zeichnungen des populären Künstlers besitzt und auch das eine oder andere Blatt im neuen, am 24. August 2002 in der Probststraße (Nikolaiviertel) eingeweihten Heinrich-Zille-Museum zeigt. Der Bildhauer Heinrich Drake hat „Pinselheinrich" stehend bei der Arbeit dargestellt. Zille mit einem Schlapphut auf dem Kopf und den unvermeidlichen Zigarrenstummel im Mund, schaut über den Brillenrand und ist gerade dabei, eine Straßenszene im Skizzenblock festzuhalten. Die Taschen seines Jacketts sind mit Zeichenstiften ausgebeult. Ein Eckensteher blickt dem Künstler neugierig über die Schulter. Der junge Mann hat eine Melone auf dem Kopf, die Hemdsärmel sind hochgekrempelt und die Hände in den Hosentaschen vergraben. Eine verkleinerte Kopie dieses Denkmals begrüßt im parc inn-Hotel am Alexanderplatz die Besucher eines Restaurants.

Ehrerbietung hat der berühmte Zeichner des Berliner „Milljöhs" nicht gemocht. Er war ein Mann des Volkes. In Alt-Berlin fand er seine Typen. In Kneipen wie dem „Nußbaum" oder im „Metzer Eck" war Zille ein gern gesehener Gast. Man nahm ihn liebevoll auf und ließ ihn nicht spüren, dass er als Mitglied der Akademie der Künste und Professor eigentlich etwas „Besseres" war. Berührungsängste hat es nicht gegeben. Die Männer, Frauen und Kinder der unteren Schichten lieferten ihm vielerlei typische Motive: deftig-direkte Bilder von ungeschminkter Erotik, verhalten-traurige Zeichnungen elender Hungergestalten, Bilder von umwerfender Komik und zeitloser Gültigkeit. „Ein paar Linien, ein paar Striche, ein wenig Farbe mitunter – und es sind Meisterwerke", meinte Käthe Kollwitz.

Mit Stift, Feder und Farbe nahm Heinrich Zille die sozialen Nöte seiner Zeit aufs Korn. Ein im Todesjahr 1929 erschienenes Gedenkbuch charakterisiert ihn folgendermaßen: „Zille ist immer ein ganzer Mensch gewesen. Als seine ersten Zeichnungen aus dem Volke in den humoristischen Zeitschriften auftauchten, um 1900 herum, empfanden alle Leser, dass hier eine durchaus besondere und bedeutende Persönlichkeit sich äußerte. Eine eigenartige, persönliche Auffassung sprach aus dem kräftigen Strich der Darstellung, die eine ebenso geschulte wie eigenwillige Hand erkennen ließ. Das Dargestellte aber selbst: Volk, elendes, gedrücktes Volk, das sich trotz allem den Humor nicht nehmen ließ, das mit Lachen gegen den Druck und gegen seine kümmerliche Lebenshaltung aufbegehrte. Zille wurde zum Programm."

Heinrich Zille im Köllnischen Park wäre ohne Eckensteher nicht komplett. Ein erstes, von Paul Kentzsch nach einem Selbstporträt geschaffenes und 1930 im Hof des Theaters am Cottbuser Tor aufgestelltes Steindenkmal ist verschollen.

Stummer Ritter des Rechts

Die Roland-Figur am Märkischen Museum

Im Jahr 1906 wurde unweit des Eingangs zum Märkischen Museum am Köllnischen Park eine Kopie des sechs Meter großen Brandenburger Rolands von 1474 aufgestellt. Das Bildwerk aus Muschelkalkstein neben der Eingangstreppe zum Museum zeigt den aufrecht stehenden, mit einem Schwert bewaffneten „Ritter des Rechts", der im Mittelalter als Symbolfigur städtischer Freiheiten großes Ansehen genoss.

Der schweigsame Ritter in voller Eisenkleidung erinnert daran, dass auch Berlin vor vielen hundert Jahren solch ein Symbol besessen hat. Das Aussehen der Figur ist nicht überliefert, weil sie bereits im Mittelalter beseitigt wurde. Eine der wenigen Hinweise auf ihre Existenz verdanken wir dem Berliner Stadtbuch, einer Sammlung von mittelalterlichen Urkunden. 1384 wird in einem Brief über die Rechte und Pflichten der Schuhmachergesellen und ihre sportlichen Vergnügungen auch von einer solchen Figur gesprochen. „Außerdem: Wenn man sticht oder rennt beim Roland, so soll kein Knecht unserer Gesellschaft hinzulaufen und einen Speer oder Hufeisen aufnehmen. Wer das tut und von zwei unserer Gesellen gesehen wird, der soll ein halbes Pfund Wachs geben".

Seit 1873 mühten sich traditionsbewusste Mitglieder des Vereins für die Geschichte Berlins um die „Wiederaufrichtung des alten Steinbildes" auf dem Molkenmarkt, just an der Stelle, wo der Roland gestanden haben soll. Die Figur sollte weder aus kostbarem Material bestehen, noch ein „ideales Kunstwerk" sein, also keine phantasievoll ausgeschmückte künstlerische Neuschöpfung, „sondern aus Sandstein und in möglichster Nachbildung der plumpen Form der ältesten Rolande, aber in der Waffenrüstung des XIV. Jahrhunderts". Weil Brandenburg der Reichshauptstadt am nächsten liegt, wurde der in der Havelstadt befindliche Roland aus Sandstein als Vorlage genommen.

Die Aufstellung der Rolandsfigur vor dem Märkischen Museum fügt sich ein in das Bestreben des Berliner Stadtbaurats Ludwig Hoffmann, historische Baustile der Mark Brandenburg in dem großen Komplex miteinander zu verbinden. Verschiedene bei der Enttrümmerung nach dem Zweiten Weltkrieg gefundene Figuren und Architekturfragmente fanden in der Umgebung des Museums Asyl. So auch die von dem Bildhauer Conrad Boy nach einem Modell von Johann Gottfried Schadow geschaffene Monumentalplastik des sagenhaften antiken Helden Herakles (Herkules), der den nemeischen Löwen bezwingt. Das eindrucksvolle Bildwerk von 1791 aus Sandstein stand ursprünglich auf der Herkules-Brücke, die einst über den Königsgraben in der Nähe des heutigen S-Bahnhofs Hackescher Markt führte. Es ist eines der wenigen noch erhaltenen Zeugnisse für die ehemals reiche plastische Ausschmückung Berliner Brücken mit allegorischen Figuren. Das Pendant der Gruppe, das Herkules im Kampf gegen den Zentauren Nessus zeigt, ist seit Ende des Zweiten Weltkriegs verschwunden.

Hohes Lob für das Genossenschaftswesen
Hermann Schulze-Delitzsch

Das Marmordenkmal des Mitbegründers des Genossenschaftswesens in Deutschland, Hermann Schulze-Delitzsch (1808–1883), wurde von Hans Arnoldt geschaffen und 1899 auf dem damaligen Inselplatz nicht weit vom Köllnischen Park und dem später erbauten Märkischen Museum enthüllt. 1910 benannte man den Inselplatz gar in Schulze-Delitzsch-Platz um. Mit F. W. Raiffeisen hatte sich der nach seinem Geburtsort Delitzsch benannte Politiker für die Schaffung gewerblicher Genossenschaften als Selbsthilfeorgane eingesetzt, was ihm nicht unbedingt die Sympathie der damals Herrschenden einbrachte.

Nach dem Tod Schulze-Delitzschs im Jahr 1883 gab es erste Versuche, ihm ein Denkmal zu widmen, doch die Behörden lehnten zunächst ab. Erst 1896 wurde solch ein Memorial für den damaligen Inselplatz genehmigt und 1899 anlässlich des 40. Verbandstages der deutschen gewerblichen Genossenschaften aufgestellt. Schulze-Delitzsch streckt als Redner seinen Zuhörern die rechte Hand entgegen. Die Figur auf hohem Granitsockel, bei dem man noch Kriegsbeschädigungen erkennt, ehrt den Mann, der 1859 den Allgemeinen Verband der deutschen Erwerbs- und Wirtschaftsgenossenschaften und auch die Darlehenskasse als Vorgängerin der hier am Platz tätigen Luisenstädtischen Bank gegründet hat.

Ursprünglich war der mehrstufige Sockel wie ein fürstliches Denkmal mit Bronzefiguren besetzt. Links unterrichtete eine Mutter ihr Kind, rechts waren ein Schmied und ein Landarbeiter als Symbol genossenschaftlicher Selbsthilfe im Gespräch vertieft. Diese Figuren sind verloren, stattdessen wird der Sockel seitlich von einem Relief mit dem Schmied und Landarbeiter geschmückt. Eine weitere Bronzetafel erzählt die Geschichte des Denkmals und seiner Neuaufstellung, wobei auch darauf hingewiesen wird, dass die bronzenen Assistenzfiguren im Zweiten Weltkrieg eingeschmolzen wurden.

Da das von Schulze-Delitzsch vertretene Genossenschaftswesen nicht ins marxistisch-leninistische Geschichtsbild der damaligen DDR passte, wurde das Denkmal 1974 abgebaut und deponiert, kehrte aber 1992 auf Initiative der Köpenicker Bank an seinen ursprünglichen Platz zurück. Das Geldinstitut hatte 1928 das

Das Denkmal für Hermann Schultze-Delitzsch war ursprünglich üppig wie ein Herrschermonument gestaltet. Der allegorische Schmuck aus Bronze wurde eingeschmolzen.

Gebäude der Luisenstädtischen Bank im Haus gegenüber dem Denkmal übernommen, betrieb dort bis 1945 eine Filiale und ist heute wieder am Schulze-Delitzsch-Platz präsent.

VI. Rund um die Siegessäule

Abschied von toten Kameraden
Sowjetisches Ehrenmal im Tiergarten

Das Sowjetische Ehrenmal an der Straße des 17. Juni im Tiergarten, nicht weit vom Brandenburger Tor entfernt, ist das erste Memorial, das nach dem Zweiten Weltkrieg zur Erinnerung an die bei der Eroberung der Reichshauptstadt Gefallenen der Roten Armee errichtet wurde. Die Nähe zum Reichstagsgebäude war gewollt, denn es spielte in der Motivation der Roten Armee beim Sturm auf Berlin, das Zentrum der Naziherrschaft, eine herausragende Rolle. Fotos vom Setzen der Roten Fahne auf dem zerschossenen Kuppelbau wurden weltweit verbreitet.

Der sowjetische Marschall Shukow beauftragte den Bildhauer Lew Kerbel mit dem Entwurf des Denkmals. Im Mittelpunkt einer leicht gebogenen Säulenhalle mit treppenartigem Unterbau steht auf erhöhtem Postament ein riesiger Rotarmist, den Kerbel folgendermaßen beschrieb: „Der Soldat hat ein Gewehr über der Schulter hängen, die linke Hand ist über den sterblichen Überresten der gefallenen Kampfgefährten ausgestreckt, die am Fuße des Denkmals ruhen … Der Krieg ist zu Ende. Der Soldat nimmt Abschied von den gefallenen Kameraden und kehrt nach Hause zurück."

Auf dem Postament unterhalb des bronzenen Rotarmisten ist das vergoldete Staatswappen der UdSSR angebracht, darunter in russischer Sprache die Widmung für die Helden im Kampf sowie die Jahreszahlen 1941 und 1945. Die sechs Pfeiler der Kolonnade symbolisieren die Waffengattungen der Roten Armee und ehren deren Angehörige. Zwei Panzer vom Typ T 34 stehen links und rechts der Stufen, die zur Gedenkstätte führen. Sie gehörten zu den Geschützen, die Ende April als erste Berlin erreichten. Zwei Sarkophage tragen die Namen von Helden der Sowjetunion, die in den letzten Kriegstagen fielen.

Das Ehrenmal, zugleich auch großer Soldatenfriedhof, wurde am 11. November 1945 eingeweiht, obwohl es noch nicht fertig war. Die Friedenauer Kunstgießerei Hermann Noack fertigte in der Zwischenzeit den überlebensgroßen Soldaten. Dort entstanden auch die vergoldeten Inschriften und Embleme. Pläne, die monumentale Anlage durch weitere Figurengruppen zu ergänzen und sie auf die Plätze zu stellen, die die Panzer einnehmen, wurden nicht verwirklicht.

Das im früheren britischen Sektor gelegene Ehrenmal war eine sowjetische Enklave, vor der Angehörige der sowjetischen Streitkräfte regelmäßig paradierten. Damit zeigte die UdSSR als eine der vier Besatzungsmächte im Westteil der Stadt Präsenz. Um die Anlage vor Anschlägen zu schützen, wurde sie nach dem Mauerbau am 13. August 1961 mit Stacheldraht abgesichert. Nach der Öffnung der Grenze am 9. November 1989 übernahm das Land Berlin die Verantwortung für den Schutz des Ehrenmals. In den letzten Jahren wurden Anlage und ihr gärtnerisches Umfeld saniert sowie der plastische Schmuck restauriert. Dabei haben Denkmalpfleger den in seiner Standfestigkeit gefährdeten, sechseinhalb Meter hohen Rotarmisten inwendig stabilisiert. Im Jahr 2001 erhielten die bereits ziemlich maroden Panzer durch Bundeswehrsoldaten einen neuen grünen Anstrich. Die Sanierungskosten trägt auf Grund des deutsch-russischen Nachbarschaftsvertrages der Bund.

Auf einem einfachen Sockel steht ein paar Schritte weiter in der Straße des 17. Juni ein völlig anderes Denkmal: die von Gerhard Marcks 1967 geschaffene Bronzefigur des „Rufers". Der Mann in einem langen Gewand läuft schreiend in Richtung Brandenburger Tor, die Hände an den weit aufgerissenen Mund gelegt, um die Lautstärke seiner Worte zu erhöhen. Bei der überlebensgroßen Plastik handelt es sich um einen Nachguss einer Skulptur, die Marcks für den Sender Radio Bremen geschaffen hatte. Mit dieser Figur wollte der Bildhauer das Recht des Menschen auf Meinungs- und Redefreiheit symbolisieren und auf die älteste und einfachste Form der Kommunikation, das Sprechen und Rufen, hinweisen. Das Motiv lehnt sich an die Gestalt des Stentors aus der Ilias des Homer an, von dem gesagt wird, er habe mit seiner kräftigen Stimme 50 Männer übertönt. Die Plinthe trägt die Inschrift „Ich gehe durch die Welt und rufe Friede Friede Friede". Das Motto geht auf den italienischen Dichter Petrarca (1304–1374) zurück. 1989, zum einhundertsten Geburtstag des Bildhauers, wurde die Kopie nicht weit von der Mauer aufgestellt, die am 9. November fiel.

Das dankbare Vaterland dem siegreichen Heere
Die Siegessäule am Großen Stern

Weithin glänzt die vergoldete Viktoria auf der Siegessäule am Großen Stern. Sie ist der Mittelpunkt der Love Parade und wird durch dieses Massenspektakel wenigstens einmal im Jahr weltweit bekannt gemacht. Das Denkmal, das man innen besteigen kann, um von einer Plattform in 53 Metern Höhe einen herrlichen Rundblick zu genießen, erinnert an die preußisch-deutschen Kriege von 1864 gegen Dänemark, 1866 gegen Österreich und 1870/71 gegen Frankreich. Mit ihnen wurde unter preußischer Führung der Weg zur Einheit Deutschlands geebnet, die 1871 durch Proklamation König Wilhelms I. in Versailles zum deutschen Kaiser vollzogen wurde.

Ursprünglich hatte Wilhelm I., der von 1861–1888 regierte, den Bau einer eher kleinen Gedenksäule auf dem Königsplatz zur Erinnerung an den Krieg von 1864 angeordnet. Doch dann wurde die Siegessäule immer wuchtiger und höher, ausstaffiert mit üppigem Relief- und Mosaikschmuck. Sie sollte zeigen, dass Gott die Hohenzollern über deren Ziele weit hinausgeführt hat, wie es in einer Urkunde zur Grundsteinlegung am 26. Oktober 1869 heißt. Am 2. September 1873, dem dritten Jahrestag der Entscheidungsschlacht von Sedan gegen die Franzosen, in der Kaiserzeit als „Sedantag" gefeiert, wurde das Denkmal mit der 8,32 Meter großen „Goldelse" auf dem Königsplatz eingeweiht. Den Platz vor dem Reichstagsgebäude nannte man nach dem Sturz der Monarchie (1918) Platz der Republik.

Die geflügelte Viktoria mit der Schuhgröße 92 wurde von dem Bildhauer Friedrich Drake geschaffen. Der adlergeschmückte Helm charakterisiert sie als Borussia, die Personifikation Preußens. Der Stab in der linken Hand hat einen Kranz mit dem Eisernen Kreuz ähnlich dem Attribut, das die Lenkerin der Quadriga auf dem Brandenburger Tor trägt. Oberhofbaurat Johann Heinrich Strack fügte auf Wunsch Wilhelms I. eroberte vergoldete Kanonen als militärische Trophäen in die Säule ein.

Das viereckige Fundament wird durch vier große Reliefplatten geschmückt. Geschaffen von Alexander Calandrelli, Karl Keil, Moritz Schultz und Albert Wolff, erinnern sie an die Schlachten von Düppel, Königgrätz und Sedan sowie den Einzug der Fürsten und Heerführer durch das Brandenburger Tor in die Haupt- und Residenzstadt Berlin im Jahr 1871. Zu erkennen sind Wilhelm I. sowie Otto von Bismarck, Kronprinz Friedrich Wilhelm (der spätere Kaiser Friedrich III.) und weitere Paladine. Die aus dem Metall eroberter Geschütze in der Königlichen Eisengießerei in Berlin und anderen Gießereien gefertigten Reliefs zeigen den Auszug der Soldaten und Schlachtenszenen wie die legendäre Erstürmung der Düppeler Schanzen und andere

Begebenheiten, aber auch die Generalität hoch zu Ross. Schaut man genau hin, dann sieht man schmerzverzerrte Gesichter und schreckliches Gemetzel, aber insgesamt werden der Krieg und das Sterben auf dem „Feld der Ehre" doch glorifiziert. Die Feldherren erscheinen hoch zu Ross und geradezu lärmend in der Pose großer Helden, denen sich der niedergerungene Feind in gebeugter Haltung nähert. Die Architekten und Baubeamten Strack, Knerck und Herrmann, die maßgeblich am Bau der Siegessäule mitgewirkt haben, gehören zu den wenigen Zivilisten, die auf dem Denkmal vorkommen. Weder die Existenz einer Reichsverfassung noch die Tätigkeit des Reichstages als oberste Vertretung der Deutschen werden berücksichtigt. Frauen treten nur als Abschied nehmende Mütter, Ehefrauen, Bräute der Soldaten in Erscheinung.

Die Siegessäule steht auf einer offenen runden Halle, die aus 16 toskanischen Säulen gebildet wird. Im Inneren kann man ein riesiges farbiges Mosaik erkennen, auf dem Hofmaler Anton von Werner den „Kampf des freien Germanentums gegen das welsche Romanentum" symbolisiert, wie es in einer älteren Beschreibung heißt. Die reich bewegte Darstellung zeigt üppige Kampfszenen, Fürstenbildnisse, Fahnen, Pauken und Trompeten.

Vergleicht man alte Bilder mit dem heutigen Zustand, fällt auf, dass der „Siegesspargel", wie die Berliner die Säule nennen, früher kleiner war und auch woanders gestanden hat. 1938 wurde das Monument im Zusammenhang mit der von Hitler befohlenen Umgestaltung der Reichshauptstadt Berlin in die „Welthauptstadt Germania" an den Großen Stern versetzt und verlängert.

Jedes Jahr steht der Aussichtsturm mit der riesigen „Goldelse" obenauf heute im Zentrum der Love Parade und anderer spektakulärer Veranstaltungen.

Gleiches geschah mit den Denkmälern von Bismarck, Moltke und Roon sowie der Siegesallee. Wegen der neuen räumlichen Verhältnisse musste die Siegessäule um eine Trommel verlängert und auf einen höheren Unterbau gestellt werden.

Ende des Zweiten Weltkriegs durch Artilleriebeschuss beschädigt, verlangten nach Kriegsende die Siegermächte den Abbruch des Monuments als besonders verwerfliches Zeugnis des preußisch-deutschen Militarismus. Vor allem die Franzosen sahen in der Siegessäule, auf der auch die Kapitulation der Truppen Napoleons III. dargestellt ist, eine unerträgliche Provokation und verlangten die Sprengung. Im Magistrat fand sich jedoch keine Mehrheit, die den Abriss durchgesetzt hätte, lediglich die Sockelreliefs wurden entfernt. Im Zeichen der deutsch-französischen Versöhnung gab Paris 1984 die als Kriegstrophäen im französischen Kriegsmuseum zwischengelagerten, zum Teil nur als Torso erhaltenen Bronzeplatten dem damaligen Regierenden Bürgermeister von West-Berlin, Richard von Weizsäcker, zurück. In einer Metallwerkstatt restauriert, wurden die mit Inschriften wie „Das dankbare Vaterland dem siegreichen Heere" versehenen Reliefs wieder in den Sockel eingefügt. Dabei beschränkte man sich lediglich auf eine Ausbesserung der Einschüsse, verzichtete aber auf die Rekonstruktion fehlender Teile.

Schmied des Reiches im Abseits
Reichskanzler Otto von Bismarck

„Ich brauche keine Denkmäler, mein Denkmal ist das Deutsche Reich", soll Otto von Bismarck (1815–1898), Reichskanzler und engster Mitarbeiter von Kaiser Wilhelm I., gesagt haben. Doch niemand hielt sich an diesen Wunsch.

Der „Schmied des Reiches" wurde 1938 im Zuge von Hitlers Umbauplänen für die „Welthauptstadt Germania" an den Großen Stern verbannt und ist im Sommer kaum zu sehen.

Über 30 Bismarckstatuen, -büsten und -steine wurden dem Fürsten bis zu seinem Tod gesetzt. Danach hatte die Bismarck-Manie erst richtig Konjunktur. 1906 zählte man bereits 306 dem „Eisernen Kanzler" gewidmete Denkmäler aller Art sowie Bismarcktürme, -säulen und -obelisken. Überall begegnete man dem Politiker in Bronze und Stein, stehend, sitzend, in Uniform und Zivilkleidung, mit Schlapphut, barhäuptig oder mit der Pickelhaube auf dem Kopf, als Schmied und Lotse, als kämpferischer Redner oder, wie auf dem Bismarckplatz im Grunewald, als Spaziergänger mit einem Hund. Zwar hatte Kaiser Wilhelm II. den Reichskanzler 1890 ziemlich rüde in die Wüste geschickt, doch hielt ihn das nicht davon ab, dem „Schmied des Reiches" auf dem Königsplatz, dem heutigen Platz der Republik, ein riesiges Denkmal zu errichten.

Mit großem zeremoniellen Aufwand wurde am 16. Juni 1901 im Beisein der Spitzen der Gesellschaft vor dem Reichstagsgebäude das von Reinhold Begas geschaffene Bismarck-Nationaldenkmal enthüllt. „Des großen Kaisers großer Diener" lautete die Widmung auf der Schleife des Kranzes, den Wilhelm II. vor dem Monument niederlegte. Begas stellte den Fürsten dar, wie ihn alle von Bildern oder persönlichen Begegnungen her kannten – hoch aufgerichtet in Uniform, den Helm auf dem Kopf, eine Hand am Säbel. Mit ausladender Geste weist der Kanzler auf die Urkunde der Reichseinigung von 1871 und unterstreicht damit die bedeutendste Tat in seinem langen Leben. Der Wucht des Standbilds angemessen sind die riesigen Begleitfiguren. Ein muskelbepackter Herkules trägt die Weltkugel und symbolisiert damit, dass Bismarck die Last der Verantwortung für das deutsche Volk auf sich genommen hat. Dazu gesellen sich die Symbolfigur der Staatsweisheit, die auf einer Sphinx sitzt und in ein Buch schaut, und jene der Staatsgewalt, die einen Löwen niedergestreckt hat. Auf der Rückseite schmiedet der germanische Held Siegfried das Reichsschwert. Mit dem Sockel erreichte der 6,60 Meter große Reichskanzler die beachtliche Höhe von 15 Metern und entsprach so proportional den Dimensionen des Königsplatzes und des Reichstagsgebäudes.

Seit 1938 steht das Bismarck-Denkmal in einem kleinen Garten am Großen Stern. Dorthin war es mit der Siegessäule und den Denkmälern der Generalfeldmarschälle Helmuth von Moltke und Albrecht von Roon versetzt worden. Bei der Verlagerung hat man Bismarcks Begleitfiguren um einen Meter aneinander gerückt, weil das Denkmal jetzt nicht mehr so viel Platz benötigte. Außerdem wurde der Stufenunterbau verringert, wodurch das Memorial etwas kleiner als der ursprüngliche Aufbau wirkt. Die jetzige Aufstellung lässt von der ursprünglichen Wucht wenig spüren, weshalb es immer wieder zu Überlegungen kam, das Bismarck-Denkmal aus dem Abseits zu holen und an den originalen Standort vor dem Reichstagsgebäude zurückzuführen. Allerdings sehen die Pläne zur Neugestaltung des Platzes der Republik dies nicht vor.

Erst wägen, dann wagen
Moltke und Roon im Exil

Links und rechts des Nationaldenkmals Otto von Bismarcks erhielten 1938 die Denkmäler des Generalfeldmarschalls und Chef des Generalstabs Helmuth Graf von Moltke (1800–1891), eine Marmorarbeit von Joseph Uphues aus dem Jahr 1904, sowie die des preußischen Kriegsministers Albrecht Graf von Roon (1803–1879), in Bronze gegossen nach einem Modell von Harro Magnussen ebenfalls von 1904, am Großen Stern einen neuen Standplatz. Dies geschah im Zusammenhang mit der von Hitler angeordneten Schaffung einer neuen Paradestraße, der „Großen Halle" sowie weiterer riesiger Staats- und Parteibauten, die wegen des Kriegsverlaufs nicht realisiert wurden.

Beide Militärs sind schlichte Standfiguren in Uniform ohne theatralische Gestik und allegorisches Beiwerk. Auf großspurige Widmungen wurde verzichtet. In den Sockel des Moltke-Denkmals ist das Wappen des Heerführers eingeschlagen, versehen mit dem Motto „Erst wägen, dann wagen". Dass der „große Schweiger", wie man den Generalfeldmarschall auch nannte, neben Bismarck steht, lässt Eintracht und Harmonie vermuten, die es aber zwischen den beiden mitnichten gab. Denn Moltke, das „Hirn der Armee", war ein selbstbewusster Mann, der sich Einmischungsversuche der Politik in sein Metier verbat und deshalb gelegentlich mit dem allmächtigen Kanzler aneinander geriet.

Das Roon-Denkmal ehrt einen Militär, der als Kriegsminister die Reorganisation der preußischen Armee unter Wilhelm I. vorantrieb. Es stand ursprünglich neben dem Generalstabsgebäude auf dem Alsenplatz in Sichtweite des Reichstagsgebäudes. Die Figur erhielt bei der Umsetzung an den Großen Stern einen Sockel aus hellem Muschelkalk. Damit verzichtete man auf das ursprüngliche Postament aus schwarzem Syenit mit riesigem Eisernen Kreuz, womit eine Harmonie zur hellen Farbe des Marmordenkmals von Moltke erreicht wurde. Beide Denkmäler werden von niedrigen Rundmauern eingeschlossen, die sich zur Straße öffnen. Darin sind noch aus der Nazizeit stammende Inschriften eingelassen. Moltke wird als derjenige charakterisiert, nach dessen Feldzugplänen „die Kriege 1864, 1866, 1870/71 siegreich geführt" wurden. Bei Roon ist angemerkt, dass der preußische Generalfeldmarschall und Kriegsminister die „Voraussetzung der Siege in den Kriegen 1864, 1866 und 1870/71" geschaffen habe. Das kann man unkommentiert so nicht stehen lassen. Es fehlt eine erklärende Tafel, die beide Militärs und die von ihnen geführten Kriege historisch abwägt, aber auch über die Umsetzung der Denkmäler kurz vor dem Zweiten Weltkrieg informiert.

Einen Platzverweis erhielten 1938 auch die preußischen Generale Hellmuth Graf von Moltke (Foto) und Albrecht Graf von Roon, die vom Straßenrand aus schweigend auf den brausenden Verkehr rund um die Siegessäule schauen.

Im Garten Eden
Gedenkstein für den Hofmarschall

Denkmäler und Freiplastiken aus dem 18. Jahrhundert sind in Berlin recht selten. Im Englischen Garten, nicht weit von Schloss Bellevue und dem Neubau des Bundespräsidialamtes entfernt, steht eines dieser wenigen noch erhaltenen Beispiele. Es ist gut zu finden, weil es nur wenige hundert Meter hinter dem Denkmalensemble mit den Figuren Bismarcks, Moltkes und Roons vor dem streng gesicherten Zaun zum Park des Schlosses Bellevue steht. Wer den üppig dekorierten Gedenkstein aus dem Jahr 1779 geschaffen hat, ist nicht bekannt. Es gibt eine Zuschreibung an Jean-Pierre Antoine Tassaert, den Vorgänger von Johann Gottfried Schadow im Amt des preußischen Hofbildhauers.

Auf eine mit Trauerflor bedeckte Pyramide schreibt Chronos, der antike Gott der Zeit mit Flügeln und langem Bart, eine Widmung, während ein dicklicher Putto, den Kopf auf einen Arm gestützt, nachdenklich auf die Betrachter schaut. Die französische Eloge, die Chronos auf die Pyramide schreibt, hat folgenden ins Deutsche übersetzten Wortlaut: „Wertschätzung und Freundschaft haben dieses Denkmal errichtet für die Tugenden und Verdienste von C. F. E. Bredow, Hofmarschall Seiner Königlichen Hoheit, des Prinzen Ferdinand von Preußen. Er starb am 13. März 1779".

Mit dem Prinzen ist August Ferdinand von Preußen, ein Bruder Friedrichs des Großen, gemeint, der sich in den Jahren 1785 bis 1790 Schloss Bellevue, damals noch ein Ort in ländlicher Gegend vor den Toren Berlins auf dem Weg nach Charlottenburg, als dreiflügelige klassizistische Sommerresidenz erbauen ließ. Der Architekt Michael Philipp Daniel Boumann hatte sich an dem klassizisti-

166

schen Schloss des Fürsten Franz von Anhalt-Dessau in Wörlitz orientiert. Noch vor dem Bau des Schlosses nahm der Schlosspark Gestalt an. Mit ihm entstand einer der ersten Landschaftsgärten in Preußen, der noch heute das Bild des Schlosses Bellevue prägt. Seinen Besitzer wechselte das wunderschön gelegene Schloss danach mehrfach. Unter anderem beherbergte es eine Zeitlang das „Museum für Völkerkunde", bevor es 1938 zum „Reichsgästehaus" umgestaltet wurde. Das jetzt von einem streng gesicherten Park umgebene Schloss Bellevue, im Zweiten Weltkrieg zerstört und in den Jahren 1955 bis 1959 als Berliner Domizil des Staatsoberhauptes der Bundesrepublik Deutschland äußerlich original, im Inneren aber weitgehend modern aufgebaut, ist heute Amtssitz des Bundespräsidenten.

Der Name des Englischen Gartens, an dessen Rand das Bredow-Denkmal steht, geht nicht etwa auf einen englischen Landschaftspark zurück, wie er im ausgehenden 18. Jahrhundert auch in Preußen modisch geworden war. Die Bezeichnung hat einen anderen, ganz prosaischen Ursprung, wurde der Garten doch nach einer Idee des britischen Stadtkommandanten ab 1952 mit englischer Hilfe als Zeichen der Freundschaft mit den Berlinern angelegt. Zahlreiche Briten, das Königshaus eingeschlossen, spendeten Geld sowie Bäume und andere Pflanzen. Nachdem der britische Außenminister Sir Anthony Eden am 29. Mai 1952 im Beisein des Regierenden Bürgermeisters Ernst Reuter zwei von Queen Elizabeth II. gestiftete Bäume eingepflanzt hatte, erhielt die damals noch inmitten einer Krater- und Trümmerlandschaft gelegene Anlage den Spitznamen „Garten Eden".

Hohenzollern bürgernah
Familientreff auf der Luiseninsel

Der im 19. Jahrhundert zur grünen Oase der Berliner umgestaltete Große Tiergarten besaß um 1900 zahlreiche Standbilder und Tierfiguren. Auf der von der Gartendenkmalpflege nach alten Vorlagen wieder hergestellten Luiseninsel beziehungsweise in ihrem Umfeld stehen die Denkmäler des preußischen Königspaares Friedrich Wilhelm III. und Luise sowie das Denkmal ihres zweiten Sohnes Wilhelm. Die marmornen Originale befinden sich im Lapidarium am Halleschen Ufer.

Die 1810 früh verstorbene, überaus populäre Königin Luise wurde von Erdmann Encke modelliert. Die aus Mecklenburg stammende Monarchin schaut freundlich und interessiert auf die Spaziergänger herab. Bekleidet ist sie mit einem langen, faltenreichen Kleid. Ein schlichtes Diadem unter einem Spitzentuch betont ihren vornehmen Rang. Interesse verdienen die Reliefs um den runden Sockel mit Szenen aus den Befreiungskriegen. Dargestellt sind unter anderem der Auszug der Soldaten in den Kampf, der tränenreiche Abschied des Jünglings von seiner Braut, die Pflege der Verwundeten und die Heimkehr der Krieger. „Die helfende Liebe der Königin, die sich in den Unglücksjahren zur Linderung der Not all ihres Schmuckes beraubte, ihre Juwelen verkaufte und selbst in ihrer Häuslichkeit in Königsberg und Memel sich Beschränkungen auferlegt, findet in dieser Gruppe eine schöne Versinnbildlichung", liest man in einer alten Beschreibung des 1880 aufgestellten Denkmals.

Luises Gatte Friedrich Wilhelm III. kommt als Bürgerkönig daher. Sein von Friedrich Drake geschaffenes und 1849 aufgestelltes Denkmal, das durch Sichtbeziehungen mit dem Luisen-Denkmal ein Ensemble bildet, erhielt damals die Zueignung „Ihrem Könige Friedrich Wilhelm III.

die dankbaren Einwohner Berlins". Der Monarch steht ebenfalls auf einem reich figurierten, runden Sockel. Hier werden Kampf und Sieg versinnbildlicht. Dass ein König auf dem Postament steht, ist nicht zu erkennen. Der barhäuptige Friedrich Wilhelm III. verzichtet auf theatralische Gesten, er trägt einen bis oben zugeknöpften Uniformrock. Eine Hand ist leicht auf die Brust gelegt, in der anderen Hand hält der Monarch einen Kranz. Der Bildhauer hat auf monarchische Abzeichen wie Hermelinmantel und Kronen verzichtet und zeigt seinen Helden in den besten Mannesjahren, wie er jovial auf seine Landeskinder blickt. Das – nach dem Zweiten Weltkrieg eingeschmolzene – monumentale Reiterstandbild Friedrich Wilhelms III. im Lustgarten von 1871 war das ganze Gegenteil zu dem bürgernahen Monarchen im Tiergarten.

Der dritte im Bunde ist Prinz Wilhelm, der zweite Sohn des königlichen Paares, der sich als „Kartätschenprinz" in der Revolution von 1848 unrühmlich hervortat. Nachdem er bereits 1858 seinen kranken Bruder Friedrich Wilhelm IV. als Regent vertrat, folgte er ihm nach dessen Tod 1861 als König Wilhelm I. von Preußen. Zehn Jahre später wurde der alte König in Versailles zum deutschen Kaiser ausgerufen. Das 1904 enthüllte Denkmal von „Jung Wilhelm" ist ein Werk des Bildhauers Adolf Brütt. Es zeigt den Prinzen in der ordensgeschmückten Uniform der Gardefüsiliere zur Erinnerung an seine Teilnahme im Krieg gegen Frankreich 1814. Auftraggeber war Kaiser Wilhelm II., der mit dem Memorial seine Hochachtung für den heiß geliebten Großvater ausdrückte.

Genien huldigen großen Dichtern
Goethe und Lessing im Tiergarten

Johann Wolfgang von Goethe (1749–1832) hatte von den Berlinern keine sonderlich große Meinung. Nur einmal in seinem langen Leben bekam der Dichter und Weimarer Minister die preußische Hauptstadt zu Gesicht. Das war im Mai 1778, als er seinen Landesherren, Herzog Karl August von Sachsen-Weimar, in einer diplomatischen Mission nach Berlin begleitete und dabei auch Potsdam besuchte. „Es lebt aber dort ein so verwegener Menschenschlag beisammen, dass man mit der Delikatesse nicht weit reicht, sondern dass man Haare auf den Zähnen haben und mitunter etwas grob sein muss, um sich über Wasser zu halten. Das Völkchen besitzt viel Selbstvertrauen, ist mit Witz und Ironie gesegnet und nicht sparsam mit diesen Gaben."

Die Berliner haben es dem Künstler nicht verargt, dass er sie für ungehobelte Menschen hielt. Als der Plan laut wurde, auf dem Gendarmenmarkt ein Schiller-Denkmal aufzustellen, wollte man dort gleich noch Goethes und auch Lessings gedenken. Es kam anders, und so steht seit 1880 im Tiergarten nicht weit vom Brandenburger Tor das von Fritz Schaper geschaffene Goethe-Denkmal und ein paar Steinwürfe entfernt Gotthold Ephraim Lessing (1729–1781), ein Werk von Otto Lessing, einem Großneffen des Dichters. Schaut man sich Goethe genauer an, bemerkt man, dass jenes in einer kleinen Grünanlage an der Ebertstraße stehende Bildwerk nicht aus Marmor besteht, sondern ein Abguss aus Beton ist. Das Original fand mit weiteren Standbildern im ehemaligen Pumpwerk am Halleschen Ufer Asyl.

Angetan mit einer Hoftracht des ausgehenden 18. Jahrhunderts und geschützt durch einen langen Mantel, schaut der auf hohem Sockel stehende Goethe, in der

Das Goethe-Denkmal an der Ebertstraße ist ein Abguss aus Beton, hingegen blieb das Lessing-Denkmal ein paar hundert Meter weiter als neobarock dekoriertes Original erhalten.

rechten Hand eine Schriftenrolle, hinüber in die Minister-gärten. „Das edle, geistvolle Antlitz mit der freien, mäch-tigen Stirn, auf welcher Hoheit des Geistes thront, stolz und freimütig erhoben – so bringt das Standbild die machtvolle Persönlichkeit des Dichters zu vollendeter Darstellung", beschreibt ein Buch von 1905 Schapers Werk. Der Sockel ist nicht eckig, wie üblich, sondern rund. Auf den Stufen haben die weiblichen Personifikationen der lyrischen und dramatischen Dichtkunst sowie der Wissenschaft Platz genommen, womit die wichtigsten Tätigkeiten des Weimarer Ministers und Dichters symbo-lisiert werden.

Das im Jahr 1890 enthüllte Lessing-Denkmal ist ein Original und eine Kombination von Marmor, Granit und Bronze. Es erinnert an den Dichter und Publizisten, der mehrere Jahre in Berlin lebte und mit dem Verleger

Friedrich Nicolai und dem jüdischen Philosophen Moses Mendelssohn befreundet war. Otto Lessing lässt seinen Vorfahren in die Ferne blicken. Die überlebensgroße Marmorfigur steht auf einem neobarock dekorierten Sockel aus rotem Granit. Ein geflügelter Genius hebt eine Flammenschale zu einer in das Postament eingelassenen Tafel mit dem Namen des Dichters. Der linke Arm lehnt sich auf eine Inschriftenplatte, auf der aus dem Gleichnis von den drei Ringen in Lessings Schauspiel „Nathan der Weise" zitiert wird. Auf der Rückseite des Sockels hat ein anderer Genius, die Symbolfigur der Kritik mit der Geißel des Spotts, Platz gefunden. Drei Bildnisreliefs ergänzen das neobarocke Ensemble, das in seiner Üppigkeit ein wenig an Friedhofsarchitektur um 1900 erinnert. Sie zeigen die Profilbildnisse von Friedrich Nicolai, Moses Mendelssohn und des preußischen Dichters Ewald von Kleist.

Alberich hütet das Rheingold

Richard Wagner unter Glas

Ziemlich selten passiert es in der Berliner Denkmalgeschichte, dass Privatleute der Stadt Berlin große Denkmäler schenken. Einer dieser Mäzene war im letzten Jahrhundert der Parfümfabrikant und Musikliebhaber Johann Ludwig Leichner. Mit großem zeremoniellen Aufwand wurde am 1. Oktober 1903 das von ihm gestiftete und von Gustav Eberlein geschaffene Wagner-Denkmal im Tiergarten enthüllt. Anton von Werner malte die Enthüllung der damals noch schneeweißen Sitzfigur des Komponisten im Beisein von Vertretern der Spitzen des Staates. Leichner steht im Frack vor dem Denkmal, das er symbolisch dem Prinzen Friedrich Heinrich als Vertreter Wilhelms II. übergibt. Das Gemälde, auf dem auch der Schöpfer des Denkmals und der Maler Adolph Menzel zu erkennen sind, vermittelt einen recht guten Eindruck davon, wie man solche Monumente in der Kaiserzeit mit viel Hurra und Säbelrasseln enthüllte. Das passierte in Berlin um 1900 am laufenden Band. Das Bild verschweigt, dass es rund um die Zeremonie einigen Ärger gab. Der Kaiser konnte mit Wagner nicht viel anfangen, hielt ihn gar für einen „ganz gemeinen Kapellmeister", und die Familie des Komponisten blieb einem Wagner-Fest fern, das wegen übertriebener Pomphaftigkeit vielfach kritisiert wurde.

Der in einen langen Mantel gehüllte Komponist aus Marmor sitzt wie auf einem Thron und schaut auf die Tiergartenstraße. Vor Jahren schon hat er seine Nase eingebüßt, sieht aber sonst noch ganz passabel aus. Die Arme ruhen auf einer mit einem Löwenkopf geschmückten Lehne beziehungsweise auf einer Partitur. Um größtmögliche Authentizität zu erreichen, nutzte der Bildhauer für das Denkmal Wagners Totenmaske und den Abguss seiner Hand. Auch den anderen Figuren, die auf dem breiten Sockel Platz gefunden haben, fehlen Nasen, aber auch Hände und Arme. Der junge Sänger, der vorn am Sockel dem Meister huldigt, hält nur noch Reste einer Harfe in der Hand. Aus einer zeitgenössischen Beschreibung ist zu entnehmen, dass die Figur den Minnesänger Wolfram von Eschenbach darstellen soll. Kaiser Wilhelm II., der sich als oberster Kunstzensor empfand, fügte sie dem Denkmalentwurf hinzu, der ihm zur Genehmigung vorgelegt werden musste. Die Sockelfiguren beziehen sich auf Wagners Werk. So stellt die Gruppe auf der linken Seite Siegfrieds Tod in den Armen der schmerzverzerrt aufblickenden Kriemhild dar. Auf der Rückseite hütet Zwergenkönig Alberich mit ängstlicher Geste den Nibelungenschatz vor fremdem Zugriff, und an der rechten Seite beendet ein müder Tannhäuser seine lange Pilgerfahrt.

Als in den 1970er Jahren immer mehr Schäden an Plastiken unter freiem Himmel registriert wurden und einige besonders gefährdete Objekte ins Depot am Halleschen Ufer kamen, war es nicht möglich, dies auch mit dem sechs Meter hohen, tonnenschweren Wagner-Denkmal zu tun. Daher erhielt es ein Glasdach, das sein Leben verlängert hat. Sonst wäre von Eberleins Monumentalwerk sicher noch weniger übrig. „Das Schutzdach wurde über dem Denkmal errichtet, um es vor Umweltschäden zu schützen. Diese mit großem Aufwand betriebene Maßnahme wird sinnlos, wenn das Denkmal mutwillig beschmiert oder beschädigt wird, weil solche 'Verzierungen' wiederum nur mit Schäden für das Denkmal entfernt werden können", warnt eine Tafel daneben. Graffitimaler und Souvenirjäger scheren sich leider nicht darum, und daher wird der Marmor immer wieder bemalt und beschädigt.

Monströser „Musikerofen"
Komponisten im Dreierpack

Respektlos, wie die Berliner gegenüber allzu hehren (also künstlerisch misslungenen) Dingen nun einmal sind, nannten sie das im Tiergarten, ein paar hundert Meter vom Wagner-Denkmal entfernt, an der Entlastungsstraße stehende Denkmal für die Komponisten Joseph Haydn (1732–1809), Wolfgang Amadeus Mozart (1756–1791) und Ludwig van Beethoven (1770–1827) „Musikerofen".

Der „Musikerofen" erinnert an Haydn, Mozart und Beethoven. Dessen in der Berliner Staatsbibliothek aufbewahrte Originalpartitur der 9. Sinfonie wurde Anfang 2003 ins Unesco-Verzeichnis „Memory of the World" aufgenommen.

Dies wegen der von dem Bildhauer Rudolf Siemering gewählten merkwürdigen, ja befremdlich-monströsen Form. In den Nischen des durch neobarocke Zutaten aufwändig gestalteten Denkmals, das einem mit allerhand Zierrat dekorierten, aber höchst unpraktisch konstruierten Kachelofen der Kaiserzeit nicht unähnlich ist, stehen keine Büsten, sondern hüfthohe Bildnisse der drei Komponisten. Darunter sind die jeweiligen Namen und Lebensdaten angebracht. Um die Wirkung noch zu steigern, bekrönte Siemering zu allem Überfluss das Komponistendenkmal von immerhin zehn Metern Höhe durch drei Putten, die einen Lorbeerkranz halten.

Das Monument auf dreieckigem Grundriss sollte der Liebe der Berliner zu den drei Komponisten steingewordenen Ausdruck verleihen, denn die drei waren in der Stadt bei den Musikliebhabern höchst populär und wurden viel gespielt. Die Königliche Bibliothek, heute Staatsbibliothek Preußischer Kulturbesitz, verwahrt bedeutende Autographe, darunter die Originalpartituren von Mozarts „Zauberflöte" und Beethovens IX. Sinfonie. Von Mozart ist zudem bekannt, dass er sich – allerdings vergeblich – um eine Anstellung am preußischen Hof bemühte und mit dem Cello spielenden Friedrich Wilhelm II. musizierte.

Als Rudolf Siemerings Kreation im Jahr 1904 enthüllt wurde, stieß sie bei der Kunstkritik wegen ihrer ganz und gar unklassischen Überladenheit auf Ablehnung und bei den Berlinern von Anfang an auf Spott. Offenbar war der Bildhauer, der ja das in Berlin überaus populäre Denkmal der Heiligen Gertrud auf der Gertraudenbrücke geschaffen hatte, in seiner Freude an der detailreichen Dekoration etwas zu weit gegangen. Möglicherweise wollte der Künstler mit diesem Denkmal, das ein Jahr vor seinem Tod enthüllt worden war, neue Wege beschreiten, wurde aber dem Gegenstand eines volkstümlichen Musikerdenkmals nicht gerecht. Der schlechte Zustand des ein wenig seltsam wirkenden Monuments erfordert im Augenblick eine durchgreifende Reinigung und Restaurierung, bei der es in seine Einzelteile zerlegt sowie von Straßendreck und Ablagerungen, die vom grün patinierten Bronzedekor stammen, gesäubert werden muss. Zur Zeit befindet sich das Denkmal im Depot und wartet auf seine neue Aufstellung.

Sein Lied tönt fort
Albert Lortzing im Großen Tiergarten

In einem sorgfältig gestalteten Blumenrondell unweit der Rousseauinsel und der Großen Sternallee im Tiergarten steht das Marmordenkmal des in Berlin geborenen und auch dort verstorbenen Komponisten Albert Lortzing (1801–1851). Schöpfer des 6,50 Meter hohen Memorials von 1906 ist Gustav Eberlein, dem wir auch das Wagner-Denkmal verdanken. Der Bildhauer, der zu den Günstlingen Kaiser Wilhelms II. gehörte und an der Siegesallee und weiteren Staatsaufträgen beteiligt war, stellt den stehenden Komponisten, Kapellmeister, Sänger, Regisseur, Schauspieler und Dichter komponierend dar: das Notenheft in der einen Hand, schreibt er mit der anderen Noten auf.
Eberlein hat mit dem Standbild ein überzeugendes Porträt des Komponisten geschaffen. Ein Relief an der Vorderseite des Sockels ist mit Putten geschmückt, die auf verspielte Art an einige Lortzing-Opern erinnern. So trägt einer dieser dicklichen Knaben eine riesige Allongeperücke und spielt damit auf Lortzings wohl populärstes Werk „Zar und Zimmermann" an. Andere Putten halten Noten, ein Schlüsselbund, einen Hammer und ein Weinglas in Händen. Dass es sich um ein Komponisten-

denkmal handelt, lässt sich von den Emblemen unterhalb der Inschrift „Lortzing" ableiten. Links und rechts eines Blattgehänges hat der Bildhauer Musikinstrumente angebracht.

Wer das Denkmal betrachtet, meint, hier wird an einen erfolgreichen und glücklichen Künstler erinnert. Doch das täuscht, denn Lortzings kurzes Leben war zwar von Höhen, aber noch mehr von Tiefen geprägt. Das Komponieren hatte er als Autodidakt erlernt, doch seinen Lebensunterhalt verdiente er sich mehr schlecht als recht als Schauspieler in Detmold – wo er auch seine ersten Singspiele und Opern auf die Bühne brachte – und in anderen Städten. In Leipzig reüssierte Lortzing erstmals als Kapellmeister und hatte Erfolg mit sieben „komischen" Opern, darunter „Zar und Zimmermann" und „Der Wildschütz". Als der Künstler 1850 am Friedrich-Wilhelmstädtischen Theater in Berlin, dem heutigen Deutschen Theater, als Kapellmeister angestellt wurde, war das für ihn weder künstlerisch noch finanziell sonderlich erfreulich und befriedigend. Zwar lockten seine Opern viele Zuhörer, doch hatte er nicht viel davon. Verarmt starb der Komponist bereits Anfang 1851 in seiner Geburtsstadt Berlin. Grabredner Anton Ascher, Schauspieler an derselben Bühne und Lortzings Freund, beklagte bei der Trauerfeier, dass „…wohl selten eine so begabte Natur, ein so großes Talent so wenig nach Verdienst gewürdigt" worden sei. Die Nachwelt indes ging mit dem Schöpfer der deutschen komischen Oper liebevoller um als die Mitwelt.

Dass Albert Lortzing in Berlin als Musiker nicht glücklich wurde, macht das in einer schönen Blumenanlage im Großen Tiergarten aufgestellte Marmordenkmal mit seinem Puttenschmuck nicht deutlich.

Die Inschrift auf Lortzings Grabstein auf dem Friedhof der Sophiengemeinde an der Bergstraße (Mitte) bringt es auf den Punkt: „Sein Lied war deutsch und deutsch sein Leid/Sein Leben Kampf mit Not und Neid/Sein Leid flieht diesen Friedensort/Der Kampf ist aus, sein Lied tönt fort".

Märkischer Flaneur

Zweimal Theodor Fontane

Das von Max Klein geschaffene Fontane-Denkmal aus dem Jahr 1908 steht in einer kleinen Gartenanlage gegenüber der Thomas-Dehler-Straße am südlichen Rand des Tiergartens. Doch handelt es sich hier nur um eine Kopie aus gegossenem Beton, die im Rahmen von Rettungsmaßnahmen für gefährdete Plastiken unter freiem Himmel angefertigt wurde. Dargestellt ist Theodor Fontane (1819–1898) im aufgeknöpften Gehrock mit einem Spazierstock in der einen und dem abgesetzten Hut in der anderen Hand, ein liebenswerter Flaneur durch seine märkische Heimat und aufmerksamer, kritischer Zeitbeobachter. Max Kleins Standbild ist der Konvention verpflichtet. Solche stehenden oder beim Laufen innehaltenden Männer gibt es überall in Berlin. Weitaus origineller ist da schon das von Max Wiese geschaffene Fontane-Denkmal aus Bronze in Neuruppin, der Geburtsstadt des Romanciers. Im Jahr 1907 aufgestellt, zeigt es einen Fontane in fortgeschrittenem Alter, der sich nach langem Fußmarsch auf einer Bank ausruht und interessiert in die Runde schaut.

Die originale Marmorfigur des berühmten Romanciers und Wanderers durch die Mark Brandenburg im Tiergarten hat eine lange Odyssee hinter sich, bis sie in der Großen Halle des Märkischen Museums aufgestellt werden konnte. Mit anderen Monumenten wurde das

Fontane-Standbild in den frühen 1980er Jahren abgebaut und ins Lapidarium am Halleschen Ufer gebracht. Vor ein paar Jahren holte man es anlässlich einer Fontane-Ausstellung in den Köllnischen Park (Mitte). Es wurde zunächst als eine Art Werbeträger vor dem Märkischen Museum, dann im Museumshof aufgestellt, um schließlich in der frisch restaurierten Großen Halle präsentiert zu werden. Fontane steht in dem Saal, der an eine gotische Kirche erinnert, nicht mehr auf hohem Sockel wie im Tiergarten, sondern auf einer flachen Plinthe, womit ein Großteil der ästhetischen Wirkung des Denkmals verloren geht. Ludwig Hoffmann, der Architekt des Märkischen Museums, hatte die Große Halle zur Präsentation ausgewählter Skulpturen konzipiert. Jahrzehntelang war sie als solche nicht zu erkennen, erst in den vergangenen Jahren wurden eine Zwischendecke sowie andere Einbauten aus der Nachkriegszeit entfernt, so dass der hohe Raum in seiner ganzen Monumentalität wieder zur Wirkung kommt.

Stufen, die keine mehr sind
Mahnmale auf der Putlitzbrücke und in der Levetzowstraße

Vom Bahnhof Putlitzstraße in der Nähe des Westhafens haben die Nazis während des Zweiten Weltkriegs tausende Berliner Juden in die Konzentrations- und Vernichtungslager gebracht. Die „Berliner Osttransporte" begannen am 16. Oktober 1941. Insgesamt fanden 63 dieser Deportationen vom Bahnhof Putlitzstraße und vom Güterbahnhof Grunewald statt, wo man 1998 ein weiteres Mahnmal einweihte. Auf der Putlitzbrücke erhebt sich seit 1987 über den Gleisen ein Mahnmal aus poliertem Stahl, das Volkmar Haase wie einen zweifachen Grabstein gestaltet hat. Die eine Stele trägt den Davidsstern mit einer Inschrift darunter, die andere strebt himmelwärts und endet, leicht abgeknickt, in einer Treppe, die ins Nichts führt. Die Inschrift beschreibt die Situation derer, die von dieser Stelle in den Tod geschickt wurden: „Stufen, die keine sind. Eine Treppe, die keine Treppe mehr ist. Abgebrochen. Symbol des Weges, der kein Weg mehr war. Für die, die über Rampen, Gleise, Stufen und Treppen diesen letzten Weg gehen mussten. Vom Bahnhof Putlitzbrücke wurden in den Jahren 1941–1944 zehntausende jüdischer Mitbürger in Vernichtungslager deportiert und ermordet." Eine kleine Tafel neben dem eindrucksvollen Monument weist darauf hin, dass es seit seiner Einweihung im Jahr 1987 mehrfach Ziel diffamierender Schändungen war. „Ein Sprengstoffanschlag am 29. August 1992 beschädigte das Mahnmal teilweise schwer – restauriert und wieder aufgestellt im März 1993 – SCHULD die nie verjährt – betroffen sind wir alle – NIE WIEDER".

Ein weiteres, 1988 enthülltes Mahnmal für die über 55.000 von den Nazis ermordeten Berliner Juden steht in der Levetzowstraße, ebenfalls im Bezirk Tiergarten. Das Gemeinschaftswerk des Bildhauers Peter Herbrich sowie der Architekten Jürgen Wenzel und Theseus Bappert verweist auf die hier im Jahr 1914 eingeweihte Synagoge, die den Pogrom am 9. November 1938 überstanden hatte und der jüdischen Gemeinde vorerst weiter zur Verfügung stand. Das Gotteshaus wurde 1944/45 stark zerstört und 1956 im Zuge einer baulichen „Vergangenheitsbewältigung" abgerissen, die auch viele andere durchaus aufbaufähige Ruinen betraf.

Die im Nichts endenden, abgeknickten Stufen auf der Putlitzbrücke erinnern seit 1987 an die von hier deportierten und in den Vernichtungslagern ermordeten jüdischen Mitbürger.

1941 wandelte die Gestapo die Synagoge in ein Sammellager für Juden um, die evakuiert werden sollten – so die euphemistische Bezeichnung für die Deportation in die Konzentrations- und Vernichtungslager. Ein Augenzeuge, Siegmund Weltlinger, berichtete: „Technisch erfolgten anfänglich Abtransporte in der Weise, daß die Jüdische Gemeinde auf Anforderung der Gestapo zu den einzelnen Transporten eine aufgegebene Anzahl von Menschen zusammenstellen mußte. Dies war eine furchtbare Aufgabe für die verantwortlichen Persönlichkeiten. Im Anfang versuchte man nur die Unverheirateten zu verschicken. Bald aber nützten keinerlei Erwägungen mehr; die Gestapo, welche alle Listen besaß, bestimmte selbst die Opfer, und sogenannte Reklamationen von Persönlichkeiten, die sich durch besondere Verdienste einen großen Ruf erworben hatten, konnten später auch nicht mehr berücksichtigt werden. Zum Schluß mußten alle daran glauben, die nicht in sogenannter Mischehe lebten …"

Das Mahnmal in der Levetzowstraße besteht aus mehreren Elementen. An der hinteren Seite, zu einem Spielplatz hin, ragt schräg eine symbolische Rampe in den Himmel. In die Eisenplatte sind Daten und Zahlen über die Transporte in die Vernichtungslager eingeschnitten. Zwischen dieser Rampe und einem nachgebildeten Eisenbahnwaggon auf Schienen steht auf einem Sockel ein in Marmor gehauenes Bündel von Menschen, die durch ein Stahlseil zusammengeschnürt werden. Im Wagen erkennt man ebenfalls die Umrisse von Menschen. Auf einer Bodenplatte sind Ansichten von Berliner Synagogen wiedergegeben, die von den Nazis geschändet oder vernichtet beziehungsweise im Krieg zerbombt und danach abgerissen wurden.

Opfer heimtückischer Mordanschläge

Karl Liebknecht und Rosa Luxemburg

An die Gründer der Kommunistischen Partei Deutschlands Ende 1918, Karl Liebknecht (1871–1919) und Rosa Luxemburg (1871–1919), erinnern zwei Gedenkstätten im Großen Tiergarten. Die eher bescheidenen Male zur Erinnerung an die am 15. Januar 1919 von rechtsextremistischen Offizieren und Soldaten Ermordeten wurden 1987, als Berlin seine 750-Jahrfeier beging, aufgestellt; für Rosa Luxemburg am Lützowufer unterhalb der Lichtensteinbrücke, für Karl Liebknecht zwischen dem Nordufer des Neuen Sees und dem Großen Weg in Hörweite des S-Bahnhofs Tiergarten.

Das „Denkmal an zwei Orten" wurde von Ralf Schüler und Ursulina Schüler-Witte geschaffen. Die Gedenksäule für Karl Liebknecht besteht aus roten Ziegelsteinen und erinnert damit an das große, aus Klinkern gebildete Revolutionsdenkmal, das 1926 nach Plänen von Ludwig Mies van der Rohe von der KPD im hinteren Teil des Zentralfriedhofs in Friedrichsfelde (Lichtenberg) aufgestellt worden war.

Senkrecht ist auf dem Tiergartendenkmal Karl Liebknechts Name angebracht. Auf einer Bronzetafel wird daran erinnert, dass Liebknecht am Ort dieses Mahnmals erschossen wurde: „Im Kampf gegen Unterdrückung, Militarismus und Krieg starb der überzeugte Sozialist Karl Liebknecht als Opfer eines heimtückischen politischen Mordes. Die Mißachtung des Lebens und die Brutalität gegen den Menschen lassen die Fähigkeit der Menschen zur Unmenschlichkeit erkennen. Sie kann und darf kein Mittel irgendeiner Konfliktlösung sein und bleiben."

Die Erinnerungsstätte für Rosa Luxemburg besteht aus dem Namen der Politikerin und einer Schrifttafel, die ebenfalls auf ihre brutale Ermordung am 15. Januar 1919 hinweist und die gleiche Aufforderung wie auf der Tafel für Karl Liebknecht enthält, keine gewaltsame Konfliktbewältigung zuzulassen.

Das Revolutionsdenkmal für Karl Liebknecht und Rosa Luxemburg auf dem Zentralfriedhof Friedrichsfelde, in der Weimarer Republik Zentrum politischer Demonstrationen der KPD und der politischen Linken, ist 1935 von den Nazis zerstört worden. 1983 wurde auf dem Fundament an einem Block aus roten Klinkern eine von Gerhard Thieme geschaffene Bronzetafel mit der Ansicht des weltbekannten Monuments enthüllt. Grabplatten in der 1951 errichteten „Gedenkstätte der Sozialisten" im vorderen Teil des Friedhofs in Friedrichsfelde tragen unter anderem die Namen von Karl Liebknecht und Rosa Luxemburg. Eine hohe Stele aus rotem Porphyr hat die Aufschrift „Die Toten mahnen uns".

Sie trugen die Schande nicht
Ehrenmal in der Stauffenbergstraße

Wie hätte sich die Welt entwickelt, wenn das Attentat des Grafen Claus Schenk von Stauffenberg auf Hitler am 20. Juli 1944 Erfolg gehabt hätte? Eine müßige Frage, doch sicher wäre der Krieg schneller beendet worden, Millionen Menschen nicht gestorben und auch viele Städte nicht im Bombenhagel untergegangen. Diese Gedanken mögen beim Besuch der Gedenkstätte Deutscher Widerstand im Bendlerblock an der Stauffenbergstraße kommen. Im Hof des in der Kaiserzeit für die obersten Marinebehörden des Reiches gebauten Komplexes, der von 1933 bis zum Ende des Zweiten Weltkrieges Sitz des Oberkommandos des Heeres war und heute Berliner Dienstsitz des Bundesministeriums der Verteidigung ist, steht das Ehrenmal für die Männer und Frauen des 20. Juli 1944, die entweder wie Oberst Claus Graf Schenk von Stauffenberg, Generaloberst Ludwig Beck, General Friedrich Olbricht, Oberst Albrecht Ritter Mertz von Quirnheim und Oberleutnant Werner von Haeften an dieser Stelle sofort erschossen oder wie zahlreiche andere von der Gestapo verhaftet, vor dem Volksgerichtshof angeklagt und hingerichtet wurden. Eine Gedenktafel an der Hauswand erinnert an die Erschießung in jener Nacht. Sie bildete den Auftakt für eine Verfolgungswelle ungekannten Ausmaßes und zahllose Todesurteile durch den nationalsozialistischen Volksgerichtshof.

Der Grundstein für das ebenso schlichte wie eindrucksvolle Ehrenmal wurde am 20. Juli 1952 gelegt und ein Jahr später der Öffentlichkeit übergeben. Die damals auf einem Sockel stehende Bronzefigur des Bildhauers Richard Scheibe stellt einen nackten Mann dar, dem man die Hände gebunden hat. Er blickt geradeaus und erwartet ohne Furcht sein Schicksal. Bei der Neugestaltung des Hofs hat man die Bronzeplastik vom Postament genommen und auf die gepflasterte Hoffläche gestellt, sozusagen in Augenhöhe mit den Besuchern der Gedenkstätte. Eine Bronzetafel im Boden trägt die Inschrift: „Ihr trugt die Schande nicht/Ihr wehrtet Euch/Ihr gabt das große/Ewig wache/Zeichen der Umkehr/Opfernd Euer heißes Leben/Für Freiheit/Recht und Ehre".

Zur Erinnerung an den gescheiterten Umsturzversuch vom 20. Juli 1944 und den gesamten Widerstand gegen den Nationalsozialismus finden im Bendlerblock, benannt nach der Bendlerstraße, der heutigen Stauffenbergstraße, jeweils am 20. Juli Feierstunden statt. In einer Ausstellung wird der Widerstandskämpfer gegen das Hitlerregime und ihrer blutigen Verfolgung gedacht. Einer dieser Räume war Stauffenbergs Arbeitszimmer, die Zentrale des im Verborgenen tätigen militärischen

Widerstandes. Dokumentiert werden nicht nur der politische Kampf gegen das Hitlerregime, sondern auch die vielfältigen Formen der Opposition aus dem christlichen Glauben heraus sowie die Verweigerung unmenschlicher Befehle durch Soldaten. Die Ausstellung würdigt darüber hinaus das Wirken verschiedener Widerstandsorganisationen wie der Weißen Rose oder der Roten Kapelle und legt dar, wie die Tradition der Opposition gegen Hitler in beiden deutschen Staaten fortgeschrieben wurde. Zur Gedenkstätte Deutscher Widerstand gehört auch die ehemalige Hinrichtungsstätte in Plötzensee, in der bis unmittelbar vor dem Ende des Zweiten Weltkriegs über 2.500 Gegner des nationalsozialistischen Regimes ihr Leben lassen mussten.

Bronzene Generale

Simón Bolívar und José de San Martín vor der Staatsbibliothek

Vor dem Ibero-Amerikanischen Institut neben dem Haus II der Staatsbibliothek Preußischer Kulturbesitz an der Potsdamer Straße im Tiergarten erinnern zwei überlebensgroße Bronzefiguren auf grauen Granitsockeln an berühmte Heerführer im Kampf südamerikanischer Staaten gegen die spanische Kolonialmacht – Simón Bolívar (1783–1830) und José de San Martín (1778–1850). Die Denkmäler sind Staatsgeschenke von Venezuela und Argentinien an die deutsche Hauptstadt und zeigen die

Die Befreier Südamerikas von spanischer Kolonialherrschaft, Simón Bolívar (Foto) und José de San Martín, stehen als Staatsgeschenke von Venezuela und Argentinien vor dem Ibero-Amerikanischen Institut.

in ihren Heimatländern verehrten Volkshelden in Generals-
uniformen des 19. Jahrhunderts. Bolívar ist von eher zier-
licher Gestalt. Den Blick hat er ein wenig grüblerisch auf die
Passanten gerichtet. Der General trägt über der Schulter
einen Feldherrenmantel und hält eine Schriftrolle. Der Säbel,
den die rechte Hand ergreift, ist kurze Zeit nach der
Einweihung des Denkmals abgebrochen worden und befindet sich jetzt im Ibero-Amerikanischen Institut. Wörtlich lautet die Widmung auf dem Postament: „Simón Bolívar lebt
weiter in seinem Werk. Er lebt weiter in der Gemeinschaft der
Völker Lateinamerikas. Er ist lebendig in der Vereinigung der
Rassen, Kulturen und Kontinente. Rafael Caldera, Präsident
von Venezuela am 19. März 1998". Die Weihe fand nach
einem Besuch des Politikers im Ibero-Amerikanischen
Institut statt.

Das zweite Denkmal wenige Schritte entfernt feiert José de
San Martín als Befreier Argentiniens, Chiles und Perus von
der spanischen Kolonialherrschaft. Seinen Zweispitz hat er
unter den Arm geklemmt. Martín verließ seine südamerika-
nische Heimat wegen politischer Auseinandersetzungen und
ging nach Europa, wo er seinen Lebensabend verbrachte. Auf
dem Sockel ist vermerkt: „Dieses Denkmal entstand dank der
Unterstützung der deutschen Vereinigungen in Argentinien
(FAAG) und Wintershall Energia S. A. Eingeweiht durch
Fernando de la Rúa, Präsident von Argentinien 14. 11. 2001".
Der Ort für die Aufstellung der Denkmale wurde mit
Bedacht gewählt. Befasst sich doch das renommierte Ibero-
Amerikanische Institut, wie die benachbarte Staatsbibliothek
eine Einrichtung der Stiftung Preußischer Kulturbesitz, intensiv mit der Sprache, Kultur, Geschichte und politischen
Gegenwart zum einen der iberischen Halbinsel und zum
anderen jener Staaten, die früher zum spanischen und portu-
giesischen Kolonialbesitz in Lateinamerika gehörten, sich
jedoch dank der Männer um Bolívar und Martín davon
befreien konnten.

Mit Gaul Grasmus nach Paris
Der Eiserne Gustav an der Potsdamer Straße

„Wat Stresemann nich jeschafft hat, det werde ick machen" – mit diesem auf den damaligen deutschen Außenminister Gustav Stresemann gemünzten Vorsatz setzte sich am 2. April 1928 der Berliner Droschkenkutscher Gustav Hartmann (1859–1938), von seinem schon recht klapprigen Gaul namens Grasmus gezogen, auf der Reichsstraße 1 nach Paris in Bewegung. Die über 2.000 Kilometer lange Fahrt mit nur 1 PS war ein Werbezug für die Verständigung zwischen den „Erbfeinden" Deutschland und Frankreich zehn Jahre nach dem Ersten Weltkrieg und gleichzeitig eine Kampagne gegen den Niedergang des Pferdedroschkenwesens in Berlin angesichts boomender Automobilität. Als Hartmann am 4. Juni 1928, seinem 69. Geburtstag, an der Seine ankam, war er ein berühmter Mann. Auszeichnungen wurden ihm an die Brust geheftet, Empfänge veranstaltet. Die Pariser Kollegen ernannten ihn zum Ehrendroschkenkutscher. Drei Monate später, am 12. September 1928, begrüßten die Berliner ihren Gustav mit unbeschreiblichem Jubel. Heinz Rühmann setzte ihm ein rührendes Filmdenkmal, Hans Fallada machte ihn zur Romanfigur. Wegen seiner eisernen Energie und steten Pünktlichkeit mit dem Spitznamen „Eiserner Gustav" bedacht, wurde Hartmann zur Ikone des Berliner Taxiwesens. Berlin hat erst im Jahr 2000 dem mutigen Fahrensmann aus Wannsee auf der Potsdamer Straße ein Denkmal gesetzt. Die Wirtschaftsgenossenschaft Berliner Taxibesitzer sowie weitere Verbände und Vereine mussten bis zur Aufstellung des Gustav-Hartmann-Denkmals allerdings manche Widerstände von Kommunalpolitikern überwinden, dabei kostete das von Sponsoren finanzierte Bildwerk die öffentliche Hand keine Mark. Ursprünglich ins

Auge gefasste Örtlichkeiten in Wannsee, wo Hartmanns Droschke stand, im Tiergarten, am Brandenburger Tor, Unter den Linden oder im Nikolaiviertel wurden mit Hinweisen auf schon vorhandene Denkmäler oder Platzschwierigkeiten abgelehnt.

Nach zermürbendem Hin und Her fand man für die von dem Bildhauer Gerhard Rommel geschaffene Figur einen Platz mitten im Verkehrsgewühl an der Potsdamer Straße gleich am Kulturforum. Den obligatorischen Zylinder auf dem Kopf und den weiten Radmantel um die Schultern, ein Hufeisen auf der Brust, die Hände verschränkt, schaut der Eiserne Gustav, eine imposante Erscheinung mit langem Bart und aufmerksamem Blick, hinüber zur Neuen Nationalgalerie. Es ist, als ob der aus Magdeburg stammende Fuhrunternehmer aus einem Felsen herauswächst. Dass die Kutschfahrt Berlin–Paris–Berlin zu einem großen Medienspektakel wurde, muss man sich beim Anblick dieses eindrucksvollen Monuments aus Gusseisen hinzudenken.

Das Denkmal erinnert nicht nur an eine Symbolfigur vergangener Droschkenkutscher-Herrlichkeit. Es ehrt in ihm auch den Namensgeber einer Stiftung zur Unterstützung alter, verdienter, unverschuldet in Not geratener Angehöriger des Berliner Droschkengewerbes, wie es in der Gründungsurkunde vom 12. September 1928 heißt. Mit einer großzügigen Einlage hatte sich Hartmann an dem Hilfsfonds beteiligt, der auch noch heute Opfern von Unfällen und Überfällen beisteht.

Mit einer Pferdestärke fuhr Gustav Hartmann 1928 nach Paris, um ein Zeichen für die deutsch-französische Aussöhnung zu setzen. Die Werbetour hatte Erfolg, konnte allerdings den Niedergang des Pferdedroschkenwesens nicht aufhalten.

Gustav Hartmann
1859 - 1938

VII. In Tegel und Charlottenburg

Verweile in der Menschlichkeit
Die Brüder Humboldt in Tegel

Zwei Bronzefiguren, die Brüder Alexander und Wilhelm von Humboldt, stehen seit 1997 am Tegeler Hafen, nicht weit vom Humboldt-Schloss an der Karolinenstraße entfernt. Der eine hantiert mit einem Sextanten, der andere hält ein aufgeschlagenes Buch in der Hand. Jeder schaut in eine andere Richtung. Zwischen den beiden macht sich ein Affe über Südfrüchte her, ein doch recht exotisches Symbol für die Forschungsreisen, die Alexander von Humboldt bis (fast) ans Ende der Welt gemacht hat. Der Bildhauer Detlef Kraft hat die Brüder, die seit 1883 vor der nach ihnen benannten Universität Unter den Linden recht gravitätisch und unangreifbar thronen, vom Sockel geholt. Volksnähe ist gewollt, blank geriebene Stellen vor allem bei dem Affen deuten darauf, dass die Gruppe gut angenommen wird. Ihr besonderer Charme besteht darin, dass Betrachter die gleiche Augenhöhe haben wie die Bronzemänner. Bei den Brüdern hat der Bildhauer auf Porträtähnlichkeit verzichtet. Der Naturforscher Alexander beziehungsweise der Kulturpolitiker und Universitätsgründer Wilhelm von Humboldt haben Allerweltsgesichter, so fällt eine Identifizierung leicht. Schrifttafeln informieren über die dargestellten Personen, und in dem Buch, das Wilhelm von Humboldt in der Hand hält, liest man die Aufforderung an den Betrachter: „Verweile in der Menschlichkeit, gründe dich auf Gerechtigkeit".
Um die Erinnerung an die wohl berühmtesten Tegeler wachzuhalten, hatten der Unternehmer Alfred Gebauer und sein Sohn Steffen das Denkmal in Auftrag gegeben. Der Stifter hat einiges zu Alexander von Humboldt publiziert und ist auch Sammler von Medaillen und anderen

Eine ebenerdig aufgestellte Bronzegruppe, die so gar nichts mit den vor der Universität platzierten Geisteshelden gemein hat, erinnert in Tegel an die Brüder Humboldt.

Hinterlassenschaften der Familie. Ihn verwunderte es vor einigen Jahren, dass die berühmten Gelehrten auf der ganzen Welt, nicht aber in Tegel geehrt werden, wo doch immerhin das als Museum genutzte und mit vielen Erinnerungsstücken an die berühmten Bewohner ausgestattete Humboldtschlösschen, ein Bau von Schinkels Meisterhand, und der Landschaftspark an sie erinnern. „Hier brachte ich meine Kindheit und einen großen Teil meiner Jugend zu. Die Gegend ist wenigstens die hübscheste um Berlin; auf der einen Seite ein großer Wald, auf der anderen von Hügeln, die schön bepflanzt sind, eine Aussicht auf einen ausgedehnten, von mehreren Inseln durchschnittenen See. Um das Haus und fast überall sind hohe Bäume, die ich in meiner Kindheit erst in mäßiger Stärke sah und die nun mit mir emporgewachsen sind", erinnerte sich Wilhelm von Humboldt, der 1835 in Tegel starb und dort, damals noch weit außerhalb der preußischen Hauptstadt, gemeinsam mit seinem Bruder Alexander und anderen Familienangehörigen bestattet ist. Die Grabstätte der Eltern befindet sich in der Dorfkirche von Weißensee.

Wenn du dich wendest, schweige nicht!
Gedenkstätte Plötzensee

„Zum Gedenken an die Opfer der Hitlerdiktatur der Jahre 1933–1945" lautet die Inschrift auf einer zwanzig Meter langen und fünfeinhalb Meter hohen Mauer auf dem Gelände des zwischen 1869 und 1879 erbauten Zuchthauses Plötzensee. Hinter der von Bernd Grimmek gestalteten Wand aus grob behauenen Natursteinquadern verbirgt sich ein niedriges Gebäude aus roten Ziegeln mit zwei dunklen Räumen. Ein wenig abseits erblickt der Besucher eine Steinurne, die Erde aus Konzentrationslagern enthält – Symbol dafür, dass unterm Hakenkreuz blutiger Terror und schreiendes Unrecht in Plötzensee und an vielen anderen Orten geschehen ist.

In der Haftanstalt ließ das NS-Regime viele seiner Gegner hinrichten. Die Zahl der exekutierten „Volksschädlinge", wie die Frauen und Männer von der nationalsozialistischen Propaganda herabgewürdigt wurden, stieg kontinuierlich von Jahr zu Jahr. Vor den beiden Fenstern im Hintergrund eines dieser Räume stecken in einem Eisenträger noch die Haken, an denen die zum Tode Verurteilten aufgeknüpft wurden. Hier verrichtete der Henker auch mit dem Fallbeil seine grausige Arbeit.

Zweitausendfünfhundert Menschen wurden in Plötzensee ermordet, die meisten, weil sie Widerstandsgruppen angehörten oder unter der Anschuldigung des Hochverrats, Feindbegünstigung, Wehrkraftzersetzung und so genannter Volkszersetzung. Unter ihnen befanden sich Intellektuelle und Geistliche, Arbeiter, Studenten und Professoren, Angehörige von Widerstandsgruppen wie der Roten Kapelle oder des Kreisauer Kreises. Hier wurden auch führende Köpfe und Mitwisser des gescheiterten Attentats vom 20. Juli 1944 ermordet. An sie wird im ehemaligen Bendlerblock in der Stauffenbergstraße gedacht.

Neben diesen Personen, die das „andere Deutschland" verkörperten, mussten auch viele ausländische Kriegsgefangene in Plötzensee ihr Leben lassen. Als die Haftanstalt im September 1943 bei einem Bombenangriff teilweise zerstört worden war, fand eine regelrechte Blutorgie statt, bei der 186 Gefangene in einer einzigen Nacht erhängt wurden. Damit wollte man offensichtlich ihrer Flucht aus der stark beschädigten Anstalt vorbeugen. Nach dem 20. Juli 1944 inszenierte das NS-Regime unter Leitung des berüchtigten Präsidenten des Volksgerichtshofs, Roland Freisler, im Kammergerichtsgebäude an der Potsdamer Straße (nach dem Krieg Sitz des Alliierten Kontrollrats) eine Serie von Schauprozessen, in deren Ergebnis bis zum 9. April 1945 mindestens 86 Menschen in Plötzensee ermordet wurden. Freisler schrie bei den Verhandlungen die Angeklagten rüde an und setzte sie massiv unter Druck, konnte sie aber nicht in die Knie zwingen. Hitler ließ das Verfahren sowie die Exekutionen filmen. Aus Angst vor unerwünschten Reaktionen in der Bevölkerung hielt man die Aufnahmen jedoch unter Verschluss. Die letzten Hinrichtungen fanden am 18. April 1945 statt. Dabei verloren 28 Menschen ihr Leben, wenige Tage später war Berlin befreit und der Krieg beendet.

Viele Plötzenseer Bauten wurden im Zweiten Weltkrieg ganz oder teilweise zerstört und nach 1945 abgetragen. Darunter befand sich auch das Haus III, das so genannte Totenhaus, in dem die Verurteilten ihre letzten Stunden verbrachten. Der daneben gelegene Hinrichtungsschuppen blieb erhalten. 1951 wurde das Gelände von der übrigen Strafanstalt abgetrennt, um hier eine Gedenkstätte zu schaffen, die im September 1952 eingeweiht wurde. Der Zutritt erfolgt durch eine von zwei Natursteinpfeilern flankierte Öffnung, die in die sechs Meter hohe Gefängnismauer am Hüttigpfad gebrochen wurde. Der Ort der Erinnerung, der zur Gedenkstätte Deutscher Widerstand in der Stauffenbergstraße gehört, kommt ohne viele erklärende Tafeln und Bilder aus. Auf ihn trifft zu, was auf einem Gedenkstein im Jüdischen Friedhof in der Schönhauser Allee steht – „Hier stehst du schweigend. Doch wenn du dich wendest, schweige nicht". Selbst sonst lärmende Schulklassen werden in dem ehemaligen Hinrichtungshof stumm und nachdenklich.

Löwe und Ritter als Wächter
Erinnerung an die zwischen 1864 und 1945 Gefallenen

Auf dem als Grünanlage gestalteten Platz Alt Lietzow in Charlottenburg steht seit 1875 ein Denkmal, das nicht nur an die Gefallenen der so genannten Einigungskriege von 1864, 1866 und 1871 erinnert, sondern auch an die Toten des Ersten und Zweiten Weltkrieges. Das Kriegerdenkmal besteht aus einem sarkophagähnlichen Unterbau aus Sandstein, der von Hubert Stier stammt, und einem ruhenden Löwen, der von Albert Wolff modelliert wurde. Solche Raubkatzen waren als Wächter beliebte Motive. Man kann sie unter anderem auf dem Grabmal für den 1813 gefallenen preußischen General Scharnhorst auf dem

Invalidenfriedhof oder auf dem Sockel des Blücher-Denkmals im Prinzessinnengarten Unter den Linden sehen. Die Inschrift auf dem Sockel erklärt: „Den in den glorreichen Kämpfen für König und Vaterland 1864, 66 und 71 gefallenen Kriegern dieser Stadt. Die Bürgerschaft Charlottenburgs 1875". Das Kriegerdenkmal ist eines der wenigen noch heute erhaltenen Anlagen dieser Art, und es ist ein Beispiel dafür, dass solche Erinnerungsmale ziemlich unbekümmert durch neue Zueignungen umgewidmet und aktualisiert wurden.

In der Jebenstraße vor der Westseite des Bahnhofs Zoologischer Garten steht dem ehemaligen Landwehr-Kasino gegenüber ein weiteres Kriegerdenkmal. Gestaltet von Hans Dammann und Hans Rochlitz, zeigt die 1927 enthüllte Figur einen Ritter mit Eisenrüstung, der ein riesiges Schwert vor sich auf den Boden stellt. Der mittelalterliche Krieger schützt sich durch einen mit einem Kreuz geschmückten Schild. Ein langer Mantel bedeckt den Wächter, mit dem der Toten des Reserve-Landwehr-Offiziers-Corps Berlin, so die Sockelinschrift, in den Jahren 1914 bis 1918 gedacht wird. Die lateinische Inschrift „Triariis bello occisis" lässt sich mit „Den im Krieg Gefallenen" übersetzen.

Es verwundert, dass knapp zehn Jahre nach dem Ersten Weltkrieg ein solch trotzig dreinblickender, heldenhaft aufgefasster Bronzeritter auf den Sockel gestellt wurde. Dies in einer Zeit, da Künstler wie Käthe Kollwitz und Ernst Barlach auf ganz andere Weise die Schrecken von Krieg und Gewalt darstellten. Man kann nur vermuten, dass die Landwehr-Offiziere mit einem antimilitaristischen Mahnmal niemals einverstanden gewesen wären. Die Ritterfigur indes sorgte fürs Überleben in der Nazizeit. Ein Antikriegsdenkmal der genannten Künstler, zumal an diesem prominenten Platz, wäre nach 1933 sicher abgerissen worden.

An verschiedenen Stellen in Berlin, etwa auf der Haupt-
straße in Schöneberg, sind figürlich gestaltete Krieger-
denkmäler, Pyramiden oder Gedenksteine aufgestellt. Drei
Militärdenkmäler stehen auf dem Alten Garnisonfriedhof
Columbiadamm 122 in Neukölln. Sie erinnern an die Toten
der Kriege von 1866 und 1870/71. Vor einer Pyramide aus
rotem Granit senkt ein bronzener Soldat eine Fahne.
Darüber ein Adler auf einem Brustpanzer, der Fahnen und
Waffen bewacht. Auf der Rückseite ist eine Glocke mit der
Inschrift „Treue um Treue. Möge diese Glocke allzeit zum
Frieden mahnen. Unseren toten Fallschirmjägern
Kameradschaft Berlin" abgebildet, dazu eine weitere
Inschrift: „Unseren unvergessenen Kameraden der deutschen Wehrmacht zum Gedächtnis 1939–1945". Das zweite Kriegerdenkmal mit einem gekrönten Adler obenauf ist
den Toten des deutsch-österreichischen Kriegs von 1866
gewidmet, das dritte erinnert an französische Soldaten, die
1870/71 in Berlin verstorben sind.

Dem Besten, Größten und Berühmten
Der Große Kurfürst vor dem Schloss Charlottenburg

Andreas Schlüters berühmtes Denkmal des Großen
Kurfürsten Friedrich Wilhelm, der von 1640 bis 1688
regierte, gibt es in Berlin gleich mehrfach – im Ehrenhof
des Schlosses Charlottenburg steht seit 1951 das Original
aus grün patinierter Bronze, flankiert von vier Sklaven.
Eine Kopie auf dem originalen Marmorsockel ohne die
Assistenzfiguren füllt die Große Kuppelhalle des 1904
eröffneten Kaiser-Friedrich-Museums, heute Bodemuseum. Außerdem steht im Märkischen Museum ein ver-
kleinerter Abguss, und auf einer Terrakottaplatte an der
Fassade des Roten Rathauses ist zu erkennen, wie der
Bildhauer König Friedrich I. das Modell zeigt.

Dargestellt ist der Große Kurfürst hoch zu Ross, angetan mit einem römischen Lederharnisch, der von einem leichten Mantel bedeckt wird. Der königliche Auftraggeber ließ eine gekrönte Wappentafel samt lateinischer Widmung anbringen, die in der Übersetzung lautet: „Dem erhabenen Friedrich Wilhelm dem Großen/Des Heiligen römischen Reiches Erzkämmerer und Kurfürst von Brandenburg/Seinem, des Vaterlandes und der Heere Vater/Dem Besten, Größten und Berühmten/Da er ein unvergleichlicher Held/zu seinen Lebzeiten die Liebe des Erdkreises/Ebenso wie der Schrecken der Feinde gewesen/Hat dieses Monument des Gedenkens und des ewigen Ruhmes/Freudig und nach Verdienst errichtet/Friedrich/Der erste Preußenkönig aus seinem Stamm/Im Jahre nach Christi Geburt 1703". Die seitlichen Sockelreliefs stellen die Personifikation des Kurfürstentums Brandenburg mit Kurhut und Zepter sowie die thronende Borussia als Symbolfigur des eben gegründeten Königreichs Preußen dar.

Friedrich I. hatte das von Andreas Schlüter zwischen 1696 und 1698 geschaffene und 1700 in einem Stück von Johann Jacobi in Berlin gegossene Denkmal, das erste dieser Art in Deutschland, auf die Lange Brücke (Kurfürsten- oder Rathausbrücke) stellen lassen. Das 5,60 Meter hohe Bildwerk, eine Inkunabel barocker Monumentalplastik, war im Zweiten Weltkrieg zum Schutz vor Bombenangriffen abgebaut worden. 1947 versank der tonnenschwere Koloss beim Rücktransport vom Auslagerungsort im Tegeler See. Erst 1949 konnte das Monument geborgen und 1951 im Ehrenhof des damals noch zerstörten Schlosses Charlottenburg aufgestellt werden. Eine Rückgabe nach Ost-Berlin, an den Ursprungsort, kam in Zeiten des Kalten Kriegs nicht infrage, auch später haben West-Berliner Stellen diese Forderung stets abgelehnt.

Mit dem Berliner Reiterdenkmal wurde ein Herrscher

geehrt, der die nach dem Dreißigjährigen Krieg gewachsene Kraft des Kurfürstentums Brandenburg symbolisier-
te. Die antikisierende Kostümierung kontrastiert zu der
modischen Allongeperücke, die Friedrich Wilhelm als
barocken Potentaten charakterisiert. An den Sockel geket-
tete Sklaven recken dem Reiter flehentlich die Hände entgegen. Die Bildhauer Herfert, Nahl, Heintzy und Becker
waren an der Ausformung der Körper beteiligt. Die
Begleitfiguren wurden 1708 und 1709 dem Denkmal hin-
zugefügt, als Schlüter wegen des Zusammenbruchs des
Münzturms am Berliner Schloss bereits in Ungnade gefallen war.

Das Reiterdenkmal unterstreicht das gewachsene Selbst-
bewusstsein Brandenburg-Preußens und erinnert an
einen Herrscher, der das zerklüftete Land mit starker
Hand regierte, die Folgen des Dreißigjährigen Krieges
überwand, französische Hugenotten ins Land holte,
Berlin unter Leitung von Johann Gregor Memhardt zu
einer Festung mit Wällen, Bastionen und Toren ausbaute
und 1661 die kurfürstliche Bibliothek gründete, aus der
die Staatsbibliothek hervorging. Darüber hinaus trat der
selbstbewusste Herrscher als Sammler von antiken
Plastiken und Münzen, Gemälden und anderen Kunst-
gegenständen sowie als Bauherr von Lustschlössern in
und um Berlin in Erscheinung. Eine Gedenksäule für den
Großen Kurfürsten und seine Gemahlin Luise Henriette
von Oranien, die Namensgeberin von Oranienburg, steht
auf dem Henriettenplatz, stadtauswärts am Ende des
Kurfürstendamms.

*Der Große Kurfürst, der seit 1951 im Charlottenburger Schloss-
hof reitet, gehört eigentlich auf die Schlossbrücke. Versuche, das
Bronzemonument an seinen Ursprungsort zurückzuholen,
scheiterten bisher.*

Das von niederländischen Unternehmen in Berlin gestiftete und zum 300. Todestag des Hohenzollern 1988 errichtete Denkmal aus Granit zeigt ovale Porträtreliefs des Paares, das 1646 in Den Haag geheiratet hatte. Vor den Hugenotten waren es vor allem von Friedrich Wilhelm und Luise Henriette nach Brandenburg geholte Niederländer, die die „märkische Streusandbüchse" kultivierten.

Pompöse Torwächter

Friedrich I. und Sophie Charlotte am Charlottenburger Tor

König Friedrich I. „in" Preußen hätte gut und gern den Beinamen „der Prächtige" verdient, so prunkvoll (wie ruinös) war seine Hofhaltung. Der 1657 als Sohn des Großen Kurfürsten Friedrich Wilhelm geborene Hohenzoller bestieg 1688 als Kurfürst Friedrich III. den brandenburgischen Thron. Zehn Jahre später hatte der prestigeorientierte Herrscher seine „Standeserhöhung" als König fest im Blick, die mit der Krönung am 18. Januar 1701 in Königsberg, der Hauptstadt des souveränen Herzogtums Preußen, vollzogen wurde. Noch als Kurfürst gründete er – unter tatkräftiger Fürsprache seiner mit Leibniz freundschaftlich verbundenen Gattin – die Universität in Halle sowie die Akademien der Künste und der Wissenschaften in Berlin. Er befahl den barocken Umbau des Berliner Schlosses, ließ das Zeughaus als Waffenarsenal errichten und Schloss Lietzenburg bauen, das 1705 nach seiner im gleichen Jahr verstorbenen Gemahlin in Charlottenburg umbenannt wurde.

In dem nach ihr benannten Schloss unterhielt die erste preußische Königin Sophie Charlotte einen berühmten Musenhof. Am Charlottenburger Tor hat sie sich als Pendant ihres Gemahls, König Friedrichs I., in prächtiger Robe aufgebaut.

Zwei überlebensgroße Bronzefiguren des prachtliebenden Königs und seiner Gemahlin Sophie Charlotte kündigen auf halbem Weg zwischen Brandenburger Tor und Charlottenburg von Preußens Gloria. Von dem Bildhauer Heinrich Baucke zwischen 1905 und 1908 geschaffen, schmückt das Herrscherpaar, dem Charlottenburg seinen Aufstieg im frühen 18. Jahrhundert verdankt, eine aufwändig gestaltete neobarocke Steinkulisse. Die pompöse Kolonnade mit reichem Skulpturenschmuck steht an der Stelle einer Holzklappbrücke über den Landwehrkanal, die Ende des 19. Jahrhunderts nicht mehr sicher war. Daraufhin beschloss die damals noch selbstständige Stadt Charlottenburg einen Neubau nach Plänen des Architekten Bernhard Schaede. Mit der Brückendekoration, für die sich der Name Charlottenburger Tor eingebürgert hat, schuf er ein selbstbewusstes, neobarockes Pendant zum klassizistischen Brandenburger Tor.

Von den Schultern des ersten Preußenkönigs fällt ein gewaltiger Hermelinmantel, das Zeichen seiner neu erworbenen königlichen Würde. Das perückenbewehrte Haupt ist mit einem vergoldeten Lorbeerkranz bedeckt, die rechte Hand stützt sich auf das Zepter. Die Königin trägt eine hoch gesteckte Frisur ebenfalls mit einem vergoldeten Kranz sowie eine kostbare Hofrobe unterm Hermelinmantel. Sie weist auf ein Modell des Schlosses Charlottenburg, in dem sie bis zu ihrem frühen Tod im Jahr 1705 einen Musenhof unterhielt. Allerdings hat der Bildhauer ein wenig gemogelt, denn der Kuppelturm wurde erst nach dem Tod Sophie Charlottes vollendet. Beide Figuren blicken einander an und bilden damit kompositorisch ein Ensemble. Ursprünglich stand die Brückenkolonnade näher zueinander, doch wurde sie 1937 im Zusammenhang mit dem von Hitler befohlenen Ausbau der Ost-West-Achse weiter auseinandergerückt.

Landesvater, Gesetzgeber, Feldmarschall
Friedrich I., Friedrich II. und Prinz Albrecht

Vor dem Neuen Flügel des Charlottenburger Schlosses haben zwei Preußenkönige Aufstellung genommen – Friedrich I. und sein Enkel Friedrich II., genannt der Große. Bei den Bronzestandbildern handelt es sich um Abgüsse berühmter Originale, die nicht mehr erhalten sind. Das erste Denkmal zeigt den Bauherren des Schlosses, Friedrich I. Es entstand 1698 nach einem Modell von Andreas Schlüter zu der Zeit, als sich Kurfürst Friedrich III. um königliche Würden bemühte, wurde allerdings später etwas verändert. Der Herrscher trägt unter dem Hermelinmantel einen „römischen" Brustpanzer. Der Erwerb der Königswürde im Jahr 1701 ist durch das Zepter angedeutet, das Friedrich auf den Helm zu seinen Füßen stellt. Die Geschichte des Denkmals wird in Kurzfassung auf der Rückseite des Sockels erzählt, der mit der Königskrone und dem preußischen Adler sowie der Devise des 1701 gestifteten Schwarzen Adlerordens „Suum Cuique" (Jedem das Seine) geschmückt ist: „Statue von Andreas Schlüter 1698 für den Hof des Zeughauses bestimmt. 1801 von Friedrich Wilhelm III. der Stadt Königsberg i. Pr. geschenkt. Auf einem von Johann Gottfried Schadow entworfenen Sockel am Schloss aufgestellt – seit 1945 verschollen. Neu gegossen 1972 nach der Form der Staatlichen Gipsformerei zu Berlin mit tätiger Hilfe von Waldemar Grzimek als Geschenk von Gerhard Marcks."
Wenige Schritte weiter steht ein Nachguss des von Johann Gottfried Schadow geschaffenen Denkmals Friedrichs des Großen in Stettin. Minister Graf von Hertzberg hatte den Bildhauer beauftragt, eine Marmorstatue des Königs in „dem militairischen Costum worin man ihn immer sah"

zu schaffen. Das 1793 in Stettin enthüllte Denkmal zeigt den König als Landesherren, Schlachtenlenker und Gesetzgeber. „Mit dem Feldmarschallstabe, welchen er auf die Gesetzbücher stützt, ist die Weisheit und Gerechtigkeit seiner Befehle angedeutet", schrieb der Bildhauer und fügte hinzu, besser wäre es gewesen, auf den Hermelinmantel zu verzichten, denn Uniform, Hut und Königsmantel würden sich nicht vertragen. „Auch zähle ich diese Arbeit nicht zu den gelungenen; die Drapirung des Mantels war ein mühseliges Unternehmen".

Das Stettiner Original ging verloren, es existieren neben verkleinerten Ausführungen nur noch 1:1-Kopien, so eine Arbeit von Paul Tübbecke in der Kleinen Kuppelhalle des Bodemuseums. Ein Bronzeabguss steht im Potsdamer Neuen Palais, und schließlich gibt es noch die Kopie von 1979 als Pendant von Schlüters Friedrich-Statue vor dem Neuen Flügel des Schlosses Charlottenburg.

Das von Eugen Boermel und Conrad Freyberg geschaffene und 1901 enthüllte Denkmal des Prinzen Albrecht von Preußen (1809–1872) auf einer kleinen Grünanlage an der Schlossstraße, der barocken Residenz gegenüber, stellt den jüngsten Bruder Kaiser Wilhelms I. stehend als Reitergeneral mit Schirmmütze und hohen Stulpenstiefeln dar. Aus dem aufgeschlagenen, pelzgefütterten Mantel schaut der Säbel heraus, in der rechten Hand hält der Generalfeldmarschall eine Reitpeitsche. Die Widmung vorn zwischen Königskrone, Marschallstäben und dem auf Fahnen sitzenden preußischen Adler lautet: „Dem fürstlichen Reiterführer und ritterlichen Prinzen, in Unterthänigkeit und treuer Verehrung gewidmet von seinen Kameraden 1901." Der Sockel aus rotem Granit wird durch Bronzeplatten geschmückt. Die nach Vorlagen des Malers und Bildhauers Conrad Freyberg, einem Regimentskameraden des Prinzen, gestalteten Reliefs schildern Episoden aus dem Leben des Heerführers im

*Großvater und Enkel friedlich im Charlottenburger Schloss-
garten vereint. Sowohl Friedrich I. als auch Friedrich II. sind
Bronzenachgüsse der von Schlüter und Schadow geschaffenen
Originale, die zu den Kriegsverlusten gehören.*

Deutsch-Französischen Krieg von 1870/71. Der jüngere
Bruder war Besitzer des Prinz-Albrecht-Palais in der
Wilhelmstraße, das während der nationalsozialistischen
Diktatur zur Gestapozentrale und Sitz weiterer Unter-
drückungsbehörden ausgebaut und nach dem Zweiten
Weltkrieg dem Erdboden gleich gemacht wurde. Auf dem
Gelände dokumentiert die Topographie des Terrors natio-
nalsozialistische Verfolgungs- und Vernichtungspolitik.
Ein Museumsgebäude ist im Entstehen.

Tod eines Demonstranten

Relief an der Deutschen Oper erinnert an Benno Ohnesorg

Bei Protesten gegen den Staatsbesuch des Schahs von Persien in West-Berlin wurde am 2. Juni 1967 an der Krummen Straße im Bezirk Charlottenburg, unweit der Deutschen Oper, der 26-jährige Student Benno Ohnesorg von einem Polizisten erschossen. Angeblich handelte der Beamte in Notwehr. An das erste Opfer der Studentenunruhen 1967/68 erinnert ein von Alfred Hrdlicka gestaltetes überlebensgroßes Bronzerelief, das 1990 neben der Deutschen Oper in der Bismarckstraße enthüllt wurde. Dargestellt sind prügelnde Polizisten und ein von ihnen auf den Boden niedergestreckter Mann. Die Inschrift unter dem Relief „Der Tod des Demonstranten" erklärt: „Am 2. Juni 1967 wurde der Student Benno Ohnesorg im Hof des Hauses Krumme Straße 66 während einer Demonstration gegen den tyrannischen Schah des Iran von einem Polizisten erschossen. Sein Tod war ein Signal für die beginnende studentische und außerparlamentarische Bewegung, die ihren Protest gegen Ausbeutung und Unterdrückung besonders in den Ländern der Dritten Welt mit dem Kampf um radikale Demokratisierung im eigenen Land verband".

In politisch aufgeheizter Atmosphäre ging die Polizei 1967 gegen Protestierer vor, die Farbbeutel, Stinkbomben, Steine, Eier und andere Gegenstände auf die Wagenkolonne des Schahs warfen und Parolen gegen sein mörderisches Regime skandierten.

Es dauerte 23 Jahre, bis vor der Deutschen Oper in der Bismarckstraße eine Gedenktafel für den 1967 bei einer Protestaktion gegen den Schah getöteten Studenten Benno Ohnesorg aufgestellt werden konnte.

Der Herrscher ließ sich nicht beirren, nahm an der Aufführung von Mozarts „Zauberflöte" teil und ließ sich von „Jubelpersern" beklatschen.

Den 5.000 eingesetzten Polizisten gelang es, die Staatsvisite durch den Einsatz von Gummiknüppeln und Wasserwerfern abzusichern sowie Demonstranten und unbeteiligte Schaulustige in die von der Bismarckstraße abgehende Krumme Straße zu drängen. Hier wurde Ohnesorg in einem Handgemenge tödlich getroffen. Ein Verfahren gegen den Polizisten, der die Schüsse abgegeben hatte, endete aus Mangel an Beweisen mit Freispruch.

„Die Polizei, durch Rowdies provoziert, war gezwungen, scharf vorzugehen und von ihren Schlagstöcken Gebrauch zu machen. Ich sage ausdrücklich und mit Nachdruck, daß ich das Verhalten der Polizei billige und daß ich mich durch eigenen Augenschein davon überzeugt habe, daß sich die Polizei bis an die Grenze des Zumutbaren zurückgehalten hat", so der damalige Regierende Bürgermeister Heinrich Albertz.

Später setzte Nachdenklichkeit über die Ursachen der Studentenproteste und der mächtig anschwellenden außerparlamentarischen Opposition ein, die unter dem Kürzel „68er" zusammengefasst wird. „Der Tod des Studenten Benno Ohnesorg und das Attentat auf Rudi Dutschke mit all seinen Folgen hätte vielleicht vermieden werden können, wenn wir Älteren all das, was wir ja zum großen Teil selbst erkannt hatten, auch offen zur Sprache gebracht und die nötigen Konsequenzen rechtzeitig gezogen hätten. Universitätsreformen, das Wagnis von mehr Demokratie in allen Lebensbereichen, die Mithaftung für das, was in Vietnam und in großen Teilen der Dritten Welt vor aller Augen lag, waren ja im Grunde unbestreitbar notwendig", so derselbe Heinrich Albertz ein paar Jahre später.

Industrielle im Abseits

Werner von Siemens und Alfred Krupp

Die bronzenen Standbilder des Erfinders Werner von Siemens (1816–1892) und des Industriellen Alfred Krupp (1812–1887) standen ursprünglich vor der Technischen Hochschule Charlottenburg und können heute auf dem Gelände der Technischen Universität Berlin an der Straße des 17. Juni besichtigt werden. Der Bildhauer Wilhelm Wandscheider, Gewinner eines künstlerischen Wettbewerbs, zeigt den stehenden Siemens überlebensgroß. Die rechte Hand stützt sich auf die von ihm erfundene Dynamomaschine, die hinter ihm aufgestellt ist. Initiatoren dieses und des Krupp-Denkmals waren der Verein Deutscher Ingenieure (VDI), der Verein Deutscher Eisenhüttenleute und der Verein Deutscher Eisen- und Stahlindustrie. Die Aufstellung fand 1899 im Rahmen der Feiern zum hundertjährigen Bestehen der Technischen Hochschule statt.

Ursprünglich stand Siemens, eine in Berlin überaus populäre und am kaiserlichen Hof hoch angesehene Persönlichkeit, auf einem hohen Granitsockel, der 1966 beim Umzug des Denkmals in den Universitätskomplex zwischen Marchstraße, Straße des 17. Juni und Landwehrkanal durch einen schlichten Stein ersetzt wurde. Die heutige Aufstellung des 1888 in den Adelsstand erhobenen Industriellen und Erfinders, dem Berlin auch den Plan zum Bau der 1902 eröffneten U-Bahn zu verdanken hat, lässt die ursprüngliche Monumentalität dieses Ensembles kaum noch ahnen.

Ernst Herter zeigt den Industriellen Alfred Krupp ebenfalls stehend, mit geöffnetem Gehrock und hohen Stiefeln. Hinter ihm sind Eisen- und Stahlerzeugnisse seiner Rüstungsfabrik in Essen aufgeschichtet. Die Konzeption korrespondiert mit der Siemens-Statue, beide Männer sahen sich in der ursprünglichen Aufstellung ja auch an. Mit dem Standbild wollte der VDI „den bedeutenden Menschen, den Wohltäter und väterlichen Freund seiner Arbeiter" ehren.

Die repräsentative Aufstellung der Bronzestandbilder gleichsam als Wächter vor der damaligen Technischen Hochschule Charlottenburg sollte nicht nur die herausragende Bedeutung der beiden Großindustriellen für die Entwicklung neuer Technologien unterstreichen, die das Deutsche Reich zu einer der führenden Wirtschafts- und natürlich auch Militärmächte der damaligen Zeit werden ließen, sondern auch ihre Verdienste um die Ausbildung des wissenschaftlichen Nachwuchses würdigen. Bei aller Ambivalenz der Rolle Alfred Krupps als mächtigsten Rüstungsmagnaten der Kaiserzeit – das Asyl in einem schlecht beleuchteten Treppenhaus der TU Berlin wird seiner Bedeutung mitnichten gerecht, zumal auch eine erklärende Tafel fehlt.

Ein Opfer der Staatsräson
Cemal Altun

In der Charlottenburger Hardenbergstraße wurde 1996 ein Mahnmal für Cemal Altun (1960–1983) enthüllt, das erste in Deutschland für einen toten Asylbewerber. Aus Angst, in seine Heimat, die von Militärs diktatorisch beherrschte Türkei, abgeschoben und dort gefoltert oder gar zum Tode verurteilt zu werden, war Altun am 30. August 1983 vor den Augen der Polizisten aus dem sechsten Stock des Berliner Verwaltungsgerichts, in dem die Anhörung über seinen Fall stattgefunden hatte, in den Tod gesprungen.

Die von Akbar Behkalam geschaffene Stele aus Granit zeigt die Umrisse eines in die Tiefe stürzenden Menschen

– Sinnbild für die Verzweiflungstat des in die Enge getriebenen Asylbewerbers. Cemal Altun, der bereits vom zuständigen Amt als Asylberechtigter anerkannt war, saß in West-Berliner Abschiebehaft und erwartete Schlimmstes. Er war ein politisches Opfer der Staatsräson und der Mühen der damaligen Bundesregierung, gute Beziehungen mit dem NATO-Partner Türkei zu pflegen, koste es was es wolle. Bundesinnenminister Zimmermann forderte die Abschiebung des Mannes, der in der Türkei beschuldigt wurde, einen Attentäter und die Tatwaffe in seiner Wohnung versteckt zu haben. Altun hat diesen Vorwurf immer bestritten. Zimmermann begründete seine Haltung mit dem „Interesse der Fortführung einer nach wie vor guten Zusammenarbeit mit der Türkei auf polizeilichem Gebiet, aber auch im Interesse der Glaubwürdigkeit des Auslieferungsverkehrs mit der Türkei insgesamt".

Der Fall erregte große Empörung und internationales Aufsehen. Er zeigte, dass die Bundesrepublik Deutschland für politisch Verfolgte wie Altun kein sicheres Zufluchtsland war. Die Internationale Liga für Menschenrechte erklärte, die „Ignoranz der Justiz und der Opportunismus der Bundesrepublik Deutschland waren stärker als sein Durchhaltevermögen und unser Engagement". Es dauerte 13 Jahre, bis das Mahnmal, das aus Spendenmitteln finanziert und vom Künstler ohne Honorar geschaffen wurde, am Ort des dramatischen Geschehens aufgestellt werden konnte.

VIII. In Kreuzberg, Tempelhof und Neukölln

Künftigen Geschlechtern zur Nacheiferung
Das Denkmal auf dem Kreuzberg

Nach dem Ende der Befreiungskriege von 1813 bis 1815 erfasste nicht nur König Friedrich Wilhelm III. patriotische Begeisterung. Die Zeit für identitätsstiftende Denkmäler war reif. Karl Friedrich Schinkel plante unter anderem einen „Brunnen der Begeisterung", einen Dom zur Ehrung der Krieger und andere Monumente. Ausgeführt wurden neben der Neuen Wache Unter den Linden dann allerdings „nur" verschiedene Gedenksäulen zur Erinnerung an bedeutende Schlachten. Höhepunkt ist das 1821 eingeweihte Nationaldenkmal auf dem Kreuzberg. Das verwendete Gusseisen war als „patriotischer" Stoff beliebt, so wie auch der „gotische Styl" als vaterländisch und altehrwürdig galt. Schinkels Eisenturm hat einen kreuzförmigen Grundriss. Als Hauptinschrift bestimmte Friedrich Wilhelm III. folgende Widmung ohne Punkt und Komma: „Der Koenig dem Volke das auf seinen Ruf hochherzig Gut und Blut dem Vaterlande darbrachte den Gefallenen zum Gedächtnis den Lebenden zur Anerkennung den künftigen Geschlechtern zur Nacheiferung."
Auffällig an diesem Denkmal ist das Stilgemisch. Neogotische Architekturformen wie Spitzbögen, Fialen und Krabben sind mit Figuren kombiniert, die sich an griechische und römische Vorbilder anlehnen.

Der sechs Jahre nach den Befreiungskriegen auf dem Kreuzberg eingeweihte Gedenkturm verbindet gotische und klassizistische Stilmerkmale.

Die Nischen sind, wie der Baumeister schrieb, „mit einer kolossalen Statue ausgefüllt, in welcher der Genius einer Schlacht charakterisiert ist. Der Ausdruck des Kopfes, das gewählte Alter, das Kostüm, die aus den Ereignissen entlehnten Attribute und endlich auch manche Porträt-Ähnlichkeiten haben die Motive zu einer mannigfaltigen Charakteristik und Bedeutsamkeit der Gestalten hergegeben, über denen die Architekturmasse des Denkmals nur den schützenden und zur Verehrung errichteten Baldachin abgibt".

Jede Person symbolisiert eine bedeutende Schlacht. Auf diese Weise werden zwölf für Preußen erfolgreiche Waffengänge gewürdigt – von Groß Görschen am 2. Mai 1813 bis Belle Alliance (Waterloo) am 18. Juni 1815. Bemerkenswert ist, dass die Bildhauer Rauch, Tieck und Wichmann den in den Nischen stehenden Heldinnen und Helden Köpfe berühmter Zeitgenossen gegeben haben. So gleicht der Landwehrmann als Symbolfigur für die Schlacht von Groß Beeren dem Kronprinzen Friedrich Wilhelm, ab 1840 König Friedrich Wilhelm IV. Andere Figuren tragen die Gesichtszüge der Generale Blücher, Bülow und Yorck. Die bereits 1810 verstorbene Königin Luise wurde von Christian Daniel Rauch als „Viktoria von Paris" dargestellt.

Solange die Gegend um das Kreuzbergdenkmal unbebaut war, sah man das Monument auch von weitem, was sich mit der Besiedlung des Bezirks änderte. 1878 wurde unter Leitung des Architekten Johann Heinrich Strack ein neuer Unterbau errichtet. Die mächtigen Katakomben unter dem Kreuzbergdenkmal werden heute als Denkmaldepot genutzt. Das Landesdenkmalamt hat zwar bisher Versuche abwehren können, die Gewölbe gastronomisch zu nutzen, andererseits noch nichts unternommen, die Sammlung bedeutender Figuren und Spolien auch museal zu erschließen.

Durch Hermann Mächtig wurde der Viktoriapark im 19. Jahrhundert mit einem über Felsen herabstürzenden künstlichen Wasserfall und anderen Elementen gartenkünstlerisch aufgewertet. In den vergangenen Jahren hat die Gartendenkmalpflege den Park nach alten Vorlagen wiederhergestellt, doch bleibt wegen leerer Kassen der Wasserfall trocken.

Am Fuß des Kreuzbergdenkmals stehen auf hermenartigen Postamenten die Büsten der Dichter Ludwig Uhland (1787–1862), Heinrich von Kleist (1777–1811) und Friedrich Rückert (1788–1866), jedoch nicht die von Max Kruse, Karl Pracht und Ferdinand Lepke geschaffenen marmornen Originale, sondern weiß gestrichene Abgüsse aus Aluminium. Sie waren um 1989/90 angefertigt worden, um die bereits stark beschädigten Büsten, die man 1899 aufgestellt hatte, vor weiteren Beschädigungen und Schmierereien zu schützen. Die Nachbildungen sind leider schon wieder bemalt und beschädigt.

Viktoria mit Kranz und Palmenzweig
Friedenssäule auf dem Mehringplatz

Berlin besitzt in der Innenstadt drei sehr alte Plätze von unterschiedlicher Gestalt – das rechteckige Quarré (Pariser Platz mit dem Brandenburger Tor), das achteckige Octogon (Leipziger Platz) und das Rondell am Halleschen Tor (Belle-Alliance-Platz, der heutige Mehringplatz). Während der Pariser Platz in Anlehnung an die alte Bebauung zurückgewonnen wurde, erhält der Leipziger Platz zur Zeit einen neuen, achteckigen Rand. In neuer Gestalt wurde nach dem Zweiten Weltkrieg der Mehringplatz im damaligen West-Berlin gebaut. Zwar ist dieser Platz wie das alte Rondell rund, aber er ist durch völlig neue, gesichtslose Wohn- und Geschäftsbauten besetzt. In der Mitte steht als Reminiszenz an die Befreiungskriege in einem Brunnen auf hohem Postament die Friedenssäule. Der ursprüngliche Name erinnert an die Schlacht von Belle Alliance (Waterloo), in der am 18. Juni 1815 Napoleon I. von den Verbündeten unter dem Befehl von Blücher und Wellington vernichtend geschlagen wurde, worauf mit Frankreich endgültig Frieden geschlossen werden konnte. Die Säule wurde 1840 bis 1843 von Christian Gottlieb Cantian, dem Schöpfer der Granitschale vor dem Alten Museum, errichtet und bekam als Schmuck obenauf eine Viktoria mit Siegeskranz. Dieser von Christian Daniel Rauch geschaffenen Bronzefigur begegnet man in verschiedenen Varianten in Berlin und Potsdam. Die Friedenssäule verzichtet auf Inschriften, die auf ihre Bestimmung hinweisen. Ergänzend wurden weitere Figuren aufgestellt. Erhalten sind nur die Gruppen „Der Friede" (von Albert Wolff, 1878) und „Clio, die Geschichte der Freiheitskriege schreibend" (von Carl Ferdinand Hartzer, 1878).

Eine weitere Säule dieser Art stand bis 1948 im Invalidenpark an der Invalidenstraße. Versehen mit einem auffliegenden Preußenadler, war die gusseiserne, von innen begehbare Invalidensäule mit Aussichtsplattform den Toten der Revolutionskämpfe von 1848/49 gewidmet. Allerdings nur jenen Soldaten, die von der preußischen Regierung gegen die Barrikadenkämpfer in Marsch gesetzt wurden. Im Gegensatz zu den Revolutionären, die auf dem Friedhof der Märzgefallenen ohne ein Erinnerungsmal bestattet wurden, feierte die nach Plänen von Berthold Brunckow errichtete, 32 Meter hohe Säule auf einem sechs Meter hohen Unterbau die Konterrevolution und ihr Haupt, König Friedrich Wilhelm IV. Das Bildnis dieses Monarchen war auf der Säule ebenso zu sehen wie ein Figurenfries von Albert Wolff, auf dem Borussia als Symbolfigur der Monarchie die Witwen und Waisen segnet und Minerva die siegreich heimkehrenden Krieger krönt. Die Namen der Opfer waren auf 38 Marmortafeln vermerkt. 1948, hundert Jahre nach der Märzrevolution, wurde das Bauwerk, das nicht mehr in die politische Landschaft passte, abgerissen. Heute steht auf der Fläche nur wenige Schritte vom früheren Grenzübergang Invalidenstraße ein Erinnerungsmal für die Opfer der Teilung, bestehend aus einem schräg aus dem Boden wachsenden Keil, der im Sommer als Wasserfall fungiert.

Frisch, frei, froh und fromm
Friedrich Ludwig Jahn in der Hasenheide

Das von Erdmann Encke geschaffene Bronzedenkmal des „Turnvaters" Friedrich Ludwig Jahn (1778–1852) in der Neuköllner Hasenheide ist nicht gerade ein Meisterwerk der Bildhauerei. Man könnte den langbärtigen Lehrer und Streiter für die damals neue, ja geradezu revolutionäre Turnbewegung, der von einer kleinen Anhöhe auf die Spaziergänger schaut, auch als Gelehrten oder Künstler deuten. Wären da nicht die vielen in das Postament eingelassenen Inschriftentafeln, die seit Mitte des 19. Jahrhunderts von Sport- und Turnvereinen in Deutschland und im Ausland gestiftet wurden und die Liebe und Verehrung für „Vater Jahn" unterstreichen. „Dem Schöpfer einer neuen Aera für die Deutsche Nation von seinen Jüngern in Australien. Der Turnverein zu Melbourne, Colonie Victoria" oder „Turnergemeinde Cincinnati, Ohio. Freiheit, des Kampfes Preis", liest man auf den Steinen.

Die Verehrung galt einem Mann, der zusammen mit seinem Kollegen Karl Friedrich Friesen in der Hasenheide, damals noch vor den Toren Berlins, für seine Gymnasiasten regelmäßige Leibesübungen veranstaltete und dazu auch ganz ungewöhnliche Sportgeräte wie Barren und Reck einsetzte. Jahns Ziel war die körperliche Ertüchtigung der jungen Männer für den bevorstehenden Kampf gegen Frankreich. August Varnhagen von Ense, der kritische Zeitbeobachter, beschrieb den „Alten im Bart" mit den Worten „Sein Charakter und seine Erscheinung wirkten auf das Volk und seine Beredsamkeit hatte etwas Körniges und Hartes, das ungemein in die Gemüter drang … Weniger Beifall erlangte er in den höheren Ständen, und ihm schien auch wenig daran gelegen".

Natürlich musste das Motto „Frisch, frei, froh und fromm" des Turnvaters, wie man Jahn bald nannte, das Misstrauen der Regierenden erregen. Sie brauchten in ihr Schicksal ergebene Untertanen, die allenfalls als Kanonenfutter oder als Handlanger dienten, mitnichten aber durch regelmäßige Turnübungen gestählte, selbstbewusste Jünglinge und Männer. An Mädchen und Frauen dachte man in dem Zusammenhang damals noch nicht. Für sie galten lange Zeit die drei K – Küche, Kinder, Kirche.

Erdmann Encke hatte 1866 den Wettbewerb um ein volkstümliches Jahn-Denkmal gewonnen, das leider nicht erkennen lässt, dass es einen bedeutenden Vorkämpfer der Befreiungskriege ehrt. Vor uns steht im aufgeknöpften Gehrock ein schon angegrauter Mann, der nach den Befreiungskriegen wegen angeblicher Demagogie verfolgt wurde. Denn der preußischen Regierung war das, was Jahn und seine Eleven am Stadtrand trieben, in höchstem Maße suspekt, und so wurde die Turnerei 1819, im Jahr der gegen die demokratische Emanzipation erlassenen Karlsbader Beschlüsse, verboten. Jahn kam ins Gefängnis und wurde wegen angeblicher subversiver Handlungen angeklagt. Mit ihm wurden weitere Oppositionelle und Burschenschaftler eingekerkert, verfolgt,

In der Hasenheide lehrte Friedrich Ludwig Jahn seine Gymnasiasten, wie man den Körper stählt und den Geist trainiert. Des „Turnvaters" Deutschtümelei wurde von Chauvinisten auch im Kampf gegen den „Erbfeind" Frankreich ausgenutzt.

des Landes verwiesen, ihres Lebensunterhalts beraubt, zur Auswanderung bis ins ferne Amerika gezwungen, was Jahn vielleicht besonders viele und dauerhafte Sympathien in der Neuen Welt einbrachte.

Ein gegen Jahn angestrengter Prozess endete zwar mit Freispruch, doch hinderte das die Polizei nicht, ihn bis 1840 streng zu beobachten. In der Revolution von 1848 betätigte sich der wegen seiner ungeheuren Popularität unantastbare Turnvater in der Frankfurter Nationalversammlung als Propagandist des deutschen Erbkaisertums. Er leistete mit seiner Deutschtümelei und Hetze gegen Frankreich allerlei Chauvinisten, Nationalisten und Militaristen Vorschub, was auf seine unbestreitbaren Verdienste als Begründer der Turnerbewegung einen Schatten wirft.

Weltberüchtigte Puppen

Die versprengten Reste der Siegesallee

Mit einem großartigen Geschenk wollte Kaiser Wilhelm II. seine Hauptstädter beeindrucken, doch wie groß war der Spott, als die teure Dotation Ende 1901 fertig gestellt war. Kaum ein gutes Haar wurde an der Siegesallee im Tiergarten gelassen, die der Monarch zur Ehre seiner Vorgänger auf dem brandenburgisch-preußischen und deutschen Thron von der Crème der damaligen Bildhauerzunft hatte anfertigen lassen. Groß war auch der Frust unter den Künstlern wegen der unsäglichen Eingriffe in den Schaffensprozess, die sich der Kaiser erlaubte. Die „weltberüchtigte" Allee, wie Spötter sagten, zog sich vom Kemperplatz zum Königsplatz, dem heutigen Platz der Republik. 1938 wurde sie mit den Denkmälern von Bismarck, Roon und Moltke im Zusammenhang mit den Plänen Hitlers und Speers zur Umgestaltung Berlins in die Welthauptstadt Germania an die Große Sternallee verlegt.

Anlässlich seines Geburtstags hatte Wilhelm II. am 27. Januar 1895 in einem Erlass erklärt: „Zum Zeichen Meiner Anerkennung für die Stadt und zur Erinnerung an die ruhmreiche Vergangenheit unseres Vaterlandes will Ich … einen bleibenden Ehrenschmuck für Meine Haupt- und Residenzstadt stiften, welche die Entwicklung der vaterländischen Geschichte von der Begründung der Mark Brandenburg bis zur Wiederaufrichtung des Reiches darstellen soll … Die Kosten der Gesamtausführung will Ich auf Meine Schatulle übernehmen."

Das Denkmal Friedrichs des Großen vor dem Direktionsgebäude der Preußischen Schlösserstiftung im Park Sanssouci ist eine Marmorkopie von der Berliner Siegesallee.

Die stocksteifen, ein wenig serienmäßig hergestellten, in Details aber interessanten Figuren auf 16 gegenüber stehenden Sitzbänken im Großen Tiergarten wurden schon bald von den Berlinern als Puppenallee, Marmormeer oder Invalidenstraße verspottet. Von den Herrscherfiguren existieren nur noch Rudimente, aufgestellt im ehemaligen Pumpwerk am Halleschen Ufer. Der zum Lapidarium umfunktionierte Ziegelbau ist Berlins ältestes Abwasserpumpwerk. 1876 in Betrieb genommen und 1972 stillgelegt, wurde die Halle 1977 bis 1980 als technisches Denkmal restauriert. Neben den schon an anderer Stelle erwähnten Marmordenkmälern Goethes sowie des preußischen Königspaares Friedrich Wilhelm III. und Luise aus dem Tiergarten sowie einigen allegorischen Bildwerken stehen dicht an dicht in dem Gebäude 27 von ehemals 32 Herrschern der Siegesallee. Die Figuren Albrechts des Bären und Friedrich Wilhelms IV. sowie einige Büsten fanden in der Spandauer Zitadelle Asyl.

Die Siegesallee wurde in den letzten Kriegstagen 1945 durch Beschuss stark beschädigt. Die Sitzbänke und anderes architektonisches Zubehör sind auf Nimmerwiedersehen verschwunden. Von den alliierten Besatzungsmächten als militaristische Machwerke eingestuft, überlebten die Figuren die Nachkriegszeit nur deshalb, weil sie im Park des Schlosses Bellevue vergraben wurden. 1979 hat man sie wieder ans Tageslicht geholt und deponiert. Eine fachgerechte museale Aufstellung, zu der auch erklärende Texte gehören, ist bisher nicht erfolgt.

Als Wilhelm II. die Siegesallee am 18. Dezember 1901 einweihte, erklärte er prahlerisch: „Mit Stolz und Freude erfüllt Mich am heutigen Tage der Gedanke, dass Berlin vor der ganzen Welt dasteht mit einer Künstlerschaft, die so Großartiges auszuführen vermag. Es zeigt das, dass die Berliner Bildhauerschule auf einer Höhe steht, wie sie wohl kaum je in der Renaissancezeit hätte sein können".

Zeitgenossen indes fanden den Vergleich mit den Schöpfungen Michelangelos anmaßend und überzogen die Gartenplastiken mit Spott und Hohn. Wer sich von der Wirkung eines dieser Denkmale überzeugen möchte, kann dies im Park von Sanssouci tun, wo der von Joseph Uphues geschaffene Friedrich der Große steht, allerdings als Marmorkopie des Originals von 1899.

Unbekannt blieb lange, dass Wilhelm II. Aufsätze von Schülern des Joachimsthalschen Gymnasiums in Berlin zensierte, welche die Beinstellung der Figuren beurteilen mussten. Der Kaiser hat vier Elaborate dieser Art gelesen und mit Randbemerkungen versehen, als seien sie Staatspapiere. Über eine mögliche Bloßstellung ihres Herren besorgte Beamte ließen die Hefte im Hohenzollernmuseum verschwinden. Nach dem Zweiten Weltkrieg im Merseburger Zentralarchiv der DDR wiederentdeckt, wurden die eher harmlosen, wenig originellen, aber unfreiwillig den Geist der Zeit reflektierenden Schülergedanken zuletzt 2001 mit neuen Erkenntnissen über den Lehrer und das kuriose Aufsatzthema publiziert.

Demokrat oder Hochverräter?

Waldeck-Denkmal an der Oranienstraße

Das von Heinrich Walger geschaffene und 1890 enthüllte Denkmal von Franz Leo Benedikt Waldeck (1802–1870) an der Oranienstraße in Kreuzberg hat eine interessante Geschichte. Der heute weitgehend vergessene Jurist, Abgeordnete und Mitbegründer der Deutschen Fortschrittspartei in Preußen war zu Lebzeiten und lange danach eine bekannte Persönlichkeit, geliebt von seinen Anhängern, von seinen Gegnern als Hochverräter verteufelt und verfolgt. Als Waldeck am 15. März 1870 auf dem Sankt-Hedwigs-Friedhof an der Liesenstraße (Mitte) zu

Grabe getragen wurde, folgten 20.000 Menschen seinem Sarg; ungewöhnliche Ehrung für einen Mann, der sich mit der preußischen Obrigkeit und insbesondere mit dem damaligen Ministerpräsidenten Otto von Bismarck heftig angelegt hatte.

Waldeck, stehend als Redner dargestellt, streckt die rechte Hand den Zuhörern leicht entgegen, während er in der linken Hand eine Papierrolle hält. Der Baumstamm an seiner Seite, wichtig für die Statik, ist mit Efeublättern bedeckt. Die Figur ist keine herausragende künstlerische Leistung, sie zeigt Waldeck etwas steif und ungelenk und charakterisiert ihn damit recht genau, denn nach zeitgenössischen Berichten war der Jurist kein herausragender, mitreißender Redner, sondern ein Mann des sorgsam gewählten Wortes. Begonnen hatte Benedikt Waldeck seine Karriere als Landgerichtsdirektor in Vloto, wurde in Hamm Oberlandesgerichtsrat und kam 1846, zwei Jahre vor der Revolution, als Obertribunalrat nach Berlin an das höchste preußische Gericht. Als Vizepräsident der 1848 gewählten preußischen Nationalversammlung und als Jurist machte er sich für eine Verfassung mit klar formulierten Grundrechten stark. Die sich überstürzenden Ereignisse ließen die Vorschläge schnell zu Makulatur werden. Mit Waffengewalt ging die preußische Regierung gegen das Volk vor und zwang ihm eine Verfassung auf, die das Königtum stärkte und die Beteiligung der Bevölkerung an der Macht weitgehend beschnitt. Waldeck kam eine Zeitlang unter dem Vorwurf, mit der „Herstellung einer einigen, untheilbaren, socialdemokratischen Republik in Deutschland" Hochverrat begangen zu haben, ins Gefängnis, musste aber in einem Gerichtsverfahren frei gesprochen werden. In seinen letzten Lebensjahren war er Richter und Landtagsabgeordneter beziehungsweise seit 1867 Abgeordneter im Reichstag des Norddeutschen Bundes.

Nach Geldsammlungen in ganz Deutschland machte sich Heinrich Walger ans Werk. Als das Denkmal fertig war, gab es dafür jedoch keine Stellfläche. Die Zeit, Leute zu ehren, die in Opposition mit den Herrschern standen, war ungünstig. So konnte das für die damalige Zeit eher unscheinbare Bildwerk erst zwanzig Jahre nach Waldecks Tod an der Oranienstraße auf dem Gelände eines ehemaligen Pestfriedhofs enthüllt werden. Die Nazis benannten den Waldeckpark in Lobeckpark um, das Denkmal kam auf den Hedwigsfriedhof in Reinickendorf. Nach dem Zweiten Weltkrieg erhielt die Grünanlage ihren alten Namen zurück. Auch das Denkmal kam wieder an die alte Stelle, womit auch eine Ehrenrettung für den aufrechten Demokraten verbunden war.

Der Insulaner verliert die Ruhe nicht
Hungerharke ehrt Helden und Opfer der Luftbrücke

Drei Jahre nach Ende des Zweiten Weltkriegs war die in Potsdam von den Siegermächten beschworene Friedensordnung brüchig geworden. Es herrschte Kalter Krieg, ein heißer drohte auszubrechen. Die politischen Gegensätze prallten in der Viersektorenstadt Berlin besonders scharf aufeinander. Über die von den USA, Großbritannien und Frankreich verwalteten Westsektoren verhängte die Sowjetunion unmittelbar nach der Einführung der Deutschen Mark eine Blockade, die vom 24. Juni 1948 bis zum 12. Mai 1949 dauerte. Auf Stalins Befehl wurden alle Verbindungswege zu Land und zu Wasser gekappt. West-Berlin sollte ausgehungert und weich geklopft werden.
Rettung für die „Insulaner" kam aus der Luft, durch die Luftbrücke, an die seit dem 10. Juli 1951 ein großes Denkmal auf dem Platz der Luftbrücke erinnert. Die am Eingang zum Flughafen Tempelhof von Eduard Ludwig

geschaffene zwanzig Meter hohe „Hungerharke", so der Spitzname der Berliner für das futuristische Betongebilde, besteht aus drei nach Richtung Westen geneigten Rippen, die die drei Luftkorridore symbolisieren. Die so angedeuteten Flugschneisen werden durch zwei Wände gestützt und verbunden. Das Denkmal ehrt die 70 verunglückten Angehörigen der westalliierten Luftstreitkräfte sowie acht Deutsche, die bei den über 200.000 Flügen ums Leben gekommen waren. Darüber hinaus erinnert es an die Standhaftigkeit der eingekesselten Berliner, die sich von östlichen Lockangeboten, sie zu versorgen, nicht irritieren ließen, und ihre Helfer in der westlichen Welt. Weitere Denkmäler dieser Art stehen in Frankfurt am Main, Nürnberg und Hannover.

Bei der spektakulären Hilfsaktion waren fast 1,8 Millionen Tonnen Hilfsgüter nach Tempelhof, Gatow und Tegel geschafft und von dort über das Stadtgebiet verteilt worden. Einer der bei der Versorgung Berlins durch die Luft eingesetzten „Rosinenbomber" – so die schnoddrig-liebevolle Bezeichnung der Berliner für die Flugzeuge – vom Typ C 47 Skytrain fand 1999 auf dem Dach des Deutschen Technikmuseums Berlin, vis à vis vom Potsdamer Platz, Aufstellung. Günter Neumann brachte in seinem legendären Kabarett die damalige Stimmung der Berliner mit dem Titelsong auf den Punkt: „Der Insulaner verliert die Ruhe nicht". Eine Gruppe wilder Pferde an der Clayallee in Dahlem erinnert seit 1998 ebenfalls an die Blockade und den Fall der Mauer.

Die drei in Richtung Westdeutschland gekrümmten Rippen verschafften dem Denkmal zur Erinnerung an die Luftbrücke den treffenden Spitznamen Hungerharke.

Dreispitz und Zopf böhmisch drapiert

Friedrich Wilhelm I. in Neukölln

Im Böhmischen Dorf an der Kirchgasse in Neukölln erhebt sich ein überlebensgroßes Denkmal für den preußischen Soldatenkönig Friedrich Wilhelm I., der von 1713 bis 1740 regierte. „Die dankbaren Nachkommen der hier aufgenommenen Böhmen" lautet die Widmung auf der Rückseite des Granitsockels. Darauf steht der König in strammer Haltung im Uniformrock, mit Dreispitz und Zopf und einem Degen an der Seite. Geschaffen von Alfred Reichel, erinnert das 1912 aufgestellte Monument an einen Monarchen, der mit der Aufnahme von Böhmen, Salzburgern und anderen aus katholischen Ländern geflohenen Menschen die Einwanderungspolitik seines Großvaters, des Großen Kurfürsten Friedrich Wilhelm, fortsetzte. Zwei Sockelreliefs zeigen das Böhmische Dorf im 18. Jahrhundert und den Zug ärmlicher und beladener Exilanten in die neue Heimat.

Im Jahr 1737 hatte der Soldatenkönig 350 böhmische Flüchtlinge, die wegen ihres evangelischen Glaubens verfolgt wurden, aufgenommen und ihnen in Rixdorf, dem heutigen Neukölln, unter Zusicherung freier Religionsausübung Asyl gewährt. So bewahrte er sie einerseits vor Verfolgung im Herrschaftsbereich der Habsburger und vor drohender Rekatholisierung. Andererseits waren die Neuankömmlinge in Brandenburg-Preußen als Landwirte und Handwerker hochwillkommen.

Menschen waren der größte Reichtum Preußens, und so nahm der Soldatenkönig wegen ihres Glaubens aus Böhmen vertriebene Bauern und Handwerker mit offenen Armen auf.

Sie erhielten Steuerfreiheit, mussten nicht zum Militär (was in Preußen unter dem Soldatenkönig etwas bedeutete!), hatten eine eigene Schule und einen eigenen Friedhof, besaßen eine eigene Verwaltung und Gerichtsbarkeit sowie weitere Vergünstigungen. Der König verbriefte ihnen auch das kostenlose Nutzungsrecht der Dorfkirche. Davon machten die Exilanten aber nicht allzu viel Gebrauch, denn die ersten Familien in Böhmisch-Rixdorf waren Reformierte und Mitglieder der Herrnhuter Brüdergemeine, die sich ihre eigenen Betsäle errichteten. Erst als sich eine böhmisch-lutherische Gemeinde bildete, hielt die ihre Gottesdienste gemäß der königlichen Order in der alten Dorfkirche ab. Eine ähnliche, für böhmische Weberfamilien gebaute Dorfanlage mit einer schmucklosen Kirche in der Mitte existiert in Nowawes, einem Teil von Potsdam-Babelsberg, und in Friedrichshagen, wo man 1903 dem Gründer des Kolonistendorfes, Friedrich dem Großen, ein Denkmal setzte.

Mit der Aufstellung des Denkmals 175 Jahre nach der Einwanderung und zeitgleich mit der Umbenennung von Rixdorf in Neukölln erwiesen die Nachkommen dem Soldatenkönig ihre Reverenz. Das Bronzedenkmal im Neuköllner Böhmischen Dorf ist das einzige in Berlin noch unter freiem Himmel stehende Erinnerungsmal für den Soldatenkönig. Das Marmormonument von Rudolf Siemering, das 1900 auf der Siegesallee enthüllt wurde, fand, am Ende des Zweiten Weltkriegs stark beschädigt, im Lapidarium am Halleschen Ufer Asyl.

Gewalt sei ferne den Dingen

Johann Comenius behütet paradiesischen Garten

Zwischen 1987 und 1992 wurde unweit des Böhmischen
Dorfs in Neukölln eine Anlage geschaffen, die in Berlin
ihresgleichen sucht – der Comenius-Garten. Benannt nach
dem Theologen und Lehrer Johann Amos Comenius
(1592–1670), lehnt sich dieses nur 7.000 Quadratmeter
große Paradies abseits des brausenden Großstadtverkehrs
auf der Karl-Marx-Straße an pädagogischen und aufkläre-
rischen Vorstellungen des Universalgelehrten und letzten
Bischofs der Böhmischen Brüdergemeine an. Comenius
forderte einen systematischen Unterricht in der
Aufeinanderfolge von häuslicher Erziehung, Volksschule,
Lateinschule und Universität. In seinen Schulen wurden
Kinder unabhängig von Geschlecht und Herkunft unter-
richtet, wobei statt Latein die Muttersprache vorherrschte.
Sein Buch „Orbis sensualium pictus" (Die sichtbare Welt,
Nürnberg 1658) war das erste europäische Schulbuch mit
Texten und Bildern.

Obwohl schon einige Jahrzehnte tot, war Comenius für
die hier vor den Toren der preußischen Residenz angesie-
delten böhmischen Glaubensflüchtlinge ein geistlicher
Vater und moralischer Halt. Überlebensgroß steht er, ein
Käppchen auf dem Kopf und mit einem langen Mantel
bekleidet, auf einem flachen Sockel in der Mitte des nach
ihm benannten Gartens gleichsam als Wächter und für-
sorglicher Vater. Geschaffen wurde die Bronze von Josef
Vajce. Der Bildhauer hat das langbärtige Oberhaupt der
Brüdergemeine mit einer freundlichen Handbewegung
dargestellt, als wolle er den Flaneur zu einer Disputation
oder zum Besuch des Gottesdienstes einladen. Gemälde
und in Kupfer gestochene Porträts, die Comenius mit
einer solchen Geste darstellen, sind aus dem 17.
Jahrhundert überliefert und dienten Vajce als Vorlage.

Der Comenius-Garten ist alles andere als eine edel gestaltete barocke Anlage mit kostbaren, penibel gepflegten Gewächsen. Am Eingang am Karl-Marx-Platz/ Richardplatz beginnend, gibt es im Uhrzeigersinn eine Art Rundgang durch das Leben des Menschen: von der Schule des vorgeburtlichen Werdens, wie Comenius sagte, über die Mutterschule, die Gemeine Schule, die Lateinschule und den Akademiebereich bis hin zur Schule des Berufs und zur Greisenschule, die hier in der Seniorentagesstätte angesiedelt ist. Endpunkt ist der Böhmische Friedhof, der als Schule des Todes aufgefasst ist. Ergänzt wird der mit Messgeräten aus Comenius' Zeiten ausgestattete Garten von einem Labyrinth, dem Seelenparadies und dem Seminargebäude, von dem es nur wenige Schritte zum Comenius-Denkmal sind. Das Denkmal wurde 1992 zum 400. Geburtstag von Comenius vom damaligen Parlamentspräsidenten der Tschechischen und Slowakischen Republik, dem namhaften Reformpolitiker Alexander Dubček, als Geschenk seines Landes an die Bundesrepublik Deutschland eingeweiht. Damit rückte ein Gelehrter ins allgemeine Bewusstsein, der die Natur als Werkstatt des Wissens auffasste, als ein von Menschen wiedergewonnenes Paradies.

An Johann Amos Comenius, der im Tschechischen Jan Amos Komenski heißt, erinnert seit 1987, als Berlin seine 750-Jahrfeier beging, ein Granitfindling mit bronzener Bildnisplakette des Geistlichen an der Ecke Kirchgasse/ Richardstraße. Auf der Rückseite liest man die Aufforderung „Alles fließe von selbst. Gewalt sei ferne den Dingen" und den Hinweis, dass dieser Stein am 14. Mai 1987 aus Anlass der 250. Wiederkehr der Gründung des Böhmischen Dorfes enthüllt wurde.

IX. Zwischen Spandau und Steglitz

Lanzen, Helme, explodierende Granate
Eiserner Obelisk für Gefallene der Befreiungskriege

Spandau war bis zur Gründung von Groß-Berlin 1920 eine selbstständige Stadt mit einer weit ins Mittelalter zurückreichenden Geschichte. Dominiert von der ab der zweiten Hälfte des 16. Jahrhunderts erbauten Zitadelle, gehörte „Spandow" zu den wichtigsten Garnisonen Brandenburg-Preußens. Hier befand sich auch eine bedeutende Gewehrfabrik, außerdem wurde die Zitadelle als gefürchtetes Staatsgefängnis genutzt, in das auch Kämpfer der Revolution von 1848 gesteckt wurden. Im Juliusturm der Zitadelle verwahrte man nach 1871 den aus Goldmünzen bestehenden deutschen Reichskriegsschatz im Wert von 120 Millionen Mark auf. Ein paar hundert Meter weiter steht im Schatten der Nikolaikirche außer dem Standbild für den brandenburgischen Kurfürsten Joachim II. auch ein Erinnerungsmal für die aus Spandau stammenden Gefallenen der Befreiungskriege 1813 bis 1815. Im Jahr 1806 fiel die Zitadelle kampflos den französischen Truppen in die Hände. Sie verließen die Festung schon bald, kehrten aber 1812 zurück und wurden im April 1813 von preußischen Truppen nach heftigem Beschuss vertrieben, wobei es Tote gab und die Festungsgebäude stark beschädigt wurden. Eine Gedenktafel am Eingang zur Zitadelle erinnert an die Befreiung am 27. April 1813 durch preußische Truppen unter Befehl des Generals August von Thümen.
Der nach einem Entwurf von Karl Friedrich Schinkel gestaltete Obelisk auf dem Reformationsplatz stammt aus dem Jahr 1816 und wird aus aufgesteckten Lanzen gebildet, auf denen ein glockenförmiges Dach ruht. An der Spitze befindet sich eine Granate, aus der eine vergoldete Feuergarbe schießt.

Der preußische Staatskanzler Fürst Hardenberg fand mitten in der Spandauer Altstadt Asyl. Ursprünglich gehörte die Marmorbüste zum Denkmal Friedrich Wilhelms III. auf der nach dem Zweiten Weltkrieg abgerissenen Siegesallee.

Verwendet wurde wie beim ebenfalls von Schinkel konzipierten Kreuzbergdenkmal das als „patriotischer" Stoff geschätzte Gusseisen. Doch ist der Spandauer Obelisk viel bescheidener und ohne figürlichen Schmuck gestaltet. Der Architekt beschrieb das Memorial als „militärisches Denkmal, mit Lanzen, Helmen, Schildern und einer Granate dekoriert". Auf vergoldeten Inschriftentafeln sind Namen von 18 gefallenen Spandauern vermerkt, bekrönt von mittelalterlichen Helmen mit vergoldeten Kreuzen am Hals. Eine ebenfalls vergoldete Inschrift fordert den Betrachter zum Innehalten und Nachdenken auf. „Die dieses Erz dir, Wandrer, nennt, im Sieg für unsrer Freiheit Glück sind sie gefallen, der Dank liess ihre Heldenthaten nicht verhallen, das sie nacheifernd noch der späte Enkel kennt", lautet die etwas holprige Widmung.

Wenige Schritte weiter fand nach dem Zweiten Weltkrieg auf dem Reformationsplatz eine Marmorbüste des preußischen Staatskanzlers Karl August Fürst von Hardenberg (1750–1822) einen neuen Aufstellungsort. Es handelt sich um die Assistenzfigur des von Gustav Eberlein geschaffenen Denkmals Friedrich Wilhelms III. auf der Siegesallee.

Hardenberg ist als Denker aufgefasst, als weitsichtiger Politiker mit den üblichen Attributen wie Schreibfeder, Urkunden und einer Eule, die staatsmännische Klugheit symbolisiert. Die zweite Assistenzfigur von der Siegesallee, die den Generalfeldmarschall Gebhard Leberecht von Blücher (1742–1819) ehrte, ist verschollen.

Bekenner des neuen Glaubens
Kurfürst Joachim II.

Das 1889 von Erdmann Encke geschaffene Bronzedenkmal des brandenburgischen Kurfürsten Joachim II. Hektor auf dem Reformationsplatz in Spandau erinnert an die Einführung der Reformation im Jahr 1539 in Kurbrandenburg. Bekleidet ist der auf einem hohen Granitsockel stehende Herrscher mit einem kostbaren Pelzmantel, der den kräftigen Körper bedeckt. In der linken Hand hält Joachim II. ein Schwert, in der rechten ein Kruzifix, womit die Einheit von Thron und Altar und die Festigkeit des Hohenzollern in Glaubensfragen unterstrichen wird. Außer einer Inschriftentafel unter einem Wappenschild zieren drei Reliefs den Sockel. Zunächst unterweist Kurfürstin Elisabeth ihre Söhne Joachim und Johann im evangelischen Glauben, sodann wird Joachim II. bei einer Unterredung mit den Häuptern der protestantischen Bewegung der damaligen Zeit, Luther, Melanchthon und Agricola, gezeigt. Außerdem ist der kniende Kurfürst beim Empfang des Abendmahls in beiderlei Gestalt dargestellt.

Als das Denkmal 1889 aufgestellt wurde, wusste jedes Schulkind aus dem Geschichtsunterricht, dass der Vater des Kurfürsten, Joachim I. Nestor, die Reformation schroff abgelehnt und mit seiner Gemahlin Elisabeth in religiösen Dingen so im Streit gelegen hatte, dass die Kurfürstin ins protestantische Sachsen geflohen war. In seinem Testament hatte Joachim I. seinen Nachfolger verpflichtet, am katholischen Glauben festzuhalten. Doch hat sich Joachim II., der 1535 den Thron bestieg, nicht daran gehalten. Er machte den Weg frei für den Übergang Kurbrandenburgs zu Luthers Lehre. Als Dreizehnjähriger hatte er den umstrittenen Theologen in Wittenberg getroffen, was nachhaltigen Eindruck auf ihn gemacht haben muss.

Die Einführung der Reformation hatte praktische Wirkungen, denn der wegen seiner luxuriösen Hofhaltung finanziell stets klamme Landesherr, unter dessen Regentschaft von Italienern die Spandauer Zitadelle errichtet, aber auch das Berliner Schloss in einen prächtigen Renaissance-Palast umgestaltet wurde, konnte das Vermögen der säkularisierten Klöster der Staatskasse zuschlagen. Joachim II. führte den Beinamen Hektor, was auf persönliche Tapferkeit noch als Kurprinz im Kampf gegen die Türken deutet. Der Historiker Otto Hintze beschrieb ihn in seinem Buch „Die Hohenzollern und ihr Werk" (1915) als einen stattlichen und ritterlichen Herren „von fürstlicher Haltung mit einem starken Gefühl für die Würde seines Standes und das Interesse seines Hauses". Schmiegsam in politischen Verhandlungen sei er gewesen, „friedfertig bis zum Äußersten, nicht ohne einen gesunden Verstand in den Geschäften, aber bequem und lässig, ein Freund der Jagd und prunkvoller Hoffeste, von großem Wohlwollen für seine Untertanen, von großer Freigebigkeit gegen seine Diener, aber kein Hauswirt, der das Seine zusammenzuhalten verstand, stets von Schulden bedrängt, dabei von einer gemächlichen Jovialität, die auch den Widerwärtigkeiten des Lebens standhielt".

Der machtbewusste Renaissance-Fürst Joachim II. bekannte sich 1539 zu Luthers Lehre und war Bauherr der Spandauer Zitadelle. Thron und Altar bildeten für ihn eine Einhaeit

Mehr abgestellt als aufgestellt

Albrecht der Bär und Friedrich Wilhelm IV. in der
Spandauer Zitadelle

Zwei Herrscherdenkmäler und weitere Relikte der
Siegesallee im Tiergarten fanden nach dem Zweiten Weltkrieg in der Spandauer Zitadelle eine Heimat. Von Walter
Schott 1898 geschaffen, steht im Hof der alten Festung auf
hohem Sockel in voller Rüstung mit erhobenem Kreuz,
umgegürtetem Dolch und einem Schwert an der Seite
Albrecht der Bär, der erste Markgraf von Brandenburg.
Lange befand sich der Herrscher, der von 1134 bis 1170 die
Mark Brandenburg regiert und ihr das Christentum
gebracht hatte, worauf das hoch erhobene Kreuz deutet,
in einem bedenklichen Zustand. Dicke Schmutzschichten
und Mikroorganismen bedeckten den ehemals weißen
Marmor.
Doch Ende 2002 wurde die Figur gereinigt und konser-
viert, sie bekam sogar für den Winter ein Schutzgehäuse.
Geplant ist, auch die im Lapidarium am Halleschen Ufer
verwahrten Assistenzfiguren der Bischöfe Wigger von
Brandenburg und Otto von Bamberg zu Seiten des
Markgrafen aufzustellen, womit man wieder eine
Ahnung davon bekommt, wie die ursprüngliche
Aufstellung der Gruppe in der Siegesallee beschaffen war.
Albrecht der Bär ist das einzige Herrscherdenkmal von
der Siegesallee, das heute unter freiem Himmel steht, von
einer Kopie des Denkmals Friedrichs des Großen im Park
von Sanssouci abgesehen.

Markgraf Albrecht der Bär mit Kreuz und Schwert bewacht die
Spandauer Zitadelle. Ursprünglich bildete das ausdrucksstarke
Marmordenkmal des brandenburgischen Markgrafen den
Auftakt der Siegesallee im Tiergarten.

Ohne Sockel in einem schlecht beleuchteten Gewölbe der Bastion „Kronprinz" mehr ab- als würdig aufgestellt sowie im Gesicht und an vielen anderen Stellen beschädigt ist die Marmorfigur des preußischen Königs Friedrich Wilhelm IV., der von 1840–1861 regierte. Das von Karl Begas geschaffene Denkmal präsentiert den „Romantiker auf dem Thron", wie man den künstlerisch ambitionierten Nachfolger und Sohn Friedrich Wilhelms III. und der Königin Luise nannte, stehend als Mann von mittleren Jahren in Generalsuniform. Den Offiziershut hat der König abgesetzt, die linke Hand stemmt er selbstbewusst in die Seite. Der Betrachter sieht ein idealisiertes Monarchenbild, dem der Mantel locker von der Schulter hängt. Kaiser Wilhelm II., der Auftraggeber der Siegesallee, hatte einen jugendlichen König gewünscht, nicht jenen Landesherren, der angesichts der blutigen Ereignisse der Revolution von 1848/49, an denen er große Mitschuld trug, vorzeitig gealtert war und ein paar Jahre später so schwer erkrankte, dass sein Bruder Wilhelm, der spätere König und Kaiser Wilhelm I., die Regentschaft für ihn übernehmen musste.

Im Eingangsgebäude der Zitadelle beziehungsweise der Zitadellenschänke fanden zwei Assistenzfiguren vom Siegesallee-Denkmal des Kurfürsten Johann Georg eine neue Aufstellung – der Baumeister dieser bedeutenden Festung vor den Toren Berlins, Rochus von Lynar, und der Kanzler Lampert Distelmeier, geschaffen von Martin Wolff im Jahr 1899. Ein Abguss der Lynar-Büste schmückt auch den Zugang zur U-Bahnstation Zitadelle.

Vor der Zitadelle stimmt der sitzende Kriegsgott Mars auf den Besuch der militärischen Anlage ein. Der so genannte Ares Ludovisi ist eine römische Arbeit nach griechischem Vorbild im Thermenmuseum in Rom. Er hat ein Schwert und einen Schild zur Seite, ein Putto nimmt der Gestalt die Strenge. Bei der Plastik vor der Zitadelle handelt es sich um einen Bronzeabguss, der aus der nördlich von Berlin in der Schorfheide gelegenen Residenz Karinhall des NS-Reichsmarschalls Hermann Göring stammt und 1964 vor die mächtige Festungsanlage im Herzen von Spandau versetzt wurde. Friedrich der Große ließ eine von Lambert-Sigismund Adam geschaffene Marmorkopie der gleichen Mars-Figur in der Empfangshalle des Schlosses Sanssouci aufstellen.

Sterben auf dem Feld der Ehre

Klinke-Denkmal feiert Heldentod

In einem entlegenen Winkel von Spandau steht auf dem Klinkeplatz, von immergrünen Nadelhölzern umgeben, das 1908 enthüllte Denkmal für die Soldaten des Pionierbataillons von Rauch, personifiziert durch den Soldaten Karl Klinke und geschaffen von Wilhelm Wandschneider. Für das überlebensgroße Bronzedenkmal auf schlichtem Granitsockel mit langer Inschrift stiftete Kaiser Wilhelm II. das Metall aus erbeuteten Kanonen. Klinke ist in voller Feldausrüstung dargestellt. Er führt eine Spitzhacke, eine Blankwaffe und ein Gewehr mit sich, eine zusammengerollte Decke umschließt den Oberkörper. Der auf einer zerbrochenen Fahne stehende Soldat wird im Deutsch-Dänischen Krieg von 1864 von einem Schuss getroffen. Er hält die Hand in der Herzgegend auf die Wunde, an der er dann den in der Entstehungszeit des Monuments so arg strapazierten Heldentod starb.

Die Sockelinschrift erklärt, an wen das Monument erinnern möchte: „Unseren in den Feldzügen von 1864, 1866 und 1870/71 für König und Vaterland sowie in China und Südwestafrika für Kaiser und Reich gefallenen und gestorbenen Kameraden insonderheit dem Pionier Karl

Klinke, welcher bei dem Sturm auf die Düppeler Schanzen am 18. April 1864 seinen opferungsvollen Heldentod fand zum Gedächtnis. Dem Bataillon in treuer Anhänglichkeit zum 18. April 1908 zugeeignet vom Verein der Kameraden vom Pionier-Bataillon von Rauch (BRDGB) Nr. 3 zu Berlin". Die Inschrift auf der Rückseite „Mit Taten schmückt sich Freude nicht mit Worten" versucht, den Deutschen das Sterben auf dem „Feld der Ehre" schmackhaft zu machen. Die anfängliche Kriegsbegeisterung im Ersten Weltkrieg zeigt, dass diese Propaganda durchaus auf fruchtbaren Boden fiel.

Zu den Kriegerdenkmalen in Spandau gehört auch eine Gedenkanlage von Hans Hertlein, die die Firma Siemens für jene fast 3.000 Firmenangehörigen errichtet hat, die im Ersten Weltkrieg gefallen sind. Das Denkmal an der Nonnendammallee/Ecke Rohrdamm wurde 1934 eingeweiht. Es besteht aus einer steinernen Grabplatte mit bronzenem Schwert darauf und einer Widmung für die Gefallenen. Ein bronzener Reichsadler auf einem 18 Meter hohen Pfeiler bewacht eine Mauer mit den Namen der Toten. Die Gedenkstätte wurde nach dem Zweiten Weltkrieg, ohne dass es eine kritische Auseinandersetzung mit Form und Inhalt gegeben hätte, durch sieben Steinblöcke – als Symbole für sieben Kriegsjahre – mit den Jahreszahlen von 1939 bis 1945 erweitert, eine auch bei anderen Denkmälern dieser Art zu beobachtende Praxis der Umwidmung und Aktualisierung, die nicht unproblematisch ist.

Vater der kroatischen Literatur
Bronzedenkmal für Marko Marulić

Anlässlich der dreißigjährigen Partnerschaft des Bezirks Wilmersdorf mit der kroatischen Adriastadt Split wurde im Mai 2000 auf dem Julius-Morgenroth-Platz vor dem Haus Hohenzollerndamm 177 die Statue des kroatischen Dichters und Humanisten Marko Marulić(1450–1524) aufgestellt. Geschaffen von dem Bildhauer Slavomir Drinković, stellt die drei Meter hohe Bronzefigur den Künstler und Gelehrten mit langem Bart stehend in zeitloser Tracht dar. Der „Vater der kroatischen Literatur" ist gerade dabei, mit einem Stift in ein Buch zu schreiben. Bei der Figur wurde auf einen hohen Sockel verzichtet. So kann man dem alten Mann besser in die Augen schauen, der zunächst in Latein und auch Italienisch schrieb, sich in seinen Epen aber auch der kroatischen Sprache mit solchem Erfolg bediente, dass seine Bücher mehrere Auflagen erlebten und in verschiedene europäische Sprachen übersetzt wurden. Kenner sehen die Bedeutung des „christlichen Vergil", so ein anderer Ehrenname, darin, dass er anspruchsvolle Dichtung in seiner Muttersprache verfasste und sie damit auch bei den geistigen Eliten seiner Zeit und folgender Epochen bekannt machte. Das Wissen um Marulićs künstlerische Leistungen ist allerdings verloren gegangen, von Kennern der Literaturgeschichte abgesehen, weshalb Vorübergehende immer fragen, warum das Denkmal hier steht. Eine erklärende Tafel täte not.

Wer an der grün patinierten Bronze vorbeigeht, die sich an Porträtstichen des 16. Jahrhunderts anlehnt, wird vielleicht im ersten Moment meinen, es handle sich um ein Bildnis des Erfinders der Buchdruckerkunst Johannes Gutenberg, von dem es kein authentisches Porträt gibt. Die Deutung liegt nahe, weist das Bildwerk doch auf die schriftliche Kommunikation hin, die durch Gutenberg wesentlichen Auftrieb erhielt. Aufklärung gibt die Sockelinschrift „Marko Marulić 1450–1524. Kroatischer Dichter und europäischer Humanist". Mit dem Denkmal wird einer der bedeutendsten Künstler und Denker der Renaissance geehrt – und aus dem Vergessen geholt. Wie Goethe für uns, ist Marulić für Kroatien wichtig und beispielgebend. Er publizierte theologische und philosophische Arbeiten, aber auch Beschreibungen von Land und Leuten, die als Quellen für die Geschichtsforschung bedeutsam sind.

Symbol preußischer Stärke
Kopie der Borussia im Preußenpark

Eine überlebensgroße Borussia, die Symbolfigur des 1701 gegründeten preußischen Königreichs, steht im Wilmersdorfer Preußenpark. Geschaffen von dem durch Denkmäler in Berlin reichlich vertretenen Reinhold Begas, zeigt das monumentale Bildwerk eine riesige, stehende Frau mit antikem Helm auf dem Kopf und einem Schwert in der rechten Hand, während die linke Hand, die einen Lorbeerkranz hält, selbstbewusst in die Hüfte gestemmt ist. Schaut man die kräftig gebaute, hoch gegürtete Personifikation der unter Friedrich I. gegründeten Monarchie genauer an, so erkennt man, dass es sich um einen Abguss handelt. Er ist laut Sockelinschrift ein „Geschenk des Preußischen Staates an die Stadt Berlin 1936".

Wehrhaft, kraftvoll, unbeirrt das Ziel im Auge – so präsentiert sich die Symbolfigur der preußischen Monarchie im Preußenpark. Die originale Marmorplastik schmückte in der Kaiserzeit das zur Ruhmeshalle umfunktionierte Zeughaus

Das marmorne Original der Symbolfigur für Preußens Kraft und Stärke stand im Zeughaus Unter den Linden, das in der Kaiserzeit zur preußisch-deutschen Ruhmeshalle und Militärmuseum umgestaltet und mit zahlreichen Herrscher- und Generalsfiguren sowie Schlachtengemälden ausgestattet wurde. Vieles ging in der Kriegs- und Nachkriegszeit unter. Gerettet wurden unter anderem Bronzefiguren preußischer Könige und Kaiser, die man jetzt in den Gartenanlagen der Stammburg des Hauses Hohenzollern in Hechingen betrachten kann.

Die 4,50 Meter hohe Borussia, die Begas 1885 fertig gestellt hatte, erhob sich im damals überdachten Innenhof des Zeughauses, flankiert von Kanonen und Fahnen. Schlüters berühmte Masken sterbender Krieger kamen gegen diesen opulenten Schmuck nicht an. Wie sehr das Standbild der Borussia von Kaiser Wilhelm II. geschätzt wurde, zeigt die von ihm veranlasste Präsentation von Neuerwerbungen des Museums vor der Figur. Außerdem gab es vor dieser martialischen Kulisse kaiserliche Empfänge für die Generalität und Geburtstagsfeiern, aber auch Ansprachen des Monarchen. Die Nazis zelebrierten später an derselben Stelle monströse Heldengedenkfeiern im Beisein von Hitler und der Generalität.

Nach dem Ersten Weltkrieg wurde die Borussia aus dem Zeughaus entfernt. Die Aufstellung des Abgusses fällt mit der 1936 in Berlin veranstalteten Olympiade zusammen, die die Nazis zur internationalen Aufwertung ihrer Diktatur nutzten. Da passte es der nationalsozialistischen Propaganda gut ins Konzept, den Gästen aus aller Welt vorzuführen, dass preußische Tugenden und Traditionen, wie man meinte, unterm Hakenkreuz Schutz und Förderung genossen. Das Original der Borussia kam nach dem Zweiten Weltkrieg und etlichen Zwischenstationen mit weiteren Denkmälern in das Lapidarium im ehemaligen Pumpwerk am Halleschen Ufer.

Ähnlich erging es auch der lieblichen Figur einer Winzerin, von der ein Abguss aus Beton auf dem Bundesplatz an der Einmündung zur Mainzerstraße in Wilmersdorf steht. Das von Friedrich Drake im Jahr 1854 geschaffene Original aus Marmor, das ebenfalls im Lapidarium steht, zeigt eine schöne Frau in ländlicher Kleidung, die einen Korb voller Trauben auf dem Kopf trägt. Die Winzerin ist ein schönes Beispiel für die Gartenplastiken, mit denen der Große Tiergarten ursprünglich einmal geschmückt war. Die Versetzung nach Wilmersdorf erfolgte 1910, der Ersatz durch einen Abguss fand in den 1970er Jahren im Rahmen eines Programms zur Rettung wertvoller Plastiken vor weiterem Verfall und vandalischen Anschlägen statt.

Der Schritt vom Sprung zum Flug
Ikarus-Denkmal in Lichterfelde würdigt Otto Lilienthal

In einem Park an der Bäkestraße in Lichterfelde steht auf einer Steinpyramide eine überlebensgroße Figur mit ausgebreiteten Flügeln. Sie ist dem Flugpionier Otto Lilienthal (1848–1896) gewidmet. Das Denkmal stellt den legendären Ikarus dar, Sohn des Daidalos, des mythischen Erbauers des Labyrinths auf Kreta. Daidalos wollte mit seinem Sohn von der Insel fliehen und fertigte dazu für beide Flügel aus Federn und Wachs. Als sich der übermütige Ikarus, so die Legende, der Sonne näherte, schmolz das Wachs. Der kühne Flieger stürzte ins Meer und starb. Das von Peter Christian Breuer geschaffene Denkmal würdigt mit der Symbolfigur den unerschrockenen Konstrukteur und Experimentator Lilienthal, der sich schon als junger Mann mit der Frage auseinander gesetzt hatte, wie der Mensch das Fliegen erlernen kann. Lilienthals Bildnis schmückt die Vorderseite des leider durch Graffiti arg verschandelten Sockels mit der Widmung „Zu Ehren des ersten Fliegers Otto Lilienthal gestaltete Peter Breuer im Auftrag Lichterfelder Bürger dieses am 17. 6. 1914 eingeweihte Denkmal". Auf der Rückseite des Sockels wird der italienische Maler, Techniker und Experimentator Leonardo da Vinci (1452–1519), der wie Lilienthal Flugapparate erfunden hat, mit ein wenig pathetischen und auch nicht ganz verständlichen Worten zitiert: „Es wird seinen ersten Flug nehmen der große Vogel vom Rücken des Hügels aus das Universum mit Verblüffung. Alle Schriften mit seinem Ruhme füllend und ewige Glorie dem Ort wo er geboren ward".

Im südlichsten Zipfel von Steglitz gibt es im Lilienthal-Park ein weiteres Denkmal, das dem Flugpionier gewidmet ist. Es wurde 1932 enthüllt und steht auf dem so genannten Fliegerberg. Das ist jener Ort, an dem Otto Lilienthal seine ersten Flugversuche unternommen hat. Geschaffen von Fritz Freymüller, besteht die Anlage aus einem ringförmigen Laubengang um eine Weltkugel aus Bronze. Im Zweiten Weltkrieg hat man den Globus eingeschmolzen und durch eine Betonkugel ersetzt. Erst seit 1990 schmückt wieder eine neue Bronzekugel aus der Bildgießerei Kraas die Anlage.

Otto Lilienthal war Ingenieur und – ab 1881 – Inhaber einer Maschinenfabrik in Berlin, die unter anderem Dampfkessel und Dampfmaschinen herstellte. Ihn beschäftigte die Frage, wie sich der Mensch die dritte Dimension erobern kann. Lilienthal erkannte, dass künstliche Flügel, die mit menschlicher Muskel- oder durch Motorkraft bewegt werden, zu keinem Erfolg führten, und so suchte er andere Wege. Gewissenhaft studierte er den Bewegungsablauf der Vögel beim Fliegen. 1889 veröffentlichte er, seit 1886 Mitglied im Deutschen Verein zur Förderung der Luftschifffahrt, sein Buch „Der Vogelflug als Grundlage der Fliegekunst". Zeitgleich begann er seine Versuche mit selbstgebauten „manntragenden" Flugapparaten, mit denen er immerhin bis zu 250 Meter Flugstrecke zurücklegen konnte. Er experimentierte in seinem Garten, auf dem schon erwähnten Fliegerberg in seinem Wohnort Lichterfelde bei Berlin, den er hatte aufschütten lassen, und an Orten außerhalb von Berlin.

Die Übungen, die als „Schritt zum Sprung und vom Sprung zum Flug" beschrieben wurden, erregten großes Aufsehen. Fotografien vom Gleitflug eines Menschen gingen um die Welt. Am 9. August 1896 stürzte Lilienthal in den Rhinower Bergen bei Stölln ab und starb einen Tag später in Berlin an den Folgen dieses tragischen Unfalls. Dass sich Otto Lilienthal, der auch Erfinder der später so genannten Anker-Steinbaukästen und Inhaber von 20 Patenten war, darunter auch solchen für Flugapparate, den Musen zugehörig fühlte, ist kaum bekannt. Er war Leiter des Ostend-Theaters in der Großen Frankfurter Straße in Berlin, trat als Schauspieler auf und schrieb Theaterstücke, die heute allerdings keiner mehr kennt.

Mit Hut und Dogge

Der Reichskanzler auf dem Bismarckplatz

„Dem Fürsten Otto von Bismarck die dankbare Kolonie Grunewald" lautet die vergoldete Inschrift auf dem Sockel eines Denkmals, das seit 1996 wieder auf dem Bismarckplatz in Wilmersdorf steht. Dass es sich um eine neue Arbeit handelt, beweist die fehlende grüne Patina, die das Bismarck-Denkmal am Großen Stern bedeckt. Das von Max Klein geschaffene und 1897, noch zu Bismarcks Lebzeiten, in der stark prosperierenden Gegend vor den Toren der Reichshauptstadt auf einem Granitsockel enthüllte Original war seit dem Zweiten Weltkrieg verschwunden. Vermutlich wurde es zur Gewinnung von Bronze für die Kriegsindustrie eingeschmolzen, der so viele andere Standbilder und Kirchenglocken geopfert wurden. Das Modell für den wieder auf dem originalen Sockel stehenden Neuguss wurde von Harald Haacke geschaffen, von dem auch die vergrößerte Nachbildung der Pietà von Käthe Kollwitz in der Neuen Wache Unter den Linden stammt. Der Bildhauer orientierte sich bei seinem Bismarck-Denkmal hauptsächlich an alten Fotos und hat eine weitgehende Übereinstimmung mit dem Original erreicht.

Im Gegensatz zu dem riesigen Reichskanzler-Memorial am Großen Stern kommt das Wilmersdorfer Denkmal privat und ohne allegorisches Beiwerk daher. Der Reichsgründer und Hundenarr ist als Spaziergänger mit Stock und Dogge dargestellt. Das war vor und nach Bismarcks Tod (1898) ein beliebtes Motiv. Schwierigkeiten bereitete Haacke die Nachbildung des großen Hundes. Da es keine verlässlichen Vorlagen für ihn gab und die Hunderasse nicht mehr existiert, griff der Bildhauer auf Vorbilder zurück, die ihm das Museum in Bismarcks letztem Wohn- und Sterbeort Friedrichsruh zur Verfügung stellte.

Angesichts der Finanzkalamitäten und der politischen Signalwirkung einer Neuaufstellung des Denkmals auf dem Bismarckplatz gab es 1996 bei Lokalpolitikern heftige Diskussionen. Durchgesetzt hat sich die Fraktion, die die kleine Grünanlage wieder mit dem bronzenen Bildnis des Eisernen Kanzlers besetzt wissen wollte. Ihr zu Hilfe kam die Stiftung Klassenlotterie, die die Kosten übernahm.

Auf dem Bismarckplatz kommt Otto von Bismarck privat daher, einen Hund zur Seite. Der Aufstellung der Bronzekopie gingen kontroverse Diskussionen über die Frage voran, ob und wie man den Reichskanzler hundert Jahre nach seinem Tod ehren sollte.

In den Debatten wurde daran erinnert, dass die Neuaufstellung des Denkmals durch den Heimatverein eine
Reverenz an Otto von Bismarck darstellt, in dessen später
Amtszeit die Villenkolonie Grunewald entstand: ein von
reichen und einflussreichen Bankiers und Industriellen,
aber auch von Künstlern und Wissenschaftlern bewohnter
und mit zahlreichen teuren Villen besetzter Vorort. Eine
Gründungsurkunde existiert nicht, wohl aber ein
Kaufvertrag von 1889 zwischen der Kurfürsten-
dammgesellschaft und der für diese Gegend zuständigen
Regierung in Potsdam. Der Kanzler stellte sich das Areal
als eine Art „Bois de Boulogne" vor, erschlossen und
erreichbar durch den Kurfürstendamm, dessen breiter
Ausbau als Boulevard ebenfalls auf eine Initiative
Bismarcks zurückgeht.

Ausdruck pietätvoller Dankbarkeit

*Kaiser Wilhelm I. im Grunewaldturm und Fürst Jaczo
auf der Halbinsel Schildhorn*

Auf dem Karlsberg an der Havelchaussee in Wilmersdorf
erhebt sich der 52 Meter hohe Grunewaldturm. Errichtet
im Stil märkischer Backsteingotik nach Plänen von Franz
Schwechten, dem Architekten der auch als Denkmal für
die preußische Herrscherfamilie zwischen 1891 und 1895
erbauten Kaiser-Wilhelm-Gedächtniskirche am Breit-
scheidplatz, birgt das inwendig begehbare Bauwerk ein
Marmordenkmal Kaiser Wilhelms I. Das brachte ihm den
Namen Kaiser-Wilhelm-Gedächtnisturm ein, doch wurde
das Bauwerk, von dessen Spitze man einen wunderbaren
Blick auf die wasserreiche Landschaft zwischen Berlin
und Potsdam hat, 1948 in Grunewaldturm umbenannt.
Ungewöhnlich in ihrer Diktion ist die Turminschrift. „Der
Kreis Teltow baute mich 1897, König Wilhelm I. zum

Gedächtnis". Unerwähnt ist der Anlass, nämlich der einhundertste Geburtstag des Monarchen, der seit 1871 deutscher Kaiser war.

Wilhelm II. hatte den Bildhauer Ludwig Manzel für die Ausführung der Statue seines über alles geliebten Großvaters bestimmt. Bei dem durch diverse Herrschermonumente ausgewiesenen Künstler konnte sich der Kaiser sicher sein, dass Wilhelm I. so gezeigt wird, wie man ihn kannte und sehen wollte: stehend und ohne Kopfbedeckung, auf dem schlichten Militärrock prangt der von Friedrich dem Großen gestiftete Militärorden Pour le Mérite. Auf Bronzereliefs an den Wänden der mit bunten Wappenmosaiken geschmückten Turmhalle erkennt man die Bildnisse enger Vertrauter des Monarchen – Prinz Friedrich Karl sowie Bismarck, Moltke und Roon. Die beiden kaiserlichen Nachfolger Friedrich III. und Wilhelm II. sind auf den bunten Glasfenstern verewigt.

Wilhelm II. konnte der Weihe des Turms nicht beiwohnen, beglückwünschte aber den Kreis Teltow telegrafisch „zu diesem ebenso schönen wie würdigen Ausdruck pietätvoller Dankbarkeit gegen den hochseligen Kaiser Wilhelm den Großen". Hier verwandte der Enkel einen von ihm erfundenen Beinamen, der sich im Gegensatz zu der Bezeichnung für Friedrich den Großen nicht durchgesetzt hat.

Auf dem Nordwesthang der Halbinsel Schildhorn, ein paar Kilometer vom Grunewaldturm entfernt, steht seit 1845 eine von Friedrich August Stüler auf Anregung Friedrich Wilhelms IV. entworfene Gedenksäule für den Fürsten Jaczo von Köpenick. Er soll an dieser Stelle zum Christentum übergetreten sein, nachdem er auf der Flucht vor Markgraf Albrecht dem Bären die Havel durchschwommen hatte. Die Säule auf einer Anhöhe mit Blick auf die Havel trägt an der Spitze ein Kreuz. Der Schaft erinnert an einen Baum mit abgesägten Ästen. Auf das Mittelalter verweist ein runder Bronzeschild, den Ritter zu Jaczos Zeiten zu ihrem Schutz verwendeten. Da das Denkmal keine Inschrift trägt, wäre eine Informationstafel mit Hinweisen auf den historischen Anlass seiner Errichtung nötig.

Stehender Steuben und galoppierende Pferde
Amerikanisches in der Clayallee

Das Denkmal des in den USA hoch angesehenen, aus Preußen stammenden Generals Friedrich Wilhelm von Steuben (1730–1794) in Dahlem, nicht weit vom Alliiertenmuseum entfernt, ist ein schönes Zeugnis deutschamerikanischer Freundschaft. 1987, zur 750-Jahrfeier Berlins, wurde an der Kreuzung Clayallee/Hüttenweg die überlebensgroße Bronzefigur aufgestellt. Geehrt wird der in Magdeburg geborene General stehend in der Uniform des späten 18. Jahrhunderts. Die Figur – einen Dreispitz auf dem Kopf, aufgeknöpfte Uniform, einen Orden auf der Brust und den Degen an der Seite – ist konventionell gestaltet und atmet eigentlich wenig von der Persönlichkeit und historischen Wirkung dieses herausragenden Militärführers, der seine ersten Meriten in der Armee Friedrichs des Großen während des Siebenjährigen Kriegs erwarb und zum Freundeskreis des Prinzen Heinrich von Preußen, eines jüngeren Bruders des Königs, gehörte.

Die Vereinigten Staaten von Amerika haben Friedrich Wilhelm von Steuben viel zu verdanken. Von dem Denkmal in Washington gibt es Nachgüsse in Dahlem (Foto) sowie in Potsdam und Magdeburg, wo er 1730 geboren wurde.

Eine Bronzetafel auf der Rückseite des hohen Sockels erklärt, wie das Steuben-Monument nach Berlin-Dahlem kam: „Friedrich Wilhelm von Steuben preußischer Offizier unter Friedrich dem Großen/Unter George Washington Generalinspekteur und Kämpfer für die Freiheit der Vereinigten Staaten/Das Urbild dieses Denkmals, geschaffen von Albert Jaegers, steht in Washington/Eine Abformung stand als Geschenk des Kongresses der USA von 1911 bis 1945 in Potsdam/Hier neuerrichtet 1987 aus Anlass der 750-Jahrfeier Berlins im Zeichen der Freundschaft zwischen dem deutschen und amerikanischen Volk". Die Inschrift ist nicht ganz aktuell, denn 1994 kehrte anlässlich von Steubens 200. Todestag ein weiterer Nachguss des Denkmals als Ersatz für die nach dem Zweiten Weltkrieg eingeschmolzene Figur nach Potsdam zurück und wurde vor dem Marstall (Film-museum) aufgestellt. Ein drittes Denkmal Steubens steht seit 1996 in dessen Geburtsstadt Magdeburg.

Steubens Aufstieg in der friderizianischen Armee folgte 1763 nach Auseinandersetzungen mit einem Vorgesetzten der jähe Absturz. Der Offizier musste sich nach anderen Aufgaben umschauen und fand sie zunächst als Prinzen-erzieher in Süddeutschland. Dank der Bekanntschaft mit Benjamin Franklin gelang der Wechsel nach Übersee. Während des amerikanischen Unabhängigkeitskrieges, in dem 13 britische Kolonien gegen das Mutterland kämpf-ten, wurden Steuben wichtige militärische Aufgaben übertragen. Er reformierte und modernisierte die Armee seiner Wahlheimat nach preußischem Vorbild und ver-stand es, die Soldaten für den Freiheitskampf zu begeis-tern. Er trainierte dabei neue Methoden für das Schießen und kümmerte sich intensiv um Unterkünfte, Uniformen und Verpflegung, wodurch er Menschenverluste durch Seuchen, Kälte und ungenießbare Nahrung vermied. Berühmt wurde das von ihm verfasste „Blaue Buch", eine

Sammlung von militärischen Vorschriften für die Truppen der Vereinigten Staaten. 1910 enthüllte US-Präsident Howard Taft gegenüber dem Weißen Haus das erste ihm gewidmete Denkmal. Eine Kopie gelangte nach Potsdam und wurde 1911 von Kaiser Wilhelm II. eingeweiht. Seit 1936 wird Steuben alljährlich in Washington durch die nach ihm benannte Konfetti-Parade geehrt.

Von ganz anderer Art ist ein wenige Schritte von Steuben entfernt stehendes Denkmal zum Gedenken an die Luftbrücke 1948/49 und den Fall der Mauer. Eine Gruppe von fünf wilden Pferden stürmt an der Clayalle/Ecke Hüttenweg, nicht weit vom Alliiertenmuseum, über Reste der Berliner Mauer hinweg. Kein Beton, kein Stacheldraht kann die bronzenen Renner aufhalten. Das von Veryl Goodnight gestaltete Monument „The Day Wall Came Down" (Der Tag, an dem die Mauer fiel) ist ein Geschenk des Volkes der USA an das deutsche Volk „zur Erinnerung an den gemeinsamen Einsatz für Freiheit und Demo-kratie", wie es auf einer daneben stehenden Tafel heißt. Mit den Pferden wollte die Künstlerin nach eigenem Bekunden nicht zu bändigenden Freiheitswillen und den Sieg über menschlichen Ungeist symbolisieren. Am 2. Juni 1998 wurde das Monument aus Anlass des 50. Jahrestages der Berliner Luftbrücke im Beisein des früheren US-Präsidenten George Bush feierlich enthüllt.

Fahrt in den Tod
Mahnmal am Verladebahnhof Grunewald

Vom Bahnhof Grunewald wurden zwischen 1941 und Frühjahr 1945 tausende Berliner Juden in die Konzen-trations- und Vernichtungslager verschleppt. An das un-vorstellbare Leid erinnern Gedenktafeln und zwei Mahn-male. Rechts neben dem Bahnhofseingang steht seit 1991 eine Gedenkstätte, die von Karol Broniatowski geschaffen wurde. Die 18 Meter lange Betonmauer säumt die Fontanestraße parallel zum Bahnhof. In sie sind Körper gleichsam hineingedrückt. So kann man nur noch sdie Umrisse jener Menschen wahrnehmen, die von hier aus in den Tod geschickt wurden. Auf einer Bronzetafel wird an die mehr als 55.000 Juden Berlins erinnert, „die zwischen Oktober 1941 und Februar 1945 vorwiegend vom Güterbahnhof Grunewald aus durch den nationalsozialistischen Staat in seine Vernichtungslager deportiert und dort ermordet wurden. Zur Mahnung an uns, jeder Mißachtung des Lebens und der Würde des Menschen mutig und ohne Zögern entgegenzutreten".

In einem Bericht von Inge Deutschkron in dem Buch „Ich trug den gelben Stern" ist zu lesen, dass die Deportationszüge vom Bahnhof Grunewald abfuhren, „weil einige Berliner am Lehrter Bahnhof Zeugen der ersten Deportationen geworden waren und nicht unbedingt zustimmende Bemerkungen gemacht hatten. Vielleicht hatte es die Gestapo dort am Waldesrand auch leichter, die Leute noch einmal ungestört zu filzen und jenen, die da geglaubt hatten, ein bißchen Geld oder ein Goldstück, in einen Rocksaum eingenäht, könne ihnen eine Hilfe werden, unter Hohngelächter auch noch das letzte abzunehmen". Eine andere Zeugin, Marta Mierendorff, schrieb, was sich Weihnachten 1942 ereignete: „Die Gemeinde war von der Aktion, arbeitende Juden direkt von den Arbeitsstellen zum Güter- (oder) Verladebahnhof Grunewald bringen zu lassen, informiert. Mitarbeiter, u. a. mein Mann, wurden von der Gestapo ,abkommandiert', in die verlassenen Wohnungen zu gehen … und die Kinder zum Bahnhof zu bringen, um sie mit den Eltern auf Transport zu schicken … Man denke: Während ein Teil der Bevölkerung unter den Tannenbäumen saß, lief diese Aktion, unbemerkt von den Nichtbetroffenen, planmäßig ab".

Vom Bahnhof Grunewald wurden tausende Berliner Juden in den Tod geschickt. Mit ihren schemenhaften Umrissen in der Gedenkmauer mahnen sie die Lebenden.

Anfang 1998 wurde auf dem Gleis 17 des Bahnhofs Grunewald von der Deutschen Bahn AG ein weiteres Mahnmal enthüllt. Geschaffen von Nicolaus Hirsch, Wolfgang Lorch und Andrea Wandel, dokumentiert es auf den Eisenplatten die einzelnen Deportationszüge. Am Wärterhäuschen auf dem Bahnhofsgelände ist seit 1987 eine Bronzetafel angebracht, die ebenfalls auf die Deportation und Ermordnung jüdischer Bürger in der Zeit des Nationalsozialismus hinweist. Eine Gedenktafel von 1973, die an die grausige Vergangenheit des Bahnhofs Grunewald erinnerte, war 1986 gestohlen worden.

X. Von Pankow nach Friedrichshain

Ihr Tod war nicht vergebens
Ehrenmal in der Schönholzer Heide

„Nicht vergebens war der Tod und das verflossene Blut der Sowjetsoldaten. Nicht vergebens der Kummer und die Tränen der trauernden Mütter, Witwen und Waisen. Sie rufen zum Kampf für den dauernden Frieden unter den Völkern auf", so lautet die Inschrift auf einem Granitstein im sowjetischen Ehrenmal Schönholzer Heide im Bezirk Pankow. Die Grünfläche vor den Toren Berlins war im 19. Jahrhundert ein beliebtes Ausflugsziel. In der Nazizeit existierte hier ein großes Zwangsarbeitslager. Vom Mai 1947 bis November 1949 auf einer Fläche von 30.000 Quadratmetern nach einem Entwurf des Bildhauers I. G. Perschudtschew unter der Leitung von K. A. Solowjew erbaut, ist auch das Schönholzer Ehrenmal wie die Anlagen im Tiergarten und in Treptow zugleich Erinnerungsstätte und Soldatenfriedhof. Hier wurden über 13.000 Rotarmisten beigesetzt, unter ihnen 120 Frauen, die im Frühjahr 1945 bei den Kämpfen um und in Berlin fielen. Das Baumaterial kam, wie bei den anderen Ehrenmalen, aus Hitlers Reichskanzlei, aber auch aus halbzerstörten Amtsgebäuden des NS-Regimes und aus Ruinen. Viele Blöcke stammen aus einem Steinlager östlich der Oder, das die Nazis für ein gigantisches Siegesdenkmal angelegt hatten.

Zwei Säulen am Eingang tragen Schalen für die Ewige Flamme, zu beiden Seiten der Allee stehen große Granitwürfel mit Bronzereliefs, auf denen das kämpfende und das trauernde Sowjetvolk symbolisiert wird. Vor einem 33,4 Meter hohen Obelisken im hinteren Teil der Gedenkanlage steht die Bronzeplastik einer Mutter, die um ihren toten, mit einer Fahne bedeckten Sohn trauert.

Der Sockel ist als Ehrenhalle gestaltet. In der darunter liegenden Gruft haben zwei sowjetische Offiziere ihre letzte Ruhe gefunden. In zwei Pavillons wird Generalissimus Josef Stalin mit den Worten zitiert: „Die Rote Armee hat in ihrer Entwicklung einen ruhmvollen Weg zurückgelegt. Sie hat ihre historische Aufgabe in Ehren erfüllt. Ihr gilt mit Recht die Liebe des Sowjetvolkes". Da die Anlage unter Denkmalschutz steht, müssen die Aussprüche des sowjetischen Diktators, der Millionen Menschen auf dem Gewissen hat und mit Hitler zeitweilig durch den berüchtigten Nichtangriffspakt von 1939 verbunden war, respektiert werden. Allerdings sind etliche dieser Inschriften zum Ruhm der Roten Armee und des sowjetischen Volkes kaum noch lesbar, weil viele Buchstaben herausgebrochen sind. Den Ehrenhain umschließt eine 560 Meter lange Mauer, in die einhundert Bronzetafeln eingelassen sind. Auf ihnen stehen die Namen von Soldaten, die hier bestattet wurden, soweit man sie identifizieren konnte. Eine kleine Gedenkstätte innerhalb der Anlage ist den sowjetischen KZ-Opfern gewidmet. „Sie unterwarfen sich nicht dem Faschismus. Ihre Liebe zur Heimat, die Treue zu ihrem Volk waren stärker als der Tod", lautet die deutsche Übersetzung der russischen Widmung.

Allen Abbruchversuchen getrotzt
Das Thälmann-Denkmal an der Greifswalder Straße

Bilderstürmern ist schon lange die Puste ausgegangen. Ihre Pläne zur Umgestaltung oder Beseitigung des Monuments des KPD-Führers Ernst Thälmann (1886–1944) im gleichnamigen Park an der Greifswalder Straße verstauben in den Schubladen, während Graffiti-Maler den mächtigen Bronzekopf immer wieder attackieren. Als im Winter 1991/92 das Lenin-Denkmal auf dem Lenin-platz, dem heutigen Platz der Vereinten Nationen, abgerissen wurde, schien auch das Schicksal des von dem sowjetischen Bildhauer Lew Kerbel entworfenen Thälmann-Denkmals besiegelt. Viel Sympathie hatte das Memorial nie: Viel zu groß geraten, erinnerte es ironischerweise an die riesigen Präsidentenköpfe am Mount Rushmore im amerikanischen Staat South Dakota.

In trauriger Erinnerung ist, dass dem in Lauchhammer gegossenen und 1986, zum 100. Geburtstag des 1944 in Buchenwald ermordeten KPD-Führers, mit viel Pomp von SED- und Staatschef Erich Honecker geweihten Koloss ein riesiger Gasometer in der Nähe geopfert wurde. Der Ost-Berliner Denkmalschutz war damals nicht einflussreich genug, die Vernichtung wertvoller historischer Substanz zu verhindern. Ein runder Kopf und ein runder Gasbehälter – das schien den SED-Politbürokraten und ihrem sowjetischen Starkünstler zu viel zu sein. Bei der Sprengung des Gasometers zeigte sich so etwas wie Opposition, und es gab sogar Pfiffe, als das riesige Gewölbe nach mehreren vergeblichen Sprengversuchen schließlich in sich zusammenfiel.

Noch in DDR-Zeiten wurde vorsichtig Kritik an dem starr und klobig auf hohem Sockel platzierten Bronze-Thälmann mit erhobener Rot-Front-Faust und wehender Hammer-und-Sichel-Fahne geübt. Der DDR-Verband der bildenden Künstler, den SED- und Staatschef Erich Honecker bei der Auftragsvergabe übergangen hatte, musste sich mit der Bevorzugung des sowjetischen Starbildhauers abfinden. Vergeltung kam erst nach der politischen Wende 1989/90, als man mit Kritik nicht hinter dem Berg hielt und Forderungen nach Abbau laut wurden. Da das Geld fehlte, den 50 Tonnen schweren Koloss zu zerlegen und abzutransportieren und außerdem der 1944 von den Nazis ermordete Thälmann nach wie vor ein populärer Mann war, kam es nicht zu dem Abriss.

Das 1986 eingeweihte Thälmann-Denkmal ist ein wuchtiges Zeugnis für die offizielle Monumentalkunst in der Spätphase der DDR. Bisher hat die Bronze allen Abrissversuchen getrotzt.

Gelegentlich gab es Vorstöße, das umstrittene Bronzemonument zu verfremden, ohne es gleich zu beseitigen. Solche Rettungsversuche, etwa durch Begrünung mit rankenden Pflanzen, hatten hier und beim Lenin-Denkmal keinen Erfolg. Doch während auf dem Platz der Vereinten Nationen der Sowjetführer aus Granit ziemlich leicht zu demontieren war, ist sozusagen Gras über den bronzenen KPD-Führer gewachsen, und kaum jemand regt sich noch über dieses künstlerische Missgeschick aus der Spätzeit der DDR auf. Ohne offiziellen Auftrag indes wurde das Monument dennoch verändert. Graffiti-Sprayer haben sich seiner bemächtigt, wogegen Unbekannte mit der auf-

gemalten Inschrift „Eingekerkert – ermordet – beschmiert" protestierten. Da der Senat und der Bezirk
Prenzlauer Berg kein Geld haben, das Memorial beispielsweise durch Anlage eines künstlichen Gewässers weiter
zu verfremden, wie es dem Graphiker und engagierten
Retter von gefährdeten Denkmälern, Manfred Butzmann,
vorschwebte, und wirksamer Schutz nicht gewährt wird
(wie übrigens bei vielen anderen Freiplastiken auch
nicht!), bleibt es bei den gelegentlichen Farbattacken mit
anschließender aufwändiger Reinigung.

Triumph der Humanität über das Böse
Barlachs Geistkämpfer

Schon längere Zeit vor dem Ende der DDR gab es
Bestrebungen, auf dem Bebelplatz, dem früheren
Opernplatz an der Straße Unter den Linden, der nationalsozialistischen Bücherverbrennung am 10. Mai 1933
durch ein weithin sichtbares Denkmal zu gedenken. Es
blieb bei einer bescheidenen Bronzetafel an der ehemaligen Königlichen Bibliothek, die die Berliner wegen ihrer
geschwungenen Form auch Kommode nennen. Ein auf
hohem Sockel stehendes Memorial hätte bei der Nutzung
des Areals für Aufmärsche und Kundgebungen die SED-
und Staatsspitze wohl gestört.
1995 wurde in der Mitte des Platzes zwischen Staatsoper,
Hedwigskathedrale, Bankgebäude und Kommode die
von Micha Ullman gestaltete „Versunkene Bibliothek"
eingerichtet, um die nun eine Tiefgarage gebaut wird.

*Das Sinnbild für den Sieg von Bildung und Humanität über die
Mächte der Finsternis erinnert daran, dass das Gotteshaus in der
Wendezeit 1989/90 ein Zentrum der ostdeutschen Opposition war.*

In den frühen 1990er Jahren hatte man für kurze Zeit daran gedacht, die Figur des „Geistkämpfers" von Ernst Barlach auf den Platz zu stellen. Es handelt sich bei dieser in Bronze gegossenen Symbolfigur des Triumphs der Humanität über das Böse nicht um das Original, sondern um eine in der Friedenauer Traditionsgießerei von Hermann Noack gefertigte Kopie aus dem Jahr 1990. Der von Barlach 1928 für eine Kirche in Kiel geschaffene Engel steht mit erhobenem Schwert auf einem an einen Löwen erinnernden Mischwesen und symbolisiert damit den Sieg von Geist und Humanität über Gewalt und Unmenschlichkeit.

Der 60. Jahrestag der Bücherverbrennung schien für die Aufstellung des Barlach'schen Werkes ein geeignetes Datum zu sein. Das vom Kulturausschuss des Abgeordnetenhauses und weiten Teilen der Bevölkerung favorisierte Projekt zerschlug sich, und der 10. Mai 1993 ging ungenutzt vorbei, sehr zum Bedauern auch der Nachkommen des Künstlers, der in der Nazizeit zu den Verfemten gehörte, weshalb sein Bildwerk für den Ort des schrecklichen Autodafés von vielen Befürwortern als besonders geeignet angesehen wurde.

Die Figur fand an einer Mauer der Gethsemanekirche an der Stargarder Straße einen Platz. Eine Berechtigung für diese Aufstellung gibt es allemal, kamen im Wendeherbst 1989 doch hier viele Anders- und Nachdenkende in dem neogotischen Gotteshaus zum Gebet und zu Protestversammlungen zusammen. Hier hinein flüchteten sich vor prügelnden Volkspolizisten und Stasileuten auch die vielen vor allem jugendlichen Demonstranten, die gegen die offiziellen Feierlichkeiten zum 40. Gründungstag der DDR am 7. Oktober 1989 protestiert und damit den Anfang vom Ende der DDR eingeläutet hatten.

Soziales Elend angeprangert
Dichterpaar auf dem Arnimplatz

Die Häuser rund um den Arnimplatz im Prenzlauer Berg wurden zwischen 1896 und 1925 gebaut. In DDR-Zeiten befand sich hier das größte Ost-Berliner Sanierungsgebiet. Auf dem Platz steht in einem Rondell unter alten Bäumen seit Oktober 1997 das überlebensgroße Bronzedenkmal des Dichterpaars Bettina und Achim von Arnim. Geschaffen von Michael Klein, würdigt die Doppelplastik zwei herausragende Dichter der Romantik. Der Bildhauer zeigt uns ein sitzendes Paar, das sich liebevoll umfasst. Die junge Frau schaut aufmerksam in die Ferne, der Mann denkt in sich gekehrt nach. Bettina von Arnim (1785–1859), die Schwester des Dichters Clemens Brentano, kam aus einem musischen Haus und verehrte den wesentlich älteren Goethe, dem sie auch ein – allerdings nicht realisiertes – Denkmal widmete. Den Ertrag aus dieser Freundschaft hat sie unter dem Titel „Goethes Briefwechsel mit einem Kinde" publiziert, womit sie ihre Karriere als Schriftstellerin begründete. Seit 1811 war Bettina Brentano mit dem Dichter Achim von Arnim verheiratet. Die beiden lebten abwechselnd in Berlin und auf dem Gut Wiepersdorf (Landkreis Teltow-Fläming), wo sie einen von bekannten Persönlichkeiten ihrer Zeit gern besuchten Musenhof unterhielten. Die Autorin erkannte klarsichtig die Gebrechen ihrer Zeit und bedrängte die damals Herrschenden, für Abhilfe zu sorgen. Die großen Hoffnungen, die sie in den Thronwechsel von 1840 setzte, wurden enttäuscht. König Friedrich Wilhelm IV. war nicht bereit, das überlebte Feudalsystem zu reformieren und in Gestalt eines gewählten Parlaments Macht an das Volk abzugeben. Dem Herrscher widmete sie 1843 eine Streitschrift mit dem ungewöhnlichen Titel „Dies Buch gehört dem König". Darin schildert sie schonungslos die erbärmliche Lage der Ärmsten der Armen, die im so genannten Voigtland und in anderen Berliner Elendsvierteln hausten. Zwar hat der König den Eingang dieses Aufsehen erregenden Buches bestätigt, doch ob er es gelesen hat, steht dahin. Außerdem dürfte es Friedrich Wilhelm IV. als Unbotmäßigkeit empfunden haben, dass ihn eine seiner Untertanen aufforderte, „ein guter König des Volkes" zu werden. Mit einem solchen zwar lobenswerten, aber irrealen Ansinnen hat Bettina von Arnim den „Romantiker auf dem Thron" überfordert, denn das von ihm und seinen Ratgebern, unter denen auch Verwandte der Arnims waren, vertretene „monarchische Prinzip" sah zwar Volksnähe, aber keine wirkliche Volksbeteiligung an der Macht vor.

Der Dichter und Publizist Achim von Arnim (1781–1831) begann seine berufliche Laufbahn als Naturwissenschaftler. Doch bewirkte die Bekanntschaft und Zusammenarbeit mit Clemens Brentano, Bettinas Bruder, eine verstärkte Hinwendung zur Literatur. Mit ihm veröffentlichte Arnim 1805 die Volksliedsammlung „Des Knaben Wunderhorn". In der Zeit von Preußens Niedergang und Erneuerung engagierte er sich für die Stein-Hardenberg'schen Reformen. Der Arnimplatz wurde 1903 nach Achim von Arnim benannt. Die Aufstellung des schon in DDR-Zeiten geplanten, aber erst nach der Wende realisierten Denkmals bezieht seine Frau Bettina in die längst fällige Ehrung ein.

Dichter ohne Kämpferpose

Das Heine-Denkmal am Weinbergsweg

Im Volkspark am Weinbergsweg steht auf einer kleinen Anhöhe das Denkmal des Dichters Heinrich Heine (1797–1856), der in Berlin studiert und der Stadt in seinen

Seiner „unkämpferischen" Pose verdankt das Heine-Denkmal
die Abschiebung an den Weinbergsweg. Seit Dezember 2002
steht ein Zweitguss unweit der Straße Unter den Linden

„Briefen aus Berlin" ein wunderbares literarisches
Denkmal gesetzt hat. Darin verfasste Heine aufschlussrei-
che Beschreibungen der Zustände in der preußischen
Hauptstadt, die um 1822 unter der Regentschaft Friedrich
Wilhelms III. alles andere als freiheitlich und demokra-
tisch beschaffen waren. An der Spree machte der junge
Mann bereits erste Bekanntschaft mit der Zensur, setzte
sich mit antisemitischen Elaboraten auseinander und sah
sich Anfeindungen von Möchtegern-Literaten gegenüber.
Den Studenten der Rechte langweilten die Vorlesungen
an der Universität, von der aus man einen wunderbaren
Blick auf den Linden-Boulevard hatte. Stattdessen ver-

kehrte er im literarischen Salon der Rahel Varnhagen, unterhielt sich in Cafés mit Gelehrten und Künstlern, schrieb Gedichte und verfasste eben auch jene treffenden Beobachtungen in Briefform, die uns die Zustände im biedermeierlichen Berlin auf unnachahmliche Weise näher bringen.

Das zu Heines einhundertstem Todestag 1956 von Waldemar Grzimek geschaffene Bronzemonument zeigt den jungen Mann, wie er in bequemer Kleidung mit offenem Hemdkragen auf einem Stuhl ohne Lehne sitzt, als ob er gerade ein Gedicht deklamiert. Das Gesicht ist offen, die Augen schauen ein wenig belustigt. Seine Beine hat Heine weit von sich gestreckt. Der Bildhauer war sich bewusst, dass seine Figur keine „behäbig dasitzende Gestalt" sein konnte. „Wenn ich einen freiheitlichen, temperamentvollen Streiter, der doch Eleganz und Lebensgenuss bejahte, wiedergeben wollte, so konnte ich ihm keinen Frack anziehen, und seine monumental ausladenden Gebärden mussten Merkmale des feminin Empfindsamen an sich haben", schrieb Grzimek. Er musste sich gegen den Verdacht zur Wehr setzen und wurde darin von seinen Bildhauerkollegen Fritz Cremer und Gustav Seitz unterstützt, Heine sei viel zu feingliedrig und intellektuell aufgefasst, keineswegs als großer Sänger und Streiter des deutschen Vormärz, als Freund von Marx und Engels, sondern als Dichter eher unverbindlicher Liebeslieder. Weil es den Erwartungen der damaligen Führung und offiziellen Kunstkritik nicht entsprach, wurde das Denkmal von der Straße Unter den Linden im Februar 1958 auf seinen jetzigen Standort abgeschoben.

Um den niedrigen Sockel zieht sich ein Relief, das Lebensstationen Heines und Szenen aus seinem dichterischen Werk schildert, dazu Episoden aus der Revolution von 1848/49. Eine Inschrift an der Vorderseite zitiert den Dichter: „Wir ergreifen keine Idee, sondern die Idee ergreift uns und knechtet uns und peitscht uns in die Arena hinein, dass wir wie gezwungene Gladiatoren für sie kämpfen."

Vor einigen Jahren gab es Bestrebungen, das Denkmal vom Weinbergsweg an die Stelle zu bringen, wo es eigentlich hingehört – in das Kastanienwäldchen unweit der Neuen Wache Unter den Linden. Der damalige Direktor des Deutschen Historischen Museums, Christoph Stölzl, betonte, das sei eine Wiedergutmachung zunächst für den Dichter, der preußische Zustände vielfach gegeißelt habe und in Berlin nicht immer freundlich behandelt wurde, aber auch für den Bildhauer, der unter der Verbannung seines Denkmals gelitten habe. Da das Heine-Denkmal seinen jetzigen Standort nicht verlassen soll, hat der Unternehmer und Mäzen Peter Dussmann die Finanzierung eines Zweitgusses zur Aufstellung im Kastanienwäldchen angeboten. Nach vielem Hin und Her wurde die in der Gießerei Hermann Noack geschaffene Doublette des Heine-Denkmals am 13. Dezember 2002, dem 205. Geburtstag des Dichters, aufgestellt, leider nicht neben der Neuen Wache, wie es Grzimek geplant hatte, sondern links dahinter. Der Ort ist ein Kompromiss, denn vorn an den Linden stehen bereits Monumente preußischer Militärs. Damit erfahren mit jahrzehntelanger Verspätung Dichter und Bildhauer so etwas wie eine Ehrenrettung. Manchmal brauchen die Dinge ihre Zeit.

Vom vielen Berühren ganz blank

Käthe Kollwitz thront souverän im Prenzlauer Berg

Im Jahr 1958 wurde auf dem Kollwitzplatz im Prenzlauer Berg das von Gustav Seitz geschaffene Denkmal der Graphikerin und Bildhauerin Käthe Kollwitz (1867–1945) enthüllt. Berlin ehrte damit eine Künstlerin, die sich mit ihrem ganzen Können der Humanität und dem Kampf für den Frieden verschrieben hatte und in der Nazizeit Verfolgten und Verfemten ein Beispiel gab. Der Standort befindet sich nur wenige Schritte von jenem Haus entfernt, in dem die Familie Kollwitz – der in dieser Proletariergegend tätige Arzt Dr. Karl Kollwitz, die Künstlerin und ihre Kinder – fast ein halbes Leben lang lebte. 1943 wurde das Wohnhaus bei einem Luftangriff zerstört.

Auf halbhohem Steinsockel hat die bronzene Kollwitz Platz genommen. Es ist, als ob sie von der Arbeit ausruhen würde, bevor sie sich wieder auf den Weg macht zu ihrem Wohnhaus gleich gegenüber. Die überlebensgroße Figur, für die Seitz Selbstdarstellungen der Künstlerin herangezogen hat, strahlt Ruhe aus. Die Kollwitz lächelt, verhalten in sich gekehrt. Auf ihren Beruf weisen Zeichenkohle und Skizzenmappe. Das lange Kleid verleiht der Figur fließende Konturen.

Dass die Bronze allseits beliebt ist, zeigt sich zu jeder Jahreszeit. Kinder turnen auf dem flachen Sockel, reiben die Nase und die Wangen blank, putzen das Metall an Falten, Ecken und Kanten. Im wahrsten Sinne des Wortes ein Denkmal zum Anfassen.

An der Ecke Kollwitz- und Knaackstraße, mitten in dem auch von Touristen gern besuchten Viertel, stand noch vor einigen Jahren auf einer kleinen Grünanlage am Ort des zerstörten Kollwitz-Wohnhauses ein Gedenkstein, 1951 von Fritz Diederich nach der Kollwitz-Plastik „Die Mutter" von 1935 geschaffen. Die Kalksteinfigur zeigt eine unbekleidete, auf dem Boden kauernde Frau, die zwei nackte Kinder umfasst, damit andeutend, dass die Jüngsten und

Käthe Kollwitz schaut, den Zeichenstift in der Hand und einen Skizzenblock zur Seite, vom schönsten Platz in Prenzlauer Berg auf den Ort, an dem einmal ihr Wohnhaus stand.

Schwächsten besondere Aufmerksamkeit und Liebe brauchen. Die ideologisch überfrachtete Inschrift auf dem Gedenkstein aus der Frühzeit der DDR belehrt: „In der Finsternis vor dem zweiten Kriege hat Käthe Kollwitz dieses Werk geschaffen.
Die Mutter will ihre Kinder retten. Bewahren. Wohin? Wovor? Dunkel drohen Brand und Mord. Die 1945 verstorbene Künstlerin setzte auf dem Platz, wo sie fünfzig Jahre im Volke lebte, das eigene Werk – Zum Gedächtnis der demokratische Magistrat von Berlin im Jahre des ersten Deutschlandtreffens der Jugend für den Frieden." Im Zusammenhang mit der Neubebauung des Grundstücks wurde der Gedenkstein vor einigen Jahren vor das Standesamt des Bezirks Prenzlauer Berg in die Fröbelstraße versetzt.

Namenszug in Spiegelschrift
Ehrung für Alois Senefelder

Der Senefelderplatz mit dem 1892 aufgestellten Monument zur Erinnerung an Alois Senefelder (1771–1834), den Erfinder des Steindrucks, wurde in den vergangenen Jahren restauriert. Beherrscht wird die Gartenanlage am Beginn der Schönhauser Allee durch das von Rudolf Pohle geschaffene Marmordenkmal, das den späteren Direktor der bayerischen Landkartendruckerei in München sitzend darstellt. Eben ist er dabei, Worte spiegelverkehrt auf eine Druckplatte zu schreiben.

Das liebenswerte Marmordenkmal für Alois Senefelder auf dem Senefelderplatz ist leider immer wieder Attacken von Vandalen ausgesetzt.

Bei dem von Senefelder entwickelten Verfahren trug man auf Solnhofener Kalkstein eine fetthaltige Tusche beziehungsweise Kreide auf und behandelte den Stein anschließend mit Säure, so dass die aufgetragene Druckerfarbe nur auf den markierten Stellen, etwa Zeichnungen oder Schrift, haften blieb. So war es möglich, Bilder, Schrift, Noten und andere Vorlagen in großen Stückzahlen zu vervielfältigen, sowohl ein- wie auch mehrfarbig. Bedeutende Künstler wie Goya, Daumier und Adolph Menzel bedienten sich des ebenso einfachen wie effektiven Druck- und Vervielfältigungsverfahrens, das bisherige Methoden wie den Holzschnitt und Holzstich sowie den Kupfer- und Stahlstich ablöste und die Herstellung künstlerischer Drucke enorm verbilligte.

Wer das Denkmal anschaut, sieht, dass ein am Sockel sitzender Knabe Senefelders Namen spiegelverkehrt auf den Marmor schreibt. Leider ist der kleine Spiegel schon wieder abgebrochen, den der andere, am Fuß des Sockels sitzende Junge sonst in der Hand hält. Wenn er dort hineinschaut, kann er nämlich den Namen des Erfinders des Flachdrucks richtig lesen.

Im 19. Jahrhundert war Alois Senefelder ein populärer Mann. Anlässlich seines einhundertsten Geburtstages im Jahre 1871 wurde die Forderung erhoben, ihm in Berlin, einem der wichtigsten Druck- und Verlagsorte Deutschlands, ein Denkmal zu setzen. Da der Magistrat wieder einmal in Finanznot war, sammelten Buchdrucker und Lithographen in ganz Deutschland Geld. Auf einer Schriftrolle am Sockel hat der Bildhauer die Widmung „Dem Erfinder des Steindrucks Alois Senefelder" angebracht, während man auf der Rückseite „In dankbarer Erinnerung von den Fachgenossen Deutschlands errichtet am 6. November 1892" lesen kann. Neben dem Denkmal steht eine Tafel mit Hinweisen auf die Einweihungszeremonie in der Nachbarschaft neuerbauter Mietshäuser sowie die ursprüngliche Form des jetzt nach altem Befund rekonstruierten Senefelderplatzes. Rasen, ein Gitter und immergrüne Pflanzen umschließen das liebenswerte Denkmal zur Erinnerung an einen Erfinder, der auch mit der Wiedergabe von Gemälden durch unterschiedliche Farbplatten experimentierte und damit dem Druckereiwesen ganz neue Möglichkeiten erschloss.

Doppelte Rosa Luxemburg
Streit um ein neues Denkmal

Der Senat will auf dem Rosa-Luxemburg-Platz (Mitte) ein Denkmal für Rosa Luxemburg (1871–1919) aufstellen und hat dazu einen künstlerischen Wettbewerb ausgeschrieben. Mit der Aufnahme des Projekts in den Koalitionsvertrag von 2002 rückt die Realisierung von lang gehegten Plänen näher, die 1919 in Berlin von rechtsradikalen Offizieren ermordete und im Tiergarten durch ein Erinnerungsmal geehrte Sozialistin und Mitbegründerin der Kommunistischen Partei Deutschlands auch öffentlich mit einem großen Denkmal zu würdigen, und zwar nicht irgendwo, sondern auf dem nach ihr benannten Platz vor der Volksbühne.

1998 hatten SPD und PDS im Bezirk Mitte gegen den Willen der CDU beschlossen, die Politikerin öffentlich zu ehren. Ein überparteilicher Förderkreis sollte Geld sammeln. Doch dann ging alles ganz schnell. Vor der Parteizentrale der PDS in unmittelbarer Nähe des Rosa-Luxemburg-Platzes wurde in einer Nacht-und-Nebel-Aktion eine überlebensgroße Bronzeplastik des Bildhauers Rolf Biebl aufgestellt, blieb aber nicht lange dort. Nach heftigen Auseinandersetzungen über die Aktion wurde die Bronzefigur vor den Eingang des ehemaligen Redaktionsgebäudes des SED-Parteiorgans „Neues

Deutschland" am Franz-Mehring-Platz unweit des Ostbahnhofs abgeschoben. Dort ist auch die Rosa-Luxemburg-Stiftung untergebracht. Seither wartet die „bronzene Rosa" auf eine würdige, gut sichtbare Aufstellung. Sollte ein neues Denkmal mit Geldern der Berliner Kulturverwaltung geschaffen werden, ob figürlich oder nicht, steht Ärger ins Haus. Gegner des Projekts werfen der Politikerin vor, sie sei antidemokratisch gewesen und hätte das diktatorische Sowjetsystem Leninscher Prägung, dem unzählige Menschen geopfert wurden, billigend in Kauf genommen, weshalb man sie ganz und gar nicht als Vorbild ansehen kann. Außerdem wird auf die Berliner Finanzmisere verwiesen.

Schon 1947 war der ehemalige Bülowplatz rund um die Volksbühne in Luxemburg-Platz, 1969 in Rosa-Luxemburg-Platz umbenannt worden. Zu einem Denkmal hatte es in der DDR aber nicht gereicht. Immerhin war die linke Sozialistin der SED-Führung nicht ganz geheuer, obzwar sie sich als glühende Verehrerin des Sowjetsystems zu erkennen gegeben und die KPD mitbegründet hat. Wer sich in der Spätzeit der DDR auf Luxemburgs berühmtes Wort „Freiheit ist immer die Freiheit der Andersdenkenden" bezog und gar öffentlich in diesem Sinne für demokratische Mitbestimmung und Freizügigkeit demonstrierte, bekam es mit der Stasi zu tun. In der jetzigen Diskussion um das geplante Denkmal sollte bei allen Vorbehalten nicht übersehen werden, dass die Sozialistin vielen Oppositionellen in der DDR geistiger Trost und Hilfe war.

Wenige Schritte vom Luxemburg-Denkmal entfernt steht ebenfalls auf dem Franz-Mehring-Platz eine von Heinrich Apel geschaffene Büste des führenden Sozialdemokraten und marxistischen Historikers Franz Mehring (1846–1919), der einer der brillantesten Köpfe der deutschen Sozialdemokratie war, zu den Mitbegründern des Sparta-

kusbundes und der Kommunistischen Partei Deutschlands gehörte und eng mit Luxemburg und Liebknecht
zusammengearbeitet hat.

Familienidylle an getrennten Orten
Mutter und Kind, Vater und Sohn

Berlin war um 1900 nicht nur mit Herrscher- und anderen
Personendenkmälern vollgestellt, sondern auch mit allegorischen Figuren. Antike Götter und borussische Symbol-
träger auf Plätzen und Brücken sowie in Gärten und Parks
erfreuten das Auge, dazu kamen zahlreiche Tierplastiken
und was sonst noch das allgemeine Schmuck- und
Repräsentationsbedürfnis befriedigte. Zu den wenigen erhalten gebliebenen Beispielen eher unpolitischer Monumente gehören zwei an unterschiedlichen Orten im Bezirk
Friedrichshain aufgestellte Figuren genrehaften Inhalts. In
einem erst unlängst neu gestalteten Garten auf dem
Gelände hinter dem Krankenhaus Friedrichshain und in
Sichtweite des Sport- und Erholungszentrums steht seit
1960 eine ansehnliche Mutter-Kind-Gruppe aus Marmor;
auf dem Andreasplatz nicht weit vom Ostbahnhof erhebt
sich auf hohem Sockel die Figur eines Handwerkers mit
seinem Sohn, ebenfalls aus Marmor. Eigentlich gehören
beide Plastiken, mit denen man in der Kaiserzeit die
Freuden der Mutterschaft und den Segen der Arbeit feierte, zusammen. Ursprünglich war das doppelte Familien-
idyll durch eine Sitzbank aus Marmor verbunden, die aber
nicht mehr existiert. Jetzt ist das Ensemble, das früher einmal den heute von hässlichen DDR-Hochhäusern flankierten Andreasplatz schmückte, auseinander gerissen und
daher als Einheit nicht mehr zu erkennen. Hinweise auf
Zugehörigkeiten fehlen, auch findet man nirgends Bilder,
die die ursprüngliche Platzgestaltung dokumentieren.

Die auf dem Andreasplatz ste-hende Gruppe des Hand-werkers, der seinen Sohn un-terweist, ist leider unvollstän-dig. Das Pendant der Mutter mit dem Kind auf dem Schoß steht einige Kilometer weiter entfernt in einer Gartenanlage im Friedrichshain.

Deutlich wird beim Betrachten der unterschiedliche Erhaltungszustand beider Figuren. Die sitzende Mutter mit einem Knaben auf dem Schoß, einer Mariendarstellung nicht unähnlich, wurde von Edmund Gomanski geschaffen und trägt wie das Pendant die Jahreszahl 1898. Dicke Schmutzkrusten aus Straßendreck, Algen und Moos haben sich auf dem Marmor abgelagert. Nur an versteckten Stellen erkennt man die ursprünglich helle Farbe des Marmors. Etwas besser ist die Verfassung der Handwerkergruppe, die sich auf einem hohen Sockel aus rotem Granit erhebt und daher auch nicht den Attacken von Sprayern und Vandalen ausgesetzt ist. Von Wilhelm Haverkamp geschaffen, zeigt das Monument, wie ein Vater mit Mütze, Schürze und Holzpantinen seinem Sohn erklärt, was er gerade tut. Der Knabe ergreift einen Hammer, als ob er dem Vater bei der Arbeit helfen will, fragend schaut der Junge seinen Vater an. Die Figur ist zweifellos ein Loblied auf das Handwerkertum – und das im damals blühenden Industriezeitalter, das so gar nichts von biedermeierlicher Idylle an sich hatte, die das Denkmal vermitteln will.

Roter Matrose bewacht Ruhestätte
Der Friedhof der Märzgefallenen

Der Friedhof der Märzgefallenen von 1848 war der preußischen Obrigkeit lange ein Dorn im Auge. Erst nach dem Ende der Monarchie im November 1918 bekam der Begräbnisplatz eine würdige Gestalt. Die unscheinbare Grünfläche auf dem „Lindenberg" am Rand des Volksparks Friedrichshain ist nicht leicht zu finden. Eine Tafel weist den Weg von der Landsberger Allee zu der Gedenkstätte, der das sonst bei Friedhöfen übliche pompöse Portal mit Kreuzen, Engeln und Inschriften fehlt. Das hat seine Ursachen, denn lange wurde die Aufstellung eines Denkmals verhindert, das auf die hier bestatteten mehr als 250 Toten hinweist. Das Gräberfeld war für zunächst 183 Opfer, zumeist Arbeiter, Handwerker, Studenten und andere Barrikadenkämpfer, angelegt worden, die im März 1848 von preußischen Soldaten erschossen worden waren. Im Laufe der Revolution kamen weitere hinzu. Während auf dem Friedhof der Märzgefallenen Tote christlichen Glaubens bestattet wurden, hat man solche jüdischer Herkunft auf jüdischen Friedhöfen begraben.

Noch während der 48er Revolution hatte ein Bürgerkomitee zur Sammlung für ein Denkmal zur Erinnerung an den Aufstand gegen Königsherrschaft und für demokratische Rechte und die Einheit Deutschlands aufgerufen und um Gestaltungsvorschläge gebeten. Jahrzehntelang wurde der Plan von offizieller Seite hintertrieben. In der Kaiserzeit hat man den Friedhof zeitweilig durch einen hohen Bretterzaun abgeriegelt und versucht, die Angehörigen der hier Bestatteten dazu zu bewegen, ihre Toten auf andere Friedhöfe umzubetten. Offenbar befürchteten die Behörden eine Aufwertung des Friedhofs als Gedenkstätte für die gescheiterte Revolution von

1848/49 und Versammlungsort der linken Opposition. Verweigert wurde von der Obrigkeit auch die Aufstellung eines Denkmals oder Inschriftensteins, weil „das Bauwerk eine Ehrung der dort begrabenen ‚Märzgefallenen‘ bezwecke, mithin eine politische Demonstration zur Verherrlichung der Revolution" sei, wie es zur Begründung hieß. Auf Dauer aber konnte die Erinnerung an die Revolutionäre nicht gelöscht werden, und so wurden die von Sozialdemokraten an Jahrestagen der Märzrevolution oder am 1. Mai organisierten Umzüge und Kundgebungen an den Gräbern der Märzgefallenen von der Polizei zwar nicht verhindert, aber misstrauisch beobachtet.

Nach dem Ende der Monarchie 1918 gestaltete Stadtbaumeister Ludwig Hoffmann den Friedhof um und umschloss die Grabsteine mit einer Mauer. Zur Feier der Revolution 1948 wurde der Friedhof erneut verändert. Dabei hat man berücksichtigt, dass hier Ende Dezember 1918 auch Tote der Novemberrevolution bestattet wurden. An die Opfer beider Revolutionen erinnern heute sowohl ein Stein mit den Namen der Märzgefallenen als auch die bronzene Figur eines Roten Matrosen mit geschultertem Gewehr, der von dem Bildhauer Hans Kies geschaffen und 1960 aufgestellt wurde.

Für eure und unsere Freiheit

Gedenkstätte der Interbrigadisten im Friedrichshain

An der Friedenstraße im Bezirk Friedrichshain wurde 1968 die Gedenkstätte für die im spanischen Bürgerkrieg gefallenen deutschen Interbrigadisten eingeweiht. Zu DDR-Zeiten fanden dort Kundgebungen, Vereidigungen von Soldaten sowie Jubelfeiern mit FDJlern, Pionieren und Kampfgruppen statt. Jetzt ist es still geworden rund

Am Denkmal für die Spanien-Kämpfer sind die Kommandos und Politikersprüche anlässlich von Vereidigungen, Partei-veranstaltungen und DDR-Gedenktagen längst verhallt.

um die Gedenkstätte, in deren Mittelpunkt sich auf einem stufenartigen Aufbau die von Fritz Cremer gestaltete Bronzeplastik eines Spanienkämpfers mit Baskenmütze erhebt. Er wirft sich, die linke Hand zur Faust geballt und über eine Klippe oder einen Schützengraben springend, dem Feind entgegen.

Zur Denkmalanlage gehört ein großes, rechteckiges Bronzerelief, das auf beiden Seiten Motive aus dem spanischen Bürgerkrieg 1936 bis 1939 zeigt, an dem nach Francos Putsch an der Seite des republikanischen Spanien Freiwillige aus 54 Ländern, unter ihnen 5.000 Deutsche, teilnahmen. Der Bildhauer Siegfried Krepp hat auf dem figurenreiches Relief die von den Franco-Truppen belagerte Hauptstadt Madrid und anfliegende Flugzeuge der deutschen Legion Condor, den Terror der von der deutschen Wehrmacht und Mussolini-Leuten unterstützten Putschisten, die Erschießung von republikanischen Soldaten dargestellt. Eine auf der Treppe angebrachte Schriftplatte verkündet in der für die Entstehungzeit charakteristischen tendenziösen Diktion: „Ruhm und Ehre den dreitausend deutschen Antifaschisten, gefallen 1936–1939 im Freiheitskampf des spanischen Volkes. Sie kämpften in den Reihen der glorreichen Internationalen Brigaden gegen den spanischen, deutschen und italienischen Faschismus, für die Befreiung unserer Heimat vom faschistischen Joch. Ihr Kampf, beseelt von den großen Ideen des proletarischen Internationalismus und wahren Patriotismus, bleibt unvergängliches Vorbild der Jugend unseres sozialistischen Vaterlandes."

Seit 1972 steht auf dem Kleinen Bunkerberg ebenfalls im Volkspark Friedrichshain das Denkmal des polnischen Soldaten und des deutschen Antifaschisten, ein Gemeinschaftswerk von Künstlern Polens und der DDR, das 2002 umfassend restauriert wurde. Versehen mit der Inschrift „Für eure und unsere Freiheit", fällt es durch zwei hoch aufragende steinerne Stelen auf, die Ähnlichkeit mit Schwertklingen haben. Ein bronzenes Fahnentuch verbindet diese Elemente mit den Wappen der damaligen Volksrepublik Polen und der DDR. 1989 gab es Pläne, das Denkmal abzureißen, beziehungsweise umzubauen, woraufhin die polnische Regierung protestierte. 1995 hat man die Schrifttafel, die einseitig den Kampf der „polnischen, sowjetischen und deutschen Genossen gegen den hitlerfaschistischen Terror" würdigte, durch eine zusätzliche Tafel ergänzt, die den Kreis der zu Ehrenden erweiterte: „Heute wird an dieser Stelle auch derer gedacht, die als Soldaten der Armee des polnischen Untergrundstaates, der alliierten Streitkräfte und der polnischen Widerstandsbewegung gekämpft haben und gefallen sind, als Zwangsarbeiter, Häftlinge und Kriegsgefangene verschleppt und ermordet wurden sowie aller Antifaschisten des deutschen Widerstandes, die ihr Leben für die Befreiung vom Nationalsozialismus geopfert haben."

Ein Schneider dankt dem König
Noch einmal Friedrich der Große

Seit dem Frühjahr 2000 steht im Volkspark Friedrichshain wieder ein Denkmal für Friedrich den Großen, den Namensgeber dieses Mitte des 19. Jahrhunderts an der Peripherie der Hauptstadt geschaffenen Parks. Ein Jahr zuvor hatte man die Fundamente der vier Meter hohen Erinnerungssäule unweit des Krankenhauses Friedrichshain wieder gefunden. Bis dahin galt das Monument als verschollen. Untersuchungen der ausgegrabenen Reste ergaben, dass das Memorial noch bis 1952 gestanden haben muss. Die Grabungen und die Wiederaufstellung des Fridericus-Denkmals am originalen Ort sind Teil umfassender Bemühungen der Gartendenkmalpflege, den ursprünglichen Zustand des Volksparks einschließlich des historischen Wegesystems wieder herzustellen. Bei den Untersuchungen wurde die mit einer Widmung sowie Lorbeerblättern geschmückte Rundsäule, auf der die Büste Friedrichs des Großen stand, freigelegt, ebenso Reste einer Treppe.

Da man das Erinnerungsmal nicht ohne den Kopf des Königs aufstellen wollte, wurde 1999 ein Nachguss der nach dem Krieg vermutlich Buntmetallräubern zum Opfer gefallenen Bronzebüste mit Dreispitz angefertigt. Vorbild war Rauchs Reiterdenkmal Friedrichs des Großen Unter den Linden.

Stifter des im August 1848 aufgestellten Fridericus-Denkmals war Hofschneidermeister J. G. Freitag, der mit einer namhaften Geldspende dem Namensgeber des beliebten Ausflugsgebiets am Rande der Residenz seine Reverenz erwies und sich damit selber ein Denkmal als königstreuer Preuße setzte. Dazu gehörte im Revolutionsjahr 1848 durchaus Mut, war doch das Ansehen der Hohenzollern stark gesunken, vielleicht Friedrich II. ausgenommen, nach dessen angeblich besseren Zeiten sich mancher Untertan Friedrich Wilhelms IV. sehnte. Die etwas lang geratene und gewundene Widmung lautet: „Friedrich dem Großen. Seinen Mitbürgern, die durch Gründung dieses Hains das Andenken an den großen König unsern Nachkommen bewahren wollen, errichtet dieses Denkmal als Zeichen des Dankes der Bürger J. G. Freitag".

Der Friedrichshain ist übrigens Resultat eines von Peter Joseph Lenné entwickelten Plans von „Schmuck- und Grenzzügen der Residenz Berlin". Im Zusammenhang mit der Grundsteinlegung zum Friedrich-Denkmal Unter den Linden beschloss das Stadtparlament auch die Anlage eines Friedrichs-Hains. Die Namensgebung erfolgte 1840, einhundert Jahre nach der Thronbesteigung Friedrichs II. In seinem Plan sah der bedeutende Landschaftsarchitekt auch die Aufstellung von Denkmälern vor.

Der von Lennés Schüler, dem königlichen Hofgärtner Gustav Meyer, gestaltete und unter der Leitung des Stadtbaurats Langerhans und des Stadtgärtners Patzig angelegte Park lag vor 160 Jahren am Rande der preußischen Hauptstadt in einem immer größer werdenden Mietskasernen- und Proletarierviertel. Er gehörte zu dem städtischen Plan, vier Parks in vier Himmelsrichtungen anzulegen: Tiergarten, Treptower Park, Humboldthain und eben den Friedrichshain. Mit der großzügig gestalteten Erholungsstätte wurde ein Gegenstück zum Tiergarten jenseits des Brandenburger Tors geschaffen, der ebenfalls mit reichem Figurenschmuck ausgestattet ist. So gab es ursprünglich im Friedrichshain auch Memorials für die Kriege von 1864, 1866 und 1870/71 sowie ein Denkmal für die Gefallenen jener Kriege, die in der damaligen Königsstadt und im Stralauer Viertel wohnten. Von dem einst reichen Skulpturenschmuck kündet heute nur noch der bekannte und beliebte, nach Plänen von Ludwig Hoffmann erbaute und 1913 eingeweihte Märchenbrunnen.

XI. Von Treptow nach Friedrichshagen

Ruhm und Ehre den Sowjetsoldaten
Das Treptower Ehrenmal

Das Ehrenmal zur Erinnerung an die Toten des Großen Vaterländischen Krieges 1941–1945 und den Sieg der Sowjetunion über Hitlerdeutschland war zu DDR-Zeiten am 8. Mai stets Ziel von Aufmärschen und Gedenkveranstaltungen mit dem SED-Politbüro an der Spitze. Nach dem Ende des zweiten deutschen Staates wurde es um die weitläufige Anlage still. Da und dort sieht man zum Gedenken abgelegte Blumensträuße, Spaziergänger und Jogger ziehen ihre Kreise. Vor einiger Zeit begann die Restaurierung des 11,60 Meter hohen und 70 Tonnen schweren Rotarmisten aus Bronze mit dem geretteten Kind auf dem Arm. Auch die anderen Figuren, so die Mutter Heimat, die knienden und trauernden Soldaten, die gesenkten Fahnen aus Granit, die Mosaiken und Reliefs bedürfen dringend der Hand der Restauratoren. Aufgrund des deutsch-russischen Nachbarschaftsvertrages kommt die Bundesregierung für die Kosten auf, die für alle drei russischen Ehrenmale im Tiergarten, in der Schönholzer Heide und in Treptow auf rund 15 Millionen € beziffert werden. In einem Aufruf von 1946 heißt es, das Treptower Ehrenmal soll „die Idee der Unsterblichkeit, des lichten Gedenkens an die gefallenen sowjetischen Soldaten und die Größe der internationalen Befreiungsmission der Sowjetarmee" widerspiegeln, in deren Namen die Soldaten ihr Leben hingegeben haben.

Das Treptower Ehrenmal ist eine ewige Baustelle. Die Bundesrepublik übernimmt die Kosten für Instandsetzung und Pflege der Gedenkstätten für die gefallenen Rotarmisten.

Mit riesigem Aufwand wurde die Gedenkstätte und der Garten zwischen 1946 und 1949 unter Leitung des Architekten J. B. Belopolski und des Bildhauers E. W. Wutschetitsch auf dem Gelände des 1876 bis 1888 nach Plänen von Gustav Meyer im Berliner Osten gestalteten Volksparks errichtet. Am Bau des Memorials auf einer Fläche von zehn Hektar waren 1.200 meist deutsche Bauleute beteiligt, darunter 200 Steinmetze und 90 Bildhauer sowie zahlreiche Maler, Gartenbauer, Steinsetzer und Glasmaler.

Besucher betreten die Gedenkstätte durch ein Tor aus Granit entweder von der Straße Am Treptower Park oder an der Puschkinallee. Die russischen und deutschen Inschriften an den Eingängen verkünden „Ewiger Ruhm den Helden, die für die Freiheit und Unabhängigkeit der sozialistischen Heimat gefallen sind" und „Eure großen Heldentaten sind unsterblich. Euer Ruhm wird überleben. Die Heimat wird euch stets in Erinnerung behalten". Vom Mittelgang hat man den besten Blick auf den riesigen Grabhügel, der von einem Mausoleum mit dem Bronzesoldaten bekrönt wird. Er hält ein Schwert in der Hand und tritt auf das zerschmetterte Hakenkreuz. Gedenksteine mit Reliefs säumen die Wege mit Mosaiken, auf denen sich helle Lorbeerzweige vom dunkelroten Untergrund abheben. Die Stelen erinnern, heroisch überhöht, an den Überlebenskampf der Sowjetunion nach dem deutschen Überfall von 1941.

Mit Verwunderung liest man überall den Namen des sowjetischen Diktators Josef Stalin. Seine „goldenen" Worte über die Sieghaftigkeit der „in unserem Land verankerten Ideologie der Gleichberechtigung aller Rassen und Nationen" und Aufrufe für Opfermut und Vaterlandstreue, Hinweise auf große Kriegstraditionen des russischen Volkes von Alexander Newski über Kutusow bis Lenin werden auf der gegenüberliegenden

Seite in deutscher Sprache wiederholt. Erkenntnisse über den Massenterror unter Stalin können den von Restauratoren aufgefrischten goldglänzenden Lettern nichts anhaben. Es ist, als sei in dem Ehrenhain die Zeit stehen geblieben. Nichts ist in all den Jahren verändert worden, nichts darf verändert werden. Anderenfalls würde man gegen geltende Verträge mit Russland, dem Nachfolgestaat der untergegangenen Sowjetunion, verstoßen.

Störe meine Kreise nicht!

Archimedes und andere Astronomen in der Archenhold-Sternwarte

Die 1896 gegründete Archenhold-Sternwarte an der Straße Alt Treptow ist Deutschlands älteste Volkssternwarte. Von dem Berliner Astronomen Friedrich Simon Archenhold (1861–1939) zu einer Zeit konzipiert, da man breiten Schichten der Bevölkerung naturwissenschaftliche und insbesondere astronomische Kenntnisse vermitteln wollte, besitzt die Sternwarte eine erlesene Sammlung himmelskundlicher Exponate, darunter wertvolle Mess- und Beobachtungsinstrumente sowie historische Drucke und Manuskripte. Hinzu kommen Bildnisse und Porträtplastiken bedeutender Astronomen und anderer Naturwissenschaftler. Sie standen bis nach der Wiedervereinigung 1990 im Außenbereich der Sternwarte, mussten aber in die Ausstellung genommen werden, um sie vor Diebstahl und Vandalismus zu schützen.

So fanden die Büsten von Nicolaus Copernicus (1473–1543), Galileo Galilei (1564–1642) und Johann Gottfried Galle (1812–1910) im Hauptgebäude der Sternwarte Asyl. Der Berliner Astronom Galle hatte 1846 den zuvor von dem Franzosen Urbain Leverrier voraus- berechneten

Im Gartenbereich der Treptower Archenhold-Sternwarte zieht Archimedes allein seine Kreise. Weitere Gedenksteine wurden vor Souvenirjägern in Sicherheit gebracht.

Planeten Neptun entdeckt. Gestohlen wurden die Büsten von Johannes Kepler (1571–1630) und Albert Einstein (1879–1955). Ins Depot des Landesdenkmalamtes kamen einige Bronzebüsten, die vor der Sternwarte im „Hain der Kosmonauten" standen. Der war 1978 eingeweiht worden und zeigte eine Weltkugel mit den Staatswappen der DDR und der Sowjetunion. Köpfe des ersten Kosmonauten der Welt Juri Gagarin, des ersten deutschen Kosmonauten Sigmund Jähn und seines sowjetischen Kollegen Waleri Bykowski flankierten das Denkmal. Im Astronomischen Garten stehen neben einer Büste des Sternwarten-Gründers Friedrich Simon Archenhold einige Steinsockel, aus denen die Inschriften herausgebrochen sind. Einsam sitzt auf einer flachen Plinthe der griechische Mathematiker, Physiker und Techniker Archimedes von Syrakus (um 287–212 v. Chr.). Die Bronzefigur eines bärtigen Mannes, der eine bis auf die Knöchel reichende Toga trägt, stammt von dem Bildhauer Gerhard Thieme. 1971 aufgestellt, zeigt das Denkmal den vielseitig tätigen Archimedes beim Zeichnen von Kreisen. Damit ist angedeutet, dass der Gelehrte Großes und Bleibendes vollbrachte, so zum Beispiel die angenäherte Berechnung der Kreiszahl π, die Entdeckung des Hebelgesetzes und die Erklärung des Auftriebs von Gegenständen in Flüssigkeiten.

Beim Anblick der Figur fällt einem vielleicht auch ein, dass Archimedes den Flaschenzug erfand und die Schraube, die man sich als aufgewickelte schiefe Ebene vorstellen kann. Er benutzte sie unter anderem zur Konstruktion einer neuartigen Wasserpumpe, die man bis heute auch zum Transport von Getreide, Sand und sonstigen Schüttgütern verwendet. Zur Verteidigung seiner Heimatstadt Syrakus gegen die Römer baute der Gelehrte große Steinschleudern. Die Angreifer siegten, und es wird berichtet, dass Archimedes, der gerade in seine geometrischen Figuren vertieft war, einem aufdringlichen römischen Legionär ärgerlich zurief „Störe meine Kreise nicht!", woraufhin dieser den Gelehrten erschlug.

Todesschüsse im Grenzstreifen
Durchlöcherter Stahl an der Kiefholzstraße

Ein nachgebildetes Stück Mauer aus geschwärztem Stahl mit zahlreichen künstlichen Durchschüssen und ein schemenhaft angedeuteter Flüchtling – mit diesem ebenso einfachen wie eindrucksvollen Denkmal erinnert der Bezirk

Treptow in der Kiefholzstraße an die Menschen, die nach dem 13. August 1961 nach West-Berlin flüchten wollten und dabei erschossen wurden. „In Treptow starben fünfzehn Menschen an der Berliner Mauer. Unter den Opfern waren 2 Kinder. Jörg Hartmann, 10 Jahre alt, und Lothar Schleuser, 13 Jahre alt, erschossen am 14. 3. 1966", lautet die Widmung. Das von den Metallgestaltern Rüdiger Roehl und Jan Skuin geschaffene Erinnerungsmal wurde am 9. November 1999, zehn Jahre nach dem Fall der Mauer, eingeweiht. Es steht an einer Stelle, die heute nicht mehr als jener menschenleere, nur von DDR-Grenzern befahrene und bewachte Streifen zu erkennen ist – einst eine Anlage, die nach dem Mauerbau in geradezu mörderischer Weise perfektioniert wurde, bestens ausgeleuchtet, streng bewacht, unüberwindbar. Erst Mitte der 1990er Jahre hat man die Kiefholzstraße wieder hergestellt und befahrbar gemacht.

Die beiden Jungen kamen aus Friedrichshain und hatten – die Gründe sind nicht bekannt – am Abend des 14. März 1966 versucht, an einer unübersichtlichen Stelle in der Höhe der Laubenkolonie „Heidkampgraben" die Grenzanlagen zu überwinden. 40 Schüsse wurden auf sie abgefeuert. Angeblich hatten die beteiligten Grenzer nicht gesehen, dass es sich bei den „Schatten" um Kinder handelte. Im Prozess 31 Jahre später gab einer an, unter „extremem Befehlsdruck" gehandelt, aber „absichtlich daneben" geschossen zu haben, was jedoch bei Dauerfeuer unmöglich ist. Die Angehörigen der beiden Schüler erfuhren erst 1997 im Prozess gegen die Schützen die wahre Todesursache.

In der Kiefholzstraße wird mit einem nachgebildeten Stück Grenzbefestigung an die Opfer der deutschen Teilung gedacht. Die „Mauerschützen" kamen aus Gerichtsverfahren zumeist ungeschoren davon.

Dieses Verfahren war auch der Anlass für die Bezirks-
verordnetenversammlung Treptow, den Opfern von
Mauer und Schießbefehl eine Ausstellung und ein
Denkmal zu widmen. 1966 hatten die DDR-Behörden
behauptet, einer der Jungen sei ertrunken und der andere
habe sich durch einen Stromschlag tödlich verletzt. Die
Arbeitsgemeinschaft 13. August hat inzwischen mindestens 172 Todesopfer an der Berliner Mauer ermittelt, unter
ihnen waren elf Kinder, weitere kamen an der deutsch-
deutschen Grenze außerhalb Berlins ums Leben.

Einer der letzten Mauertoten war der 20-jährige Chris
Gueffroy. Er wurde am 5. Februar 1989 in Treptow bei
dem Versuch erschossen, die Mauer von Ost nach West zu
überwinden. Der junge Mann war nicht der letzte
Mauertote, wie immer angenommen wird. Nach ihm
kamen im März und April 1989 zwei andere Flüchtlinge
bei dem Versuch ums Leben, die Mauer zu überwinden.
Bei den so genannten Mauerschützenprozessen der vergangenen Jahre erhielten die Täter nur geringe Strafen
oder wurden frei gesprochen. Das Berliner Abgeordnetenhaus hat im Sommer 2002 beschlossen, für Chris Gueffroy
am Ort seines Sterbens am Britzer Verbindungskanal zwischen Treptow und Neukölln ein Denkmal aufzustellen.

Bedrohliche Faust aus Beton
Erinnerung an die Köpenicker Blutwoche 1933

Eine riesige Betonfaust erhebt sich auf dem Platz des 23.
April in Köpenick, gleich an der Bahnhofstraße, darunter
stürzende beziehungsweise sich aufrichtende Gestalten
als Sinnbilder für den Sieg der Geschichte über die
Mächte der Finsternis und Gewalt. Die von dem Bildhauer Walter Sutkowski gestaltete Plastik zur Erinnerung
an die Opfer einer von den Nazis inszenierten Terror-

aktion im Juni 1933, die auch als „Köpenicker Blutwoche"
in die Geschichte einging, wurde 1970 enthüllt. Auf der
Rückseite der Stele liest man ein Zitat von Karl Liebknecht:
„Und ob wir dann noch leben werden, wenn es erreicht
wird – leben wird unser Programm. Es wird die Welt der
erlösten Menschheit beherrschen. Trotz alledem!"

Von der SA-Führung insgeheim vorbereitet, drangen im
Juni 1933 braune Schläger in die Wohnungen von
Mitgliedern und Funktionären der damals bereits verbo-
tenen KPD und anderer Oppositioneller ein. 23 Kom-
munisten, Sozialdemokraten und Parteilose wurden
ermordet, ihre Leichen erst Wochen später an die Ufer der
Dahme geschwemmt. Der terroristische Überfall sollte
den Widerstand gegen das am 30. Januar 1933 installierte
Hitlerregime brechen.

In den vergangenen Jahren gab es immer wieder Versuche, das Monument zu beseitigen, bisher ohne Erfolg.
Anstoß erregt nicht, dass das Denkmal an die brutale
Verfolgung und Ermordung von Antifaschisten vor
70 Jahren erinnert. Vielmehr wird die sich in die Höhe
reckende Faust als bedrohlich, brutal und als „typische
DDR-Kunst" kritisiert. Auch die bogenartig angeordneten
Stelen im Hintergrund, die mit genrehaften Szenen aus
dem Alltag mit fleißigen Arbeitern, Bauern und Wissenschaftlern sowie glücklichen Familien die angeblichen
Segnungen des Sozialismus verherrlichen, finden wenig
Anklang und werden als Hohn empfunden, weil die
Verhältnisse im zugemauerten Arbeiter-und-Bauern-Staat
ganz anders und viel bedrückender als in der schönfär-
benden Propaganda dargestellt waren.

Bisher hat sich auf Bezirksebene und in der Landesre-
gierung noch keine Mehrheit gefunden, die den Abbau
durchgesetzt hätte. Gleiches gilt auch für den Freizeit-
und Erholungspark Wuhlheide (FEZ), dem früheren
Pionierpark „Ernst Thälmann". Figuren lachender

Arbeiter unter wehenden Fahnen und fröhliche Kinder müssten dann ebenfalls abgebaut und ins Depot geschafft werden, weil sie die Tristesse im SED-Staat verniedlichen. Doch auch diese Figuren aus Stein und Bronze haben bisher alle Abrissversuche überstanden und können nun als Kuriositäten aus einer noch gar nicht so fernen Welt bestaunt werden.

Kassenräuber brachte die Welt zum Lachen

Der Hauptmann von Köpenick

Es blieb am 16. Oktober 1906 einem Kassenräuber in schlecht sitzender Gardeuniform vorbehalten, der Welt vorzuführen, wie weit preußisch-deutscher Kadavergehorsam gehen kann. Der Coup des ehemaligen Schusters Wilhelm Voigt (1849–1921), besser bekannt als Hauptmann von Köpenick, war in aller Munde. Das Satireblatt „Simplizissimus" schlug vor, den Hochstapler mit dem Friedensnobelpreis auszuzeichnen, „weil es ihm auf so unnachahmliche Weise gelungen ist, den Militarismus lächerlich zu machen". Sogar Kaiser Wilhelm II. soll sich vor Lachen auf die Schenkel geschlagen haben, als er von dem frechen Überfall auf die Stadtkasse der damals noch selbstständigen Stadt Köpenick und der Arretierung des Bürgermeisters hörte. Dem kurzzeitig festgesetzten Beamten und seinen Untergebenen indes blieb das Lachen im Halse stecken, denn sie waren auf einen Betrüger in der Uniform eines Hauptmanns hereingefallen und wurden wegen ihrer

Wilhelm Voigt lädt, an einer Freitreppe stehend, zum Besuch des Köpenicker Rathauses ein. Der Möchtegern-Hauptmann fehlt als Maskottchen heute auf keinem Volksfest.

Leichtgläubigkeit und Ängstlichkeit zum Spott der Nation.

Neunzig Jahre nach dem spektakulären Überfall wurde dem so genannten Hauptmann von Köpenick am Ort seiner Tat ein bronzenes Denkmal gesetzt. Geschaffen von dem armenischen Bildhauer Spartak Babajan, lädt der an der Treppe zum Rathaus gleichsam als Wächter stehende Hauptmann die Passanten zum Besuch ein. Der Kopf mit dem auffälligen Schnurrbart ist alten Fotos nachgestaltet, und auch sonst gleicht die schlottrige Kostümierung dem, was man sich unter dem Hochstapler von 1906 vorstellt: ein Zuchthäusler, dem Carl Zuckmayer 1929 ein Theaterstück widmete und der von Heinz Rühmann beziehungsweise Harald Juhnke ein trauriges Filmgesicht bekam.

Bei einem Trödler hatte sich der grauhaarige, gebeugt gehende Voigt im Herbst 1906 eine zerschlissene Hauptmannsuniform zugelegt, dazu einen Säbel und Sporen. Mit dieser wenig schneidigen Verkleidung hätte er bei seiner Fahrt quer durch Berlin eigentlich auffallen müssen. Doch wer wagte es, einen Offizier scheel anzublicken und nach seinem Woher und Wohin zu fragen. An der Neuen Wache Unter den Linden, dem heutigen Mahnmal, schnappte sich der falsche Hauptmann echte Wachsoldaten und befahl ihnen, ihm nach Köpenick zu folgen. Im Rathaus angekommen, ließ er sich die Stadtkasse aushändigen. Doch waren nicht die erhofften zwei Millionen, sondern nur rund 4.000 Mark darin. Ihren Empfang quittierte Voigt mit der Unterschrift „Hauptmann im 1. Garderegiment v. Malsam", um dann schleunigst zu verschwinden. Ausweispapiere zu erbeuten, die ihm eine Aufenthaltserlaubnis in einer Stadt seiner Wahl ermöglicht hätten, gelang nicht, denn die lagen sicher im Meldeamt.

Der Fall erregte riesiges Aufsehen. Als der flüchtige Voigt nach ein paar Tagen dingfest gemacht worden war, stritten sich Tippgeber um die von den Behörden ausgesetzte Belohnung von 2.000 Mark. Das Gericht verurteilte den Kassenräuber zu vier Jahren Zuchthaus. Doch zeigte der Kaiser bald Großmut und amnestierte ihn im August 1908. Wilhelm Voigt war ein populärer Mann. Er schlug sich, von der Polizei misstrauisch beobachtet, mit Auftritten auf Jahrmärkten und Tingeltangel-Tourneen durchs Leben. Mit Postkarten, die er mit „H. v. K." unterzeichnete, verdiente er ein bisschen Geld. Der Überwachung überdrüssig, siedelte Voigt ins Großherzogtum Luxemburg über, wo der 73-Jährige 1922, von der deutschen Öffentlichkeit kaum beachtet, starb. Heute vergeht kein Volksfest, kein Umzug in Köpenick, ohne dass dabei eine eher mäßige Kopie des Möchtegern-Hauptmanns mit von der Partie ist.

Wenige hundert Meter vom Köpenicker Rathaus entfernt stehen auf der Schlossinsel zwei Denkmäler, die daran erinnern, dass das Barockschloss – der Renaissancebau wurde im späten 17. Jahrhundert für Kurprinz Friedrich umgebaut – im 19. Jahrhundert unter anderem auch Lehrerseminar war. Ein Johann Julius Hecker (1707–1768), dem Gründer des ersten preußischen Lehrerseminars, gewidmetes Denkmal von F. Volke zeigt, wie ein junger Eleve mit einem Lorbeerzweig der Büste des verdienstvollen Pädagogen huldigt. Das von ihm im Jahr 1748 in Potsdam gegründete Königlich Preußische Schullehrer-Seminar siedelte 1851 nach Köpenick über. Auf der Rückseite findet man die Widmung „Gestiftet von Lehrern und Freunden des Volksschulwesens 1898".

Ein riesiger Findling, ebenfalls im Schlosspark, ehrt die „für das Vaterland" gefallenen Seminaristen und ehemaligen Schüler des Lehrerseminars zu Köpenick. Eingerahmt ist die Inschrift von einem Stahlhelm mit Lorbeerzweig und Seitengewehr sowie dem Eisernen Kreuz.

Des Königs scharfes Auge
Der Gründer von Friedrichshagen

Friedrichshagen bekommt 2003 wieder ein Denkmal für Friedrich den Großen, den Gründer des heutigen Ortsteils von Köpenick. Anlass ist die 250-Jahrfeier des Kolonistendorfes, Ort der Denkmalsweihe wie vor hundert Jahren ist der Marktplatz. Allerdings handelt es sich bei dem Bronzemonument nicht um das knapp drei Meter hohe Original, das den Preußenkönig als Herrscher im Alter von etwa 40 Jahren zeigt, sondern um eine Nachbildung. Das ursprüngliche Denkmal wurde von Unbekannten nach dem Zweiten Weltkrieg vom Sockel gestürzt und vermutlich eingeschmolzen wie viele andere Monarchen- und Feldherrenstandbilder auch.

Das am 31. Mai 1903, zum 153. Jahrestag der Thronbesteigung Friedrichs II., enthüllte Original war ein Werk des Bildhauers Felix Görling, der auch Direktor der ortsansässigen Bildgießerei Gladenbeck & Sohn war und das Modell unentgeltlich schuf. Die Presse formulierte damals begeistert: „Mit großem Geschick hat es der Künstler verstanden, den charakteristischen Ausdruck des friderizianischen Kopfes festzuhalten ... Das scharfe durchdringende Auge blickt kühn in die Weite, der Blick ist nach der Bahnhofsseite gerichtet".

Der Bildhauer Spartak Babajan hat den Auftrag des Bezirksamtes Köpenick übernommen, das Standbild nach alten Fotos neu zu modellieren. Er studierte historische Porträts und Fridericus-Denkmäler, um ein möglichst authentisches Werk abzuliefern. Sein Ehrgeiz ist, einen jungen, kräftigen Monarchen wie schon 1903 zu zeigen, keinesfalls den berühmt-berüchtigten „Alten Fritzen", der unter Schmerzen gebeugt geht oder sich gerade noch auf dem Pferd hält. Gegossen wurde der neue, junge Fridericus Rex in der Bildgießerei Seiler in Schöneiche bei

Berlin, in der auch das Denkmal des hochstaplerischen Hauptmanns von Köpenick entstanden ist.

Nicht weit von der Stelle, die der „Junge Fritz" besetzen soll, steht an der Bölschestraße vor der Christophorus-kirche ein Kriegerdenkmal, aufgestellt im Jahr 1879 vom ortsansässigen Landwehrverein zur Erinnerung an die Gefallenen in den Kriegen 1866 und 1870/71, in deren Ergebnis das deutsche Kaiserreich gegründet wurde. Auf einer Sandsteinsäule breitet ein gekrönter Adler aus bron-ziertem Zink seine Schwingen aus. Auf dem Sockel mit einem Eisernen Kreuz sind Namen und die Widmung zu lesen: „Zur Erinnerung an die für König und Vaterland gefallenen Söhne von Friedrichshagen. Den Toten zur Ehre, den Lebenden zum Vorbild". Die Säule ist eines der wenigen noch im Original erhaltenen Kriegerdenkmäler, die früher über ganz Berlin verteilt waren. Wie durch ein Wunder hat sie alle Katastrophen und Bilderstürmereien überstanden.

XII. Literatur

Abraham, Heike: Der Friedrichshain. Miniaturen zur Geschichte, Kultur und Denkmalpflege Berlins, Nr. 27, Berlin 1988.

Ahrenhövel, Willmuth: Eisen statt Gold. Preußischer Eisenkunstguß aus dem Schloß Charlottenburg, dem Berlin Museum und anderen Sammlungen, Berlin 1982.

Alings, Reinhard: Die Berliner Siegessäule. Hrsg. vom Bezirksamt Tiergarten, Berlin 1997.

Auftrag: Kunst 1949 –1990. Bildende Künstler in der DDR zwischen Ästhetik und Politik, hrsg. von Monika Flacke. Deutsches Historisches Museum, Berlin 1995.

Berlin – Historische Stätten, hrsg. Institut für Denkmalpflege der DDR, Berlin/Leipzig 1985.

Berlin Mitte. Das Lexikon, hrsg. von Hans-Jürgen Mende und Kurt Wernicke, Berlin 2001.

Berliner Denkmäler im Volkswitz, Berlin 1933.

Bloch, Peter: Denkmäler in Berlin – Rehabilitierung und Restaurierung. In: Jahrbuch Preußischer Kulturbesitz, Bd. 13, Berlin 1977, S. 45-70.

Bloch, Peter: Das Lapidarium am Landwehrkanal. In: ebenda Bd. 14, Berlin 1979.

Bloch, Peter/Grzimek, Waldemar: Das klassische Berlin. Die Berliner Bildhauerschule im neunzehnten Jahrhundert, Frankfurt/Main, Berlin, Wien 1978.

Breitenborn, Konrad: Bismarck. Kunst und Kitsch um den Reichsgründer, Leipzig 1990.

Caspar, Helmut: Die Beine der Hohenzollern, Berlin 2001.

Caspar, Helmut: Ehren-Monumente zum Stolz der Nation. Denkmäler auf Münzen und Medaillen. In: Moneytrend (Wien), H. 11/2002, S. 132-137.

Cullen, Michael S./Kieling, Uwe: Das Brandenburger Tor. Ein deutsches Symbol, Berlin 1999.

Dehio, Georg: Handbuch der deutschen Kunstdenkmäler Berlin, Berlin 2000.

Ein Denkmal für den König. Das Reiterstandbild für Friedrich II. Unter den Linden in Berlin, hrsg. vom Landesdenkmalamt Berlin, Berlin 2001.

Die Denkmale in Berlin-Pankow. Hrsg. vom Landesdenkmalamt Berlin und Bezirksamt Pankow, Berlin 2000.

Elwers, Reiner: Berlins unbekannte Kulturdenkmäler, Berlin 1998.

Endlich, Stefanie/Wurlitzer, Bernd: Skulpturen und Denkmäler in Berlin, Berlin 1990.

Ethos und Pathos. Die Berliner Bildhauerschule 1786–1914. Ausstellungskatalog und Studienband, hrsg. Staatliche Museen Preußischer Kulturbesitz, Berlin 1990.

Gandert, Klaus-Dietrich: Vom Prinzenpalais zur Humboldt-Universität, Berlin 1985.

Gottschalk, Wolfgang: Ausländische Ehrenfriedhöfe und Ehrenmale in Berlin, hrsg. Senatsverwaltung für Stadtentwicklung und Umweltschutz, Berlin 1992.

Hegemann, Werner: Das steinerne Berlin, Berlin 1930.

Hintze, Otto: Die Hohenzollern und ihr Werk, Berlin 1915.

Hoff, Sigrid: Berlins unbekannte Kulturdenkmäler, Hamburg 2002.

Hörisch, Malwine, Wolfgang Krause: Prenzlauer Berg – Kunstspaziergänge, Berlin 2000.

Das Holocaust-Mahnmal. Dokumentation einer Debatte. Hrsg. von Michael S. Cullen, Zürich 1999.

Hübner, Holger: Das Gedächtnis der Stadt. Gedenktafeln in Berlin, Berlin 1997.

Jochheim, Gernot: Frauenprotest in der Rosenstraße 1943, Berlin 2002.

Krenzlin, Ulrike: Johann Gottfried Schadow. Ein Künstlerleben in Berlin, Berlin 1990.

Krosigk, Klaus von: Die sowjetischen Ehrenmale in Berlin, eine denkmalpflegerische Herausforderung.

In: Stalinistische Architektur unter Denkmalschutz?, hrsg. Deutsches Nationalkomitee des ICOMOS und Senatsverwaltung für Stadtentwicklung und Umweltschutz, Berlin 1995, S. 39-43.

Kuhbier, Anke: Berlin Grün. Historische Gärten und Parks der Stadt, Berlin 2000.

Das Kunstwerk als Geschichtsdokument. Festschrift für Hans-Ernst Mittig, hrsg. von Anette Tietenberg, München 1999.

Ladendorf, Heinz: Das Denkmal des Großen Kurfürsten, Stuttgart 1961.

Maaz, Bernhard: Denkmalverständnis und Denkmalpflege im 19. Jahrhundert am Beispiel der Generalstandbilder vom Wilhelmplatz. In: Jahrbuch Preußischer Kulturbesitz Bd. XXXIV., Berlin 1998, S. 237-260.

ders.: Alexander Calandrellis Reiterstandbild Friedrich Wilhelms IV. an der Nationalgalerie. In: Jahrbuch der Berliner Museen 1994, S. 199-216.

Müller-Bohn, Hermann: Die Denkmäler Berlins in Wort und Bild nebst Gedenktafeln und Wohnstätten berühmter Männer. Ein kunstgeschichtlicher Führer, Berlin o. J. (1905).

Lambacher, Lothar: Die Standbilder preußischer Feldherren im Bodemuseum, Berlin 1990.

Laumann-Kleineberg, Antje: Denkmäler des 19. Jahrhunderts im Widerstreit. Europäische Hochschulschriften Reihe XXVIII, Kunstgeschichte. Frankfurt/ Main, Bern, New York, Paris 1989.

Laverrenz, Victor: Die Denkmäler Berlins und der Volkswitz, Berlin o. J. (um 1905).

Lehnert, Uta: Der Kaiser und die Siegesallee – Réclame Royale, Berlin 1998.

Müller, Regina: Das Berliner Zeughaus. Die Baugeschichte. Hrsg. Deutsches Historisches Museum, Berlin 1994.

Die Neue Wache Unter den Linden. Ein deutsches

Denkmal im Wandel der Geschichte, hrsg. von Christoph Stölzl, Berlin und München 1993.

Reichhardt, Hans J./Wolfgang Schäche: Von Berlin nach Germania. Über die Zerstörungen der Reichshauptstadt durch Albert Speers Neugestaltungsplanungen, Berlin 1990 (5. Aufl.).

Schadow, Johann Gottfried: Kunstwerke und Kunstansichten. Neu hrsg. und kommentiert von Götz Eckhardt, Berlin 1987.

Johann Gottfried Schadow und die Kunst seiner Zeit. Hrsg. Bernhard Maaz, Köln 1994.

Schäche, Wolfgang/Norbert Szymanski: Das Reichssportfeld. Architektur im Spannungsfeld von Sport und Macht, Berlin 2001.

Scharf, Helmut: Zum Stolze der Nation. Deutsche Denkmäler des 19. Jahrhunderts, Dortmund 1983.

ders.: Kleine Kunstgeschichte des deutschen Denkmals, Darmstadt 1984.

Schinkel, Karl Friedrich 1781–1841. Ausstellungskatalog der Staatlichen Museen zu Berlin, Berlin 1980.

Schmitz, Brigitte: Christian Daniel Rauch. Das Denkmal für Friedrich II., Berlin 1981.

Schulz, Sibylle: Denkmäler im Stadtbild Berlins. Geschichte und Erhaltung. In: Schriften zur Denkmalpflege in der Deutschen Demokratischen Republik, hrsg. vom Institut für Denkmalpflege, Weimar 1987, S. 88-105.

Der Berliner Tiergarten. Vergangenheit und Zukunft. Beiträge zur Denkmalpflege in Berlin Heft 9, Berlin 1996.

Wegweiser durch das jüdische Berlin. Geschichte und Gegenwart, Berlin 1987.

Weinland, Martina: Kriegerdenkmäler in Berlin 1870–1930, Frankfurt/Basel 1990.

Wimmer, Clemens Alexander: Parks und Gärten in Berlin und Potsdam, Berlin 1992.

XIII. Register

Denkmäler von Personen

Bildhauer, Architekten und andere Künstler

Das Titelcover zeigt ein Detail des Fridericus-Denkmals von Christian Daniel Rauch Unter den Linden